Financial

创业企业财务管理

Management of

王艳茹　应小陆　杨树军◎编著

Start-ups

中国人民大学出版社
·北京·

前 言

知识经济时代,专业教育和创业教育的深度融合是巩固创新创业教育成果,促进产教融合,创造新的经济增长极,加快创新型国家建设,培养创新型人才的有效途径。本书是创业教育和财务管理专业教育有机融合的作品,是作者十几年来对专创融合教育持续探索的成果,是创业者、创业服务人员的必读书目之一,也是高校完善专创融合课程体系、开设创业企业财务管理等专创融合课程的必备读物。

近年来,大量有着不俗市场表现的创业企业涌现,为经济增长做出重大贡献。但是,更多创业企业因为忽视了财务管理对于创业企业的重要性,忽视了从产生创业意识、识别创业机会,到组建创业团队、整合创业资源,以及新企业创办的整个过程中,财务都如影随形的重要问题,进而产生目标不明确、风险认知不到位、缺乏系统的财务管理经验等问题,导致其创业失败,这方面的案例不胜枚举。为了让更多的人了解创业财务的知识,提高财务管理能力,助力更多创业企业进行科学决策,取得创业成功,《创业企业财务管理》一书应运而生。

本书秉承科学严谨、实事求是的原则,从创业企业财务管理的理论基础与实务操作的角度出发,深度解析资金筹集管理、资金投放管理、营运资金管理、成本费用管理、企业价值管理、核算管理和报表管理等内容。除此之外,本书更加专注于创业企业的独特性,真正站在创业企业的角度进行撰写,有利于创新创意及创造项目的财务可行性分析和经济验证,帮助创业企业相关人员验证财务管理理论的实用价值,并通过市场和财务分析帮助读者辨识创业机会,落地创新项目,发现并控制创业风险。

本书的另一个特点是能够将创业活动、创业学科和财务管理领域的研究紧密结合,既是一种跨学科的研究,也是作者多年来在财务管理和创业教育第一线授课内容的升华,既具有较强的针对性,也能很好地指导广大创业者的创业实践活动。

本书的栏目设计基于 PBL 方法展开，每章开篇以故事思考的方式提出问题，引发读者兴趣；通过核心内容的展开分析问题；章末的案例分析和基本训练则帮助读者将理论融入实务，解决问题。全书的学习要点栏目突出本书重点，扩展阅读和学习资源提高读者的学习兴趣，创业案例充分体现实务要点，思维导图帮助读者梳理知识，站在全局视角形成整体脉络，视频资料帮助读者理解知识进行应用。

本书不仅是社会创业者、风险投资家、创业园和孵化器工作人员等从业人士的必备财务管理读本，也适用于高等学校中小企业创业等专业相关课程的学习，还适合经济、管理等专业创业学方向的学生，MBA、财务管理专业和会计专业的硕士研究生，以及其他专业有志于创新创业的学生阅读使用。高校如果使用本书作为教材，可以额外提供配套教学计划、教学大纲、教学课件、课程思政内容、基本训练及参考答案等立体化资源，具体可与中国人民大学出版社编辑联系（邮箱为：wesan1990@126.com），核实认证后提供上述资源。

本书在写作过程中参阅了大量的文章和著作，已经在书中进行说明，在此向所有的作者致以最诚挚的感谢！同时感谢中国人民大学出版社高文鑫编辑在本书策划及出版过程中做出的努力。

通过本书的出版，希望越来越多的创业企业从业人员能够关注财务管理理论与应用在企业创立初期的重要性，丰富自己的财务知识，提升财务管理水平，提高创业服务和创业指导的能力，促进创业企业的健康发展。更多关于创业企业财务管理的视频可通过 www.dazch.com 得到。最后，由于时间仓促和作者自身的理论水平及实践经验有限，书中难免存在疏漏或不足，敬请广大读者批评指正（作者的联系方式为：wangyanrukab@126.com），以便对本书做进一步的修改、补充和完善。

王艳茹

目 录

开篇故事：坚持技术原创　树立机器人的民族品牌

第一章　创业财务助力创业成功

　　第一节　了解财务管理环境　/ 8
　　第二节　明确财务管理目标　/ 24
　　第三节　熟悉财务管理内容　/ 27

第二章　掌握理财的三大利器

　　第一节　货币时间价值　/ 40
　　第二节　风险价值　/ 49
　　第三节　期权价值　/ 53

第三章　筹集所需资金，保障企业发展

　　第一节　资金需求量预测　/ 63
　　第二节　筹资渠道和方式　/ 75
　　第三节　风险投资　/ 91
　　第四节　筹资决策　/ 110

第四章　熟悉评价指标，投资恰当项目

　　第一节　创业企业投资的内容　/ 126
　　第二节　投资项目的现金流估算　/ 133
　　第三节　投资项目的评估及决策　/ 138

第五章　加强资金管理，提高运营效率

　　第一节　认识资金管理　/ 157
　　第二节　资金流入管理　/ 170

第三节 资金流出管理 / 184

第六章 洞悉成本费用，提高管理效益

第一节 理解成本费用 / 197
第二节 成本费用计算 / 210
第三节 成本费用管理 / 222

第七章 优化企业基因，科学合理估值

第一节 股权设计和激励 / 235
第二节 估值方法和评价 / 271

第八章 向核算要效益，加强核算管理

第一节 核算基础 / 291
第二节 核算内容 / 298
第三节 核算制度 / 308

第九章 做好信息沟通，重视报表作用

第一节 报表分类及编制 / 324
第二节 报表解读和分析 / 331
第三节 重视内部报表 / 347

主要参考文献 / 358
附录一 国内知名天使投资人 / 361
附录二 国内知名风险投资机构 / 363
附录三 复利现值系数表 / 370
附录四 复利终值系数表 / 372
附录五 年金现值系数表 / 374
附录六 年金终值系数表 / 376

开篇故事

坚持技术原创　树立机器人的民族品牌

——越疆科技的创业故事

刘培超在 2015 年创立越疆科技，开启了机器人自主研发的道路。在短短 5 年的时间里，越疆科技从推出第一代 DOBOT 魔术师，到 2020 年推出全感知工业机器人、协作机器人等比肩国际一流性能的产品，越疆工业机器人连续居于 2018 年、2019 年度中国品牌工业机器人出口量的第一位，大大提升了国产机器人在全球市场中的占比。

连续创业，不断积累

越疆科技的创始人刘培超在大学期间就做过很多创业尝试，卖中国移动校园卡、做校园卡的校园代理等，获得了创业的第一桶金；之后他参加创新挑战赛，踏出科技创新之路的第一步，团队发明的贻贝去壳机获得山东省创新挑战赛特等奖，他也因此获得保研资格。

从大三开始，刘培超参加各类创业挑战杯、商业计划竞赛，在平安励志全球赛中进入全国 12 强，并由此领略了资本的力量。他发现创业原来并不需要自己有钱，好的项目是可以通过融资启动的，这颠覆了他以前关于创业资金的认知。

研究生就读期间，刘培超开始关注资本，与政府合作项目，接触跨界合作事宜，关注科技行业和智能硬件的创新，这成为他日后机械臂研究的积累沉淀，并在DOBOT 2.0中，将读研时接触到的脑电波技术应用于机械臂控制；此外，刘培超为了积累技术，还在中国科学院打磨了一年时间，深入了解技术脉络。

艰苦创业，注重研发

2014年，毕业后的刘培超先后在苏州和深圳工作，上班期间，他几乎天天待在实验室，发现中国的工业机械手大多只是做集成，根本没有掌握核心技术，于是就想颠覆这个行业。

2014年夏天，刘培超及其全部是"90后"的5人团队成立了深圳市越疆科技有限公司（简称越疆科技），开始利用下班时间研发价格低廉、操作精准的机械手臂。"越疆科技"这个名字来自陆龟蒙的一句古诗："越疆必载质，历国将扶危。"刘培超说："越疆就是跨越边界，我们希望我们的产品和技术能够跨越边界，走到全球任何一个角落、任何一个地方。"创业开始时非常艰辛，他经常工作到凌晨两点。2015年5月，刘培超从单位辞职，专职研发机械臂。

DOBOT 1.0采用开源的运动控制板，但由于运动控制板运算能力有限，且在运算过程中，部分函数会丢失信号，精度难以保证，机械臂运动轨迹出错。他们当时拜访过很多教授专家，以及一些国外的技术团队，都没有找到合适的解决方案。在研发进行到5个月，投入很多精力和金钱，运动控制板的技术难题又无法攻克的进退两难之际，刘培超和他的团队依然坚持下来，并用最原始的方法解决了难题——直接把数据计算出来，直接调用，省去函数这一步。最终，产品研发用了整整一年时间，实现了初步生产。

与诸多创业项目一样，DOBOT由于缺乏推广渠道，缺少资金支持，面临无法进行商业转化的尴尬局面。2015年9月，为筹集3.6万美元资金，通过向美国朋友取经，刘培超将DOBOT挂到著名众筹网站Kickstarter上。出乎意料的是，DOBOT受到了大量关注，在短短

4小时内筹资超过5万美元，50天时间内众筹了近62万美元的资金，是他们原本目标3.6万美元的17.2倍。此番众筹的好成绩引起轰动，Arduino的共同创始人Tom Lgoe、创客之父Mitch Altma都在谈论这款四轴高精度的产品。刘培超趁热打铁，在国外社交平台上用炫酷的视频进行宣传造势。经过前期的市场开发，DOBOT得到越来越多的认可。在半年多的时间里，售价3 750元的DOBOT卖出1 600套，销售总额达到600万元。越疆科技成立仅一年就基本实现了盈亏平衡。

念念不忘，必有回响

2015年是刘培超的创业元年，也是他的幸运年。

2015年1月2日，李克强总理前往深圳考察，4月回到北京，提出了"双创"的概念，使整个中国的创业热情空前高涨。

创新型机械臂、大学生创业团队，这些标签让刘培超和他的团队备受创客关注。加之DOBOT在美国的火爆，更是在国内引起了不小反响。大家觉得能够把国内技术含量高的创新型产品推广到全球，是件不错的事。

在第一届双创周，刘培超作为创客代表，前往北京展示公司产品，并顺利脱颖而出，受到李克强总理接见，这给整个团队带来了很大鼓舞。此后一年半的时间里，越疆科技发展迅速。从产品迭代到市场推广，发展势头十分猛烈，DOBOT机械臂更是达到平均每五个月一迭代的速度。

在山东大学双创成果展上，DOBOT挥舞着机械臂用毛笔写下一副"大众创业万众创新"的对联。在展位前，刘培超向李克强总理介绍了产品的功能，受到李克强总理的称赞和鼓励。

保证质量，关注市场

李克强总理的鼓励与期待让刘培超不敢懈怠。他心里明白，机械臂是高精度仪器，对于供应链的要求很高，细致到用多少牛顿的力拧螺钉都会影响机械臂正常的运作，这些问题极度考验创业公司的生产能力，作为初创公司，任何一个不完美的产品出厂，都可能成为致命的打击。为保证每一个机械臂都完美无缺，越疆科技对所有配件进行检查，一一合格才能入库，入库后才能进入生产线。

越疆科技还有一个秘密武器：一条属于自己的组装生产线。由投资人提供场地和工人，越疆科技提供技术、管理，这样不仅会提高管控透明度，而且能每天检查生产质量，对工人进行系列生产培训。刘培超也会深入生产线，提出生产的要求和进行指导。

除了严格控制产品质量外，刘培超还很注重用户的真实反馈。在越疆科技的人员架构里，除了研发人员占60%之外，还设置了技术总监、产品经理、市场人员、项目经理等与产品密切相关的职位，刘培超就是越疆科技最大的产品经理。他手机里装有很多社交App，包括Facebook、WhatsApp、Line、微信等，目的就是及时和世界各地的DOBOT用户交流，了解用户反馈，将50%的精力投入市场调研，注重用户社群的搭建。在每一个社区里都安排至少一位工程师了解用户需求和反应。

截至2016年底，越疆科技团队已由当初5个人的小分队扩展至100多人；多款主力产品研发成功并投入量产；DOBOT机械臂也已经远销包括德国、日本在内的100多个国家。

项目选择，利用势能

小米首席执行官（CEO）雷军曾说，创业就是要找到风，赶到风口上，猪也会飞。一时间，"风口论"成为热门话题，无论行业大牛还是街头巷尾都津津乐道。

这是一个创业最好的时代，但同时也是一个创业过热的时期。面对人人都在等待、追逐的风口，刘培超在2016中国创客大会暨第三届中国创客大赛上,发表了自己的看法。

他认为,现实中,风口要具备很多条件,比如技术达到一定水平,2010年他就想过直播这件事情,但是当时的手机功能不具备,找到风口后一定要看清上游的趋势,以及下游的产业链和用户支持,包括国家的政策支持和开放条件,只有这些都具备才能成为一个风口。

从创业者的角度来说,刘培超认为,风口要关注,因为它聚集了很多资金、人才。但风口不是突然冒险出来的,而是一个领域经过多年沉淀才产生的爆发点,同时也是竞争最激烈的焦点。所以,选择项目时不一定非要往风口上冲,而是可以选择在风口的供应链上寻求突破。例如,在深圳无人机创业非常火的时候,做无人机上面的语音台就是不错的盈利项目。用腾讯公司董事会主席兼首席执行官马化腾的话来说,现在大家都看到了风口,都往风口那儿挤,腾讯也在往那儿挤,但不是想在风口上起飞,而是给这个风口搭一个梯子,或者卖降落伞、望远镜,以防大家上去后下不来。

大学生创业

作为过来人,刘培超并不特别鼓励大学生创业。"虽然大家看到我一毕业就创业了,但我为此准备了7年。"从大一的小试牛刀,到大四兼职做一家咨询管理公司的销售总监,再到研一运作科研项目,水到渠成,这才有了越疆科技的诞生。

刘培超认为,创业确实很锻炼人,但是如果暂时没有很好的想法,没有很好的机会,不妨先去大公司锻炼一段时间,待有了一定工作经验后再考虑创业。最好是已经有成熟的思路或者产品之后再去创业,比如在课题上取得突破,而恰好这个课题又可以很好地转化为商业价值,或者找到了市场刚需。

资料来源:孙大永,等.幸福创业.北京:中国铁道出版社,2018;越疆科技坚持技术的原创 树立机器人的民族品牌.搜狐网,2020-05-26.

案例思考

1. 你认为在创业过程中资金的重要性体现在什么地方？
2. 刘培超的创业团队是如何筹集资金的？
3. 创业投资是如何选择创业项目的？
4. 市场调研和营销在创业过程中具有什么地位？
5. 对于产品的研发方式，你觉得还有哪些选择？

Chapter One 第一章

创业财务助力创业成功

名人名言

财务管理并不仅仅是与财务部门相关的管理，而是基于财务数据分析做出的管理动作与决策。财务在这里是修饰语，管理才是重点。

——闫静

财务数据的背后是鲜活的企业具体业务，正是因为这个原因，所以人人都要了解财务知识，人人都要具备财务思维。

——肖星

财务的精髓是"当"——遵循相关制度"得当"，处理相关经济业务"妥当"，控制相关财务风险"稳当"，做好财务管理"适当"。

——覃春平

故事思考

你的校友小张和小王在毕业5年后都创办了属于自己的企业——甲公司和乙有限合伙企业。甲公司是一家基于C2F（消费者对工厂）模式的服装公司，乙有限合伙企业是一家以管理咨询为主、兼做天使投资的企业。如果甲和乙两家企业在202×年均赚取了100万元的利润，不过甲公司的收入均收回了现金，乙有限合伙企业的收入中有50%的应收账款；甲公司的初始投资为100万元，乙有限合伙企业的初始投资为20万元。

请思考：
1. 哪个企业的财务管理目标实现得更好？你是如何判断的？
2. 你觉得企业的财务管理目标应该如何表述？
3. 哪些因素会影响企业的财务管理工作？

第一节　了解财务管理环境

财务管理环境是对企业财务管理活动产生影响的企业内外部条件，是财务管理系统之外的与财务管理工作有着直接或间接联系的各种因素的综合。在一定的时空范围内，财务管理环境是企业财务决策难以改变的约束条件，只能去适应其要求和变化。所以，创业企业一定要熟悉财务管理环境，增强财务管理工作对环境的适应能力，顺利实现财务管理目标，提升财务管理效率。

企业财务管理环境可以分为内部环境和外部环境。内部财务管理环境是企业内部影响财务管理工作的各种因素，如企业的组织形式等；外部财务管理环境是企业外部影响财务管理工作的各种因素，如经济环境、法律环境、金融市场环境、技术环境等。

一、创业企业的组织形式和财务管理

企业组织形式不同，开展财务管理工作的难度不同，对财务管理的要求也不同。各种组织形式对于财务管理来说均有其相应的优缺点。

(一) 个人独资企业

个人独资企业是依照《中华人民共和国个人独资企业法》（简称《个人独资企业法》）的规定，在中国境内设立，由一个自然人投资，财产为投资人个人所有，投资人以其个人财产对企业债务承担无限责任的经营实体。个人独资企业是最古老也最简单的企业组织形式。企业本身不缴纳企业所得税，如果在经营过程中实现盈利，则按照生产经营所得对投资者征收个人所得税。一般来说，个人独资企业的规模较小，组织结构较为简单，对财务管理工作的要求不是很严。

1. 个人独资企业对财务管理的有利影响

个人独资企业组织结构比较简单，财务管理效率较高。个人独资企业的财务管理工作往往只对出资者个人负责，不用历经复杂的审批程序，财务管理效率较高。

政府对个人独资企业的管制一般较少，财务管理相对简单。由于个人独资企业的业主对企业债务负无限责任，业主会高度关注企业发展，企业资产所有权、经营权、收益权都属于投资人，不存在代理问题，代理成本低。企业独资经营，制约因素较少，经营方式灵活，能迅速对市场变化做出反应，决策快速而高效，财务管理工作相对比较简单。

个人独资企业利益由业主独享，易发扬投资人的创业精神。企业自负盈亏，经营好坏同投资人的经济利益密切相关，因此投资人会尽心尽力经营。在企业技术和经营方面易于保密，易于充分发扬投资者个人的创业精神。

2. 个人独资企业对财务管理的不利影响

无限责任增大业主风险。出资者对企业债务承担无限责任，当企业财产无法全部偿还对外负债时，业主需以自己的其他财产承担清偿责任，这会导致业主风险增大，使得其在进行投资决策时更加谨慎，有可能会刻意规避高风险但很可能高收益的项目，影响企业的未来发展。我国东南沿海很多地区的创业者在成功创办企业并经营之后，仅限于维持原有产品和规模,而没有追求规模经济效应,一定程度上与此有关。

外部筹资较为困难。由于多数个人独资企业规模小、资本薄弱,一旦经营不善就容易导致清算,给债权人带来损失;加上创业者个人投入企业的资金有限,难以对外部资金的归还形成隐性担保;再加上个人独资企业的信用积累可能较弱,其从外部筹集债权资金变得比较困难。又由于采用个人独资企业的法律形式,其无法通过转让股权的方式筹集外部股权资金。

企业寿命有限,影响其发展战略和前景。个人独资企业从属于业主,企业的寿命和创业者的自身寿命紧密相关,一旦业主出现健康问题或者死亡,个人独资企业将会被迫清算,这导致企业难以获得外部关联企业的长期战略性支持,从而影响其发展战略和前景。

所有权难以转移,影响企业可持续发展。个人独资企业的所有权不能进行分割,若要转移必须先将企业清算,再将资产转移给其他主体。因此,个人独资企业所有者一旦在企业经营中遇到困难,就必须承受损失,而无法将企业股权转让出去,这在很大程度上影响投资人的积极性和企业的可持续发展。

(二)合伙企业

合伙企业是自然人、法人和其他组织依照《中华人民共和国合伙企业法》(简称《合伙企业法》)的规定,在中国境内设立的普通合伙企业和有限合伙企业。合伙企业本身不缴纳企业所得税,对于企业的生产经营所得或其他所得,按照国家有关税收规定,由合伙人分别缴纳个人所得税。合伙企业的规模比个人独资企业稍大,资信条件也较好,较容易从外部筹措资金。

1. 合伙企业对财务管理的有利影响

外部筹资相对容易。由于出资人较多扩大了资本来源,提高了企业信用能力,降低了债权人风险,从外部筹资变得比个人独资企业容易。

抗风险能力相对较强。合伙企业的普通合伙人共同出资、合伙经营、共享收益、共担风险，并对合伙企业债务承担无限连带责任。这样就使得企业经营的风险分散在众多所有者身上，使企业的抗风险能力比个人独资企业大大提高。

管理能力相对较高。合伙人既是合伙企业的所有者，又是合伙企业的经营者，且不同合伙人一般具有可以相互补充的专长和经验，所以能够发挥团队作用，充分使每个合伙人各尽其才，有利于提高合伙企业的决策水平和管理水平。

企业信誉较高。普通合伙企业的合伙人对企业债务承担无限连带责任，有限合伙企业也必须至少有一个普通合伙人对企业债务承担无限责任，这样有助于增强合伙人的责任心，提高企业信誉。

2. 合伙企业对财务管理的不利影响

增加股权资金的能力受限。合伙企业是根据合伙人之间的契约建立的，如果一个合伙人离开或者有意接纳新的合伙人，就必须确立一种新的合伙关系，造成法律上的复杂性，从而通过接纳新合伙人，增加资金的能力受到一定限制。

普通非经营合伙人承担风险较大。由各合伙人用其在合伙企业出资以外的个人财产承担无限连带清偿责任，使得那些不控制企业的合伙人面临很大风险。

决策迟滞，延误投资时机。合伙企业的所有合伙人都有权代表企业从事经营活动，重大决策必须得到所有合伙人的同意，因此易造成决策迟滞，延误决策时机。

(三) 公司制企业

公司制企业是依照《中华人民共和国公司法》(简称《公司法》)的规定，在中国境内设立的有限公司和股份有限公司。公司是企业法人，有独立的法人财产，享有法人财产权。其中，有限责任公司是指股东以其出资额为限对公司承担责任，公司以其全部资产对公司的债务承担责任的企业法人。一人有限责任公司是指只有一个自然人股东或者一个法人股东的有限责任公司。股份有限公司是指其全部资本分为等额股份,股东以其所持股份为限对公司承担责任,公司以其全部资产对公司的债务承担责任的企业法人。

1. 公司制企业对财务管理的有利影响

无限寿命有利于长期发展战略的制定。公司制企业是独立法人,并不因个别股东的死亡或股票转让而停业或歇业,只要公司不破产清算,就能够持续经营下去。这给公司带来了财务管理上的巨大优势:公司可以制定长期发展战略,或与合作伙伴建立战略联盟。

有限责任提高了股东的投资积极性。公司股东只对公司承担有限责任,与个人的其他财产无关。如果公司破产清算,股东的损失以其在公司的投资额为上限。这一特点使得股东可以将风险限定在一个合理的范围之内,从而在投资时更具有安全感,增加其投资积极性。

产权流动性强,筹资更加灵活。公司所有者对企业的投资被划分成若干股份,股东可按持有股份的任意数额在资本市场上进行转让,增强了产权的流动性,通过转让股份筹资也变得更加容易。而且,公司制企业可以公开发行股票、债券,在社会上借助直接融资的渠道广泛筹集资金。另外,公司制企业的资本一般来自多个股东,资本量比个人独资企业或合伙企业更大,对债权人的保障更多,便于公司采用债权方式筹集资金。

两权分离,决策更加科学。公司所有权与经营管理权分离的特征,使公司制企业可以聘任专职经理人员来管理公司,管理水平较高,决策机制更加科学,能够较好地适应竞争激烈的市场环境,提高企业经济效益。

2. 公司制企业对财务管理的不利影响

公司设立有较大难度。由于公司制企业的有限责任,企业破产损失的风险可能会有一部分转移到债权人或潜在投资者身上。为保护债权人或潜在投资者的利益,国家对公司制企业成立的条件规定较为严格。尽管我国现在进入了1元钱创办公司的时代,实行认缴制,但是投资者认缴和实际到位的资本数额需要在国家企业信用信息公示系统公示，依然要与企业的经营规模相适应。

存在双重征税问题，税收负担重。《公司法》规定，公司首先需要就其生产经营所得缴纳企业所得税；在将税后利润向个人股东分配时，股东还需要根据分得的股利缴纳个人所得税。双重征税无形中增加了企业的税收负担。

政府对公司管制较多。由于公司从社会吸纳资金，为了保护利益相关者，政府对公司的限制较多，法律法规的要求也较为严格。如对股份有限公司设立了增发股票的限制条件，对上市公司增加了财务报告审计、财务信息公开和公司治理建设等方面的要求，这直接限制了公司的财务管理行为，也使公司的经营信息公开化，不利于保护商业机密，可能会影响到公司盈利能力。

代理成本大，财务管理内容较多。两权分离带来好处的同时，会增加公司的代理成本，包括股东和债权人之间、股东和经营者之间、大股东和中小股东之间的代理成本等，这导致公司制企业财务管理的内容还应包括公司治理结构和委托代理关系的管理问题，增加了财务管理工作的内容和难度。

(四) 其他企业形式

大学生可以创办的企业类型还有个体工商户和农民专业合作社。

个体工商户是指有经营能力，依照《个体工商户条例》规定，经工商行政管理部门登记，从事工商业经营的公民。个体工商户可以个人经营，也可以家庭经营。个体工商户一般规模较小，需要对企业债务承担无限责任，其对于财务管理的有利和不利影响与个人独资企业类似。

农民专业合作社是在农村家庭承包经营的基础上，同类农产品的生产经营者或者同类农业生产经营服务的提供者、利用者，自愿联合、民主管理的互助性经济组织。农民专业合作社依照《中华人民共和国农民专业合作社法》（简称《农民专业合作社法》）登记，取得法人资格。农民专业合作社成员以其账户内记载的出资额和公积金份额为限,对农民专业合作社承担责任。农民专业合作社规模较大,社员对合作社的债务承担有限责任,国家对于农民专业合作社的成立要求较为严格,治理较为规范,其对财务管理的有利和不利影响与公司制企业类似。

不同企业组织形式对财务管理的影响如表1-1所示。

表1-1 不同企业组织形式对财务管理的影响

项目	公司制企业	合伙企业	个人独资企业
财务工作效率	低	较低	较高
工作复杂度	复杂	较复杂	相对简单
抗风险能力	强	较强	较弱
所有权转移	容易	受限	困难
所得税义务	个人所得税、企业所得税	个人所得税	个人所得税
出资评估	评估	协议或评估	不要求
筹资难度	小	较小	大
连续性	好	较差	差,取决于业主
责任形式	有限责任	无限连带/有限责任	无限责任
解散后义务	无	仍应承担偿还责任	仍应承担偿还责任
其他	代理成本高	有限、无限合伙	易发扬创业精神

二、经济环境和财务管理

财务管理的经济环境是影响企业财务管理的各种经济因素,如经济周期、经济发展状况、通货膨胀情况、政府经济政策等。对于初创企业来说,行业生命周期、政府经济政策、通货膨胀状况影响更大。

(一) 行业生命周期

每个行业都有其自身的生命周期,从导入期开始,依次进入成长期、成熟期和衰退期。对于创业者来说,在行业的成长期进入是最好的选择,一方面,行业的机会窗已经打开,企业可以免费乘坐行业发展的快车，享受行业成长带来的销售增长；另一方面，还可以借行业之势促进企业自身增长。另外，快速成长的行业往往也是资本的关注点，较容易筹集到资金，对于创业企业的规模扩张比较有利。

尽管不同周期的行业中都有比较成功的企业，但是对于初创者来说，由于资金、精力等一般比较有限，不像大型的进行多元化投资的企业那样有足够资源支持，难以做起培育新市场或者在衰退的市场中开拓新需求的事情，因此，为使企业的筹资、投资等财务管理工作能够顺利开展，建议在做出开发创意的决策之前，先行分析行业的生命周期。

(二) 政府经济政策

一个国家的经济政策，如经济发展规划、产业政策、财税政策、金融政策、外汇政策、外贸政策、货币政策以及政府的行政法规等，对企业理财活动都有重大影响。如果企业的项目选择或经营能够顺应经济政策导向，就会在各个方面得到大量支持和优惠，对于初创期企业的生存有较大帮助。

比如，近些年很多基于"互联网＋"的创意——3D打印、无人机、物联网，文化创意产业等都是国家大力倡导和支持的行业，如果能在这些领域进行创意开发，则会在资金筹集、税费减免等方面得到支持，享受到优惠待遇。

(三) 通货膨胀状况

通货膨胀不仅降低了消费者的购买力，也会给企业理财带来困难。通货膨胀的发生会引起资金占用增加，增加企业资金需求；引起利率上升，加大企业的资金成本；引起资金供应紧张，增加企业的筹资难度。创业企业虽然对通货膨胀本身无能为力，但是可以通过分析通货膨胀对资金成本的影响以及对投资报酬率的影响相应调整预期收入、成本，对财务工作做出事先安排，将通货膨胀的不利影响降到最低。

三、法律环境和财务管理

法律环境是指影响企业财务活动的各种法律、法规和规章。一般来说，对财务管理影响较大的法律法规（以下简称法规）主要有三类：企业组织法规、财务会计法规和税法等。

（一）企业组织法规

企业组织必须依法成立，不同类型的企业在组建过程中要依据不同的法规。在我国，对于学生创业来说，企业组织方面的法律法规主要有《个人独资企业法》《合伙企业法》《公司法》《个体工商户条例》《农民专业合作社法》。这些法规详细规定了不同类型企业设立的条件、程序、组织机构、组织变更及终止条件和程序等。创业之初选择企业的法律形式时，一定要认真研究，因为这不但会影响到企业名称的设计，还会影响相应的财务管理事宜，比如筹资、投资、税费及投资者法律责任等。

（二）财务会计法规

影响企业财务管理的财务会计法规主要有《企业财务通则》《企业会计准则》《企业会计制度》《小企业会计准则》等。我国第一部《企业财务通则》于1993年7月1日起施行，修订之后的《企业财务通则》于2007年1月1日起实施。新《企业财务通则》围绕企业财务管理环节，明确了资金筹集、资产运营、成本控制、收益分配、信息管理、财务监督等六大财务管理要素，并结合不同的财务管理要素，对财务管理的方法和政策要求做出了规范。

《企业会计准则》是针对所有企业制定的会计核算规则，分为基本准则和具体准则，实施范围是大中型企业，自2007年1月1日起在上市公司范围内实施。2014年7月23日修改之后的企业会计准则，适用范围为在中华人民共和国境内设立的企业。

《小企业会计准则》于2011年10月18日由中华人民共和国财政部印发，对小企业的资产、负债、所有者权益、收入、费用、利润及利润分配、外币业务、财务报表等相关内容进行了规范，自 2013 年 1 月 1 日起施行，适用于在中华人民共和国境内依法设立的、符合《中小企业划型标准规定》所规定的小型企业标准的企业。

除此以外，与企业财务管理有关的经济法规还包括会计法规、结算法规等。企业应在守法的前提下完成财务管理工作，实现企业的理财目标。

（三）税法

税法是国家制定的用以调整国家与纳税人之间在征税方面权利义务关系的法律规范的总称。税法是国家法律的重要组成部分，是保障国家和纳税人合法权益的法律规范。税法按照征收对象的不同，可以分为：对流转额课税的税法，以企业的销售所得为征税对象，主要包括增值税、消费税、关税等；对所得额征税的税法，包括企业所得税、个人所得税等；对自然资源课税的税法，目前主要以矿产资源和土地资源为课税对象，包括资源税、土地使用税等；对财产课税的税法，以纳税人所有的财产为征税对象，主要有房产税；对行为课税的税法，以纳税人的某种特定行为为征税对象，主要有印花税、城市维护建设税等。

企业在经营过程中有依法纳税的义务，财务人员可以通过理财过程中的精心安排、仔细筹划，调整纳税时间或金额，但不应该逃避缴纳税款。目前，对于创业企业，国家有许多税收优惠政策，创业者可以在了解的基础上充分利用，为企业减少不必要支出。因此，熟悉税收法规，不但可以促使创业企业依法经营，还会为企业节约资金的流出。

四、金融市场环境和财务管理

金融市场是资金融通的场所。企业资金的取得与投放都与金融市场密不可分，金融市场发挥着金融中介以及调节资金余缺的功能。创业企业的相关人员需要了解金融市场的构成、金融工具、利率的测算等知识。

金融市场和财务管理

(一) 金融市场和企业理财

对于创业企业来说，金融市场的作用主要表现在以下方面。

为企业筹资提供场所。初创期的企业往往需要筹集大量资金用于创意开发、产品研发、市场培育、员工培训等，这时就需要依靠金融市场筹集资金。

为资金投放提供参考。创业企业是否要将资金投资于既定项目，取决于对于项目未来报酬率的评估，或者投资者要求的必要报酬率，二者均与资本市场上的平均报酬率，或相应风险的风险报酬率紧密相关。因此，通过资本市场，可以对创业者要求报酬率的合理性进行评估。

为企业理财提供相关信息。金融市场的利率变动和各种金融资产的价格变动，都反映了资金的供求状况、宏观经济状况，这些信息对于企业理财有着重要意义。如企业在吸引外部股权资本时，要确定投资者的股权比例，就需要对企业价值进行评估，采用的折现率需要依靠资本市场信息；从外部筹集债权资金时，资金成本的确定需要参考市场利率。

(二) 金融市场构成

金融市场由主体、客体和参加人组成。主体是指银行和非银行金融机构，它们是连接投资人和筹资人的桥梁；客体是指金融市场上的交易对象，如股票、债券、商业票据等；参加人是指客体的供应者和需求者，如企业、政府部门和个人等。

金融机构主要包括商业银行、投资银行、证券公司、保险公司、基金公司、小额贷款公司等。创业企业在需要资金时，可以从这些金融机构寻求帮助，筹集一定的债权资金。

(三) 金融工具

由于初创企业极强的不确定性，在创业企业的股权结构中，核心团队会持有大部分股权，一般来说企业管理层持有普通股，投资人持有优先股。对于创业企业来说，其可以运用的金融工具主要有优先股、附购股权公司债券、可转换优先股等。

优先股是一种所有权证券，它兼具普通股和债券的特点，是一种复合式证券工具，一般有着不变的股息率，该股息率是每股面值的一个百分比，不受创业企业经营状况和盈利水平的影响。但是，优先股不具有企业控制权，优先股股东无权参与企业的经营决策。如果创业企业破产清算，优先股股东会先于普通股股东分得创业企业的剩余财产。随着投资实践的发展，现代意义上的优先股可以附加更多的优先权，创业企业可以通过章程或投资合同约定优先股的一些优先条件，如优先股股东的权利、义务，股东行使表决权、控制权的优先条件、顺序和限制，股息分配的顺序、方式和定额，参与剩余资产分配的顺序、定额，以及优先股回售、转让的条件等。

附购股权公司债券是指风险资本以债权资本形式进入被投资企业的同时，被投资企业给予风险投资人一项长期选择权，允许风险投资人在未来按某一特定价格买进既定数量股票的权利。对于风险投资人来说，附购股权公司债券允许其分享被投资企业未来增长带来的收益，在企业前景看好时，债权人有权按照一个比较低的价格购买普通股。购股权的潜在价值和锁住投资风险的特点将使债权人同意接受较低的利率和较宽松的贷款限制。对于创业企业来说，附购股权公司债券的利率会低于正常水平，而且未来投资人执行购买权时能给企业带来额外的资本。

可转换优先股由于在优先股的基础上附加了允许其持有人在一定条件下把优先股转换成普通股的期权，因此具有债券、普通股、优先股、期权的多重属性，是一种彼此利益均衡、激励相容的交易工具，也成了风险投资者投资创业企业最常用的投资工具。对风险投资者而言，可转换优先股一方面可以使投资得到较为稳定的回报，避免初期投资失败带来的损失；另一方面可转换为普通股，分享企业的成长潜力。对创业企业而言，可转换优先股在带来资金的同时，其日后可能引起资本结构变化，但不会影响后续融资，而且能确保创业团队对企业的经营管理权。

(四) 利率及其测算

企业的财务活动均与利率有关,离开利率这一基本要素,就无法做出正确的筹资和投资决策。因此,利率是进行财务决策的基本依据。

1. 利率的概念和构成

利率是衡量资金增量的基本单位,是资金的增值与投入资金的价值之比。从资金流通的借贷关系来看,利率是特定时期运用资金这一资源的交易价格。资金融通实际上是资金资源通过利率这一价格体系在市场机制作用下进行的再分配。一般情况下,资金从高报酬项目到低报酬项目的依次分配,就是由市场机制通过资金的价格——利率的差异来决定的。所以,利率在企业财务决策和资金分配方面具有非常重要的作用,了解利率的构成和测算有助于创业企业在筹集资金时进行理性决策,做出合理判断。

一般而言,资金的利率由三部分构成:纯利率、通货膨胀补偿率和风险报酬。其中,风险报酬包括违约风险报酬、流动性风险报酬和期限风险报酬三种。因此,利率的一般计算公式为:

$$K = K_0 + IP + DP + LP + MP$$

式中,K 表示利率(名义利率);K_0 表示纯利率;IP 表示通货膨胀补偿率;DP 表示违约风险报酬;LP 表示流动性风险报酬;MP 表示期限风险报酬。

2. 利率的确定

纯利率是指没有风险和没有通货膨胀条件下的均衡利率。影响纯利率的基本因素是资金供应量和需求量。由于纯利率会随着资金的供需而变化,准确测定比较困难,实际工作中,通常以无通货膨胀情况下的无风险证券的利率来代表纯利率。

通货膨胀已成为目前许多国家难以治愈的顽疾,持续的通货膨胀会导致货币实际购买力下降,使项目投资报酬率上升,以弥补相应的购买力损失。所以,无风险的利率除纯利率外还应加上通货膨胀因素。政府发行的短期无风险债券（如国库券）的利率就是由这两部分内容组成的。其表达式为：短期无风险证券利率＝纯利率＋通货膨胀补偿率，即 $R_F=K_0+IP$。

违约风险指借款人因无法按时支付利息或偿还本金而给投资人带来的风险。国库券等证券由政府发行，可以视为没有违约风险，其利率一般较低；企业的违约风险取决于其信用程度，信用等级越高，违约风险越小，利率水平越低。初创企业一般来说经营时间较短，往往缺乏信用等级的信息，债权人为弥补违约风险会提高利率，使企业资金成本提高。

流动性指某项资产迅速转化为现金的可能性。政府债券、大公司的股票与债券，由于信用等级高、变现能力强，流动性风险较小。创业企业由于存续时间较短，信用难以得到外界的认可，债务流动性较差，债权人往往会提高借出款项的利率。

一项负债到期日越长，债权人承受的不确定因素越多，承担的风险就越大，为弥补这种风险而增加的利率就是期限风险报酬率。创业企业从外部筹集债权资金时，长期负债利率一般会高于短期负债的利率。

五、技术环境

技术环境是影响创业企业财务管理过程及其效率的科技要素以及与该要素相关的社会现象。"大智移云物区"等技术引领的第四次工业革命对企业组织结构、业务流程、管理模式等产生了颠覆性影响，给企业财务管理带来了根本性变革。在这一时代背景下，大数据、云计算、金税四期、业财融合等对创业企业的财务管理工作提出了新的要求和挑战。

（一）大数据和云计算

随着大数据技术的持续发展，科技化水平逐步深入，数据在处理的同时能够同步保存，这有助于使用者管理与使用多样化、高增长率的海量资产，为大数据技术的使用者提供更多洞察发现力、数据决策力的输出意见；同时，大数据非结构化或结构化数据代表的"所有用户的行为、服务级别、安全、风险、欺诈行为等更多操作"的绝对记录，要求所有数据在创建之初便需要获得安全保障。鉴于此，创业企业首先需要从数据产生之初就确保自身及客户数据的安全性，规避潜在安全风险；其次可以利用大数据挖掘形成的对重要用户的洞察力，制定营销战略规划，向客户提供低成本、虚拟化、按需定制的弹性服务；最后还要能够通过追踪和记录网络行为，轻松识别业务影响，做好业财融合。

（二）金税四期

1994年金税一期，建成了增值税防伪税控系统，实现了利用计算机网络对增值税专用发票进行交叉稽核。1998—2001年7月金税二期，实现了发票数据的自动采集，同时把海关增值税完税凭证纳入金税工程进行管理，并推广至全国。2013—2016年金税三期，实现了网络硬件和基础软件的统一平台，税务系统的数据信息在总局和省局集中处理，覆盖税收、各级税务机关和有关部门联网，征收，行政管理，决策支持和外部信息等系统。2017—2020年金税四期，纳入了非税业务，打通信息共享和核查的通道，实现企业相关人员手机号、企业纳税状态、企业登记注册信息核查的三大功能。

金税四期系统2021年8月1日测试上线，构建了更强大的现代化税收征管系统，实现全国范围内税务管理征收业务的通办，实现税费全数据、全业务、全流程，为智能办税、智慧监管提供条件和基础。金税四期的主要特点有四个：第一，建立了指挥决策系统，通过建立总局端指挥台，开创税务云化时代，实施企业信息联网核查系统，实现公安部门经侦部门与税务银行大数据共享机制，打击虚假开户，打击涉税犯罪；第二，开发了综合画像功能应用，为企业精准画像；第三，完善了抵账库穿透数规则；第四，开发了智慧系统功能，利用机器学习、RPA（机器人流程自动化）、语义理解的现代技术，自动采集、全面分析、固定归档、质量自检，同时还能实现自动取数、自动分析、自动算税、自动生成文书报告的功能。

因此，创业企业必须增强全体人员的法制意识，提高对业财税一体化的重视程度；利用发票异常预警、税负预警、所得税与增值税弹性系数预警等信息，及时发现管理中的漏洞或流程中的问题，及时改进、调整、完善、更新，规避财务风险；同时，企业的工作人员要懂税、懂信息化、懂经营管理，最大限度发挥业财税一体化的作用，持续增强风险防控能力。

(三) 业财融合

业财融合是企业财务与业务借助现代化信息技术手段实现业务流、信息流、资金流等数据信息及时共享，实现企业有效资源配置的过程。

将财务理念融入业务，用财务管理工具及风险控制办法，对所处业务流程的控制点一一剖析，可以达到业务量化支撑考核的目的；便于财务人员通过对财务和业务的把握，更好地承担企业内部计划、控制、决策和评价工作；还可以促使财务人员在掌握财务目标的同时，了解企业的运作状况，帮助企业实现有效资源配置。基于此，要求创业企业在实际发展过程中，应通过业财融合促使业务与价值链之间的密切融合，将财务管理范围拓宽，将企业业务部门与财务部门紧密结合，使二者的优势得以充分发挥，达到数据信息共享互通，为企业创造出更多、更大的价值。技术环境对创业企业的要求如表1-2所示。

表1-2 技术环境对创业企业的要求

技术环境	对创业企业的要求
大数据和云计算	保障数据安全性，规避安全风险 制定针对性营销策略，提供弹性服务 识别业务营销，做好业财融合
金税四期	提高对票财税一体化的重视 及时发现漏洞，进行改进完善 持续增强风险防范能力
业财融合	对业务进行量化考核 对流程进行控制 有效配置资源

第二节　明确财务管理目标

财务管理目标是企业理财活动希望实现的结果，是评价企业理财活动合理性的基本标准。创业企业的财务管理目标应该和企业总体目标保持一致，即通过生产经营活动创造更多财富，不断增加企业价值。

一、创业企业的财务管理目标

创业企业的财务管理目标应该是实现股东财富最大化。

（一）股东财富最大化的含义

股东财富最大化指通过财务上的合理运作，为股东创造更多财富。创业者或创始人团队创办新企业的目的之一是改变自己的财务状况，希望通过提供满足社会需求的产品和服务，为顾客创造价值，为自己创造财富，因此，股东财富最大化符合创业的初衷，也符合社会对于创业成功的评判标准。创始人通过自己的创业活动实现了自身财富增长，创业企业提供了满足社会需求的产品或服务，创业者的创意具有较大市场，对客户具有一定吸引力。

（二）股东财富最大化的衡量

从理论上说，股东财富的表现形式是在未来获得更多的净现金流量。不过，股东财富除了和现金流量的多少有关以外，还取决于现金流量取得的时间，以及与现金流量相关的风险。因此，股东财富应该是未来获得的现金流量按照与其风险相对应的利率折合到决策时点的现值。由此可见，在项目风险既定的情况下，增加日后获得的现金流量、缩短现金流量的流入时间都有利于增加股东财富。

由于企业在创办初期很难满足上市的要求，因此，对于非上市的创业企业来说，其股东财富的市场价值较难衡量。一般来说，如果不涉及接受外部股权投资，创业企业的股东财富可以通过企业全部资产价值减去对外负债的价值来衡量。在考虑了通货膨胀因素和风险因素之后，期末净资产的价值如果超过期初，则股东财富增加；否则，股东财富减少。如果要接受外部股权投资，需要采用一定方法对企业价值进行评估，只要评估的企业价值超过原始股东的投资额，就可以认为股东财富实现了增加。

二、创业企业财务管理目标的实现

为实现股东财富最大化的财务管理目标，需要企业各项财务活动均以财务管理目标为基础开展。对于创业企业来说，其财务管理目标的实现与在位企业有一定的不同，需要予以充分关注。

（一）不同财务管理活动的目标

筹资活动财务管理的目标是采用合理的筹资方式及时筹集创业所需资金，满足企业投资与经营活动的需要，并在筹资额既定的情况下尽可能降低资金成本，同时保证企业的可持续筹资能力，合理控制筹资风险，避免无法偿债导致企业陷入破产清算的境地。

投资活动财务管理的目标是在既定的投资项目下，努力增加未来可能的现金流量，将现金流入的时间提前，并且控制好风险，使项目可以成功投资运作。

营运资金管理的目标是采用步步为营的方式，在满足日常生产经营需要的前提下，尽可能减少资金占用，加速资金周转，提高资金利用效率，并且在出现临时资金需求时，可以筹集到合适的资金。

收益管理的目标是将成本费用管理制度化，通过成本效益分析，严格控制成本费用开支，减少浪费；对于能够带来更大效益的支出则予以支持，提高资金使用效益。

核算管理的目标是在遵循法律法规和企业财务会计制度的前提下，

做好日常核算管理，并在期末出具符合企业管理要求的财务报表，提供决策所需信息。

(二) 财务管理目标的实现条件

为使创业企业顺利度过生存危机期，迈过盈亏平衡的门槛，创业企业的财务管理需要做到以下几点。

1. 以生存为第一要务

企业创办是一个从无到有、从 0 到 1 的过程，在这个过程中，一切都具有很大的不确定性，可能会随时面临破产清算的风险。因此，如何生存下来便是创业企业每天要思考的问题。为此，创业企业应尽量做到以收抵支，以产品或服务销售取得的现金抵补日常经营支出，并且及时偿还到期债务。

2. 充分重视现金流管理

创业初期较高的不确定性带来的高风险，以及企业缺乏相应可抵押资产的状况，使得创业企业从外界取得债权资金比较困难；另外，初创企业的估值与既有企业相比难度较大，缺乏可资参考的经营信息和投资报酬率的参考估计，外部股权融资也难以取得。于是，创业企业只能依靠企业自身创造现金流，靠产品或服务的销售形成资金流入。但是，创业初期有着各种现金需求，如产品研发、市场开拓、员工培训，还有大量维持企业正常运转的日常开支。所以，将从有限来源获得的资金与无限支出需要的现金进行匹配，就需要充分重视现金流管理。

3. 注重企业声誉培育

声誉资源是企业拥有的独特资源，可以提升企业有形资产的价值。良好的声誉可以增强产品的市场号召力，给予顾客重复购买的信心，促进顾客忠诚度的建立，提高市场占有率。而且声誉良好的企业会获得利益相关者的更多青睐，使彼此的交易更倾向于持续发展。因此，从经济学的视角看，声誉资源可以减少交易成本，使企业在市场竞争中取得事半功倍的效果。创业企业可以从提高产品和服务质量、提高企业创新能力入手，通过企业战略制定，不断加大宣传和推广力度，加强内部管理，适时履行社会责任，提高自身财务绩效，培育企业的声誉资源。通过处理好客户关系，以及与新闻媒体、政府等的关联关系，加强与员工、投资者、合作伙伴、竞争对手、社会团体的合作和沟通来维护声誉资源，保持竞争优势。

第三节　熟悉财务管理内容

鉴于创业资金、利润管理、财务制度和财务报表对于创业企业的重要性，创业企业财务管理的主要内容便包括如前所述的相关部分：资金管理（包括资金的筹集、投放和日常管理）、收益和价值管理、核算管理及报表管理。

一、资金管理

资金管理包括资金筹集管理、资金投放管理和营运资金管理三部分内容。

（一）资金筹集管理

企业初创期主要的筹资方式往往是股权资金，如个人积蓄、亲友投资、天使投资等，从银行等金融机构取得借款比较困难，通过发行股票或债券筹资更是绝大多数初创企业难以采用的方法。在通过股权资本或者金融机构筹资时，表现为资金的流入；在支付利息、归还本金及支付各种筹资费用时，表现为资金的流出。资金筹集管理就是对创业资金的筹集和归还进行管理。

进行资金筹集管理，需要创业团队相关人员预测可能的资金需求量，根据对控制权的态度及可能获得资金的方式选择筹资渠道；了解风险投资的条款及相应退出方式；考虑筹资的成本，以及所筹资金的控制权对日后经营的影响等。

(二) 资金投放管理

筹集资金的目的是将其投放到最能获取利润的领域，以尽快实现盈利。创业企业的资金投放主要是内部投资，如将其用于购置固定资产、无形资产等经营性资产，以便从经营过程中获得更多资金流入。企业将资金投资于固定资产或无形资产，或个别企业将其用于对外投资、进行联合经营或并购，形成资金的流出；投资的实物资产带来销售收入，或从被投资企业收回分得的利润，或者变卖对内投资的各种资产或收回对外投资，形成投资活动的现金流入。资金投放管理的目的是通过计算系列指标，选择对企业最为有利的投资项目，进行科学的投资决策。

在进行投资决策时，最好按照一定原则和技巧，专注于开发创业团队发现的创业机会，先在一种产品或服务，或者某一处地址获得一定的现金流；另外，对投资项目进行财务分析时，应该考虑货币的时间价值、风险价值和项目的期权价值。

(三) 营运资金管理

企业在日常生产经营过程中会发生一系列现金收支，如采购和支付员工薪酬发生的现金流出，销售产品形成的现金流入等。如果日常经营过程中的现金流入无法满足持续发展的资金需求，还需要从外部筹集资金。一般来说，企业在实现盈亏平衡之前很难通过正常生产经营活动来提供企业发展所需的资金，因此，筹集资金成为初创期企业的常态。营运资金管理的目的就是按照一定的管理技巧和工具，管理好日常经营过程中的现金流入和流出，让企业保持正的现金流，避免破产清算的风险。

营运资金管理的重点是通过制定合理的信用政策，并采用恰当的收款方式，减少客户对于赊销资金的占用；通过科学的存货管理方法，降低库存对资金的占用；通过良好信用的建设及信用关系的维护，保障短期资金筹集等。总之，要在保障生产经营正常进行的前提下，尽可能减少资金占用，加速资金周转，提高资金的利用效率。

二、收益管理

收益管理的内容包括收入管理、成本费用管理和纳税筹划管理等。

（一）收入管理

企业初创期最大的任务往往是扩大市场占有率，增加销售，实现尽可能多的现金流入。因此，需要在市场调研的基础上制定合适的营销策略，对产品和服务进行合理定价，根据行业的销售习惯选择恰当销售方式；在进行销售预测的基础上，结合外部竞争状况和行业平均水平，确定企业信用政策，提高销售收入的质量。

（二）成本费用管理

成本费用管理要在遵循成本费用计算基本要求的基础上，加强研发、采购、生产、销售过程以及人力资源管理环节的成本费用监管，提高成本费用利润率，使单位资源发挥最大的效率。

在初创期，企业的财务制度还没有建设完成，对于可以列支的费用项目尚未形成一致的观点，加上初创期主要是资金的支出和各种费用花费，如果不做好成本费用管理就会导致大量的资金使用效率低下，甚至形成浪费。

进行成本费用管理时，要做到该花的钱不能吝啬，如员工的工资和社保，一定要按照《中华人民共和国民法典》和《中华人民共和国劳动合同法》（简称《劳动合同法》）的规定进行支付；同时，能节约的绝不浪费，如可以通过OEM委托加工的方式，利用生产方的规模经济优势降低成本，做到在保证产品或服务质量的同时花费最小化。

（三）纳税筹划管理

创业企业可以在按照税法规定依法纳税、履行社会公民义务的同时，充分利用国家的税收优惠政策，做好纳税筹划管理工作。由于创业财务部分基本不涉及企业盈利之后的发展阶段，因此，此处的纳税筹划主要是流转税的纳税筹划问题。在全面实施营改增之后，企业的流转税主要就是增值税，做好增值税的纳税筹划是创业财务的内容之一。

在进行纳税筹划管理时，首先应遵循相关的法律法规，做守法公民；其次可以根据相应规定申请税费减免；最后通过在会计核算时的合理规划，使税费的缴纳从时间分布角度更加合理。

三、企业价值管理

合理的股权架构是企业健康成长的基因，恰当的股权激励会影响到企业未来的可持续发展，企业的价值评估是通过吸收外部股权方式筹集资金的基础。健康的企业在有足够资金支持的情况下才可能实现长期的价值增值和可持续发展。所以，创业企业进行价值管理，要设计好股权架构，做好股权激励，科学管理影响企业价值的因素。

（一）股权设计和激励

遵循股权设计的基本原则，打造健康发展的股权基因，既可以合理调动团队成员的积极性，又可以使大家分享到企业日后成长所带来的巨大收益。

按照股权激励的原则，选择恰当的股权激励方式，运用股权激励技巧，防范好股权激励的法律风险，有利于将员工变成合伙人，谋求企业更好的发展。

（二）企业估值

在创业企业拟通过吸收外部股权方式筹集资金时，就需要对企业的价值进行评估，以合理确定风险投资机构的股权比例。由此，创业团队要熟悉企业的估值方法，科学管理影响企业价值的因素，在对企业进行合理估值的基础上，设定合适的股份比例，不断创造价值。

四、核算管理

创业企业需要遵循法律法规的要求设置会计机构和会计人员，采用公认的核算方法，选择适合的核算组织形式进行会计核算，定期申报纳税，出具财务报表。同时建立健全财务和会计制度，保障核算工作顺利进行。

五、报表管理

报表是创业企业和外界沟通的桥梁，也是创业者加强企业管理的主要依据。创业者需通过报表了解企业整体经营状况，做出科学的生产经营决策；外部投资者需要通过报表了解企业的盈利能力，做出是否投资的决策；供应商需要根据企业的偿债能力，做出赊销与否的决策；国家有关部门需要通过报表分析企业的纳税状况。因此，企业应按照相关规定编制财务报表，全面反映财务状况和经营成果，对外做好自我营销。

一般企业的财务报表应该包括利润表、资产负债表、现金流量表和所有者权益变动表。小企业编制的财务报表应当包括利润表和资产负债表，小企业也可以根据需要编制现金流量表。

创业团队还要熟悉报表分析的方法，以了解过去、评价现在、预测未来，运用报表分析的数据做出科学财务决策，实现创业初衷。

> **学习要点**
>
> 财务管理环境是对企业财务管理活动产生影响的企业内外部条件，是财务管理系统之外的与财务管理工作有着直接或间接联系的各种因素的综合。
>
> 内部财务管理环境是企业内部影响财务管理工作的各种因素，如企业的组织形式等。
>
> 外部财务管理环境是企业外部影响财务管理工作的各种因素，如经济环境、法律环境、金融市场环境、技术环境等。

对于初创企业来说，行业生命周期、政府经济政策、通货膨胀状况等经济因素对财务管理的影响较大。

对财务管理影响较大的法律法规主要有企业组织法规、财务会计法规和税法等。

金融市场为企业筹资提供场所，为资金投放提供参考，为企业理财提供相关信息。

对于创业企业来说，其可以运用的金融工具主要有优先股、附购股权公司债券、可转换优先股等。

一般而言，资金的利率由三部分构成：纯利率、通货膨胀补偿率和风险报酬。其中，风险报酬包括违约风险报酬、流动性风险报酬和期限风险报酬三种。

大数据、云计算、金税四期、业财融合等技术环境对创业企业的财务管理工作提出了新的要求和挑战。

创业企业的财务管理目标应该是实现股东财富最大化。

在项目风险既定的情况下，增加日后获得的现金流量、缩短现金流量的流入时间有利于增加股东财富。

创业企业财务管理的主要内容包括资金管理、收益管理、价值管理、核算管理及报表管理。

资金管理包括资金筹集管理、资金投放管理和营运资金管理。

创业案例

H财产保险股份有限公司偷逃税款案

H财产保险股份有限公司（以下简称H公司）为一家外商独资经营企业，在一系列股权重组后，于20×5年3月在香港联合交易所正式挂牌，共有股东8人，在20×6年至20×8年之间曾频繁变更公司名称及股东，截至20×8年初剩余股东6人，20×9年公司股东数量仅为2人。

(一) 公司经营状况

H公司的各项业务一直保持快速增长，20×5年至20×7年保费收入保持37.3%的年均增长速度。20×6年公司保费收入达到8 521万元，较上年同比增长了58.3%，占全国财产保险市场21.58%的市场份额。20×7年底，公司资产达到4.8亿元，占全国保险业总资产的14.9%，资产规模相比20×5年末增长了3倍。

(二) 股权变动交易情况

20×4年5月，董事长甲作为投资方在英属维尔京群岛注册成立了全资控股公司D投资发展公司（简称D公司），初始注册资金为8万美元。20×5年3月，甲同其合作伙伴中国澳门商人乙所在的某商业银行B共同在中国香港注册并成立上市财产保险H公司，初始注册资金为1.2亿元人民币。其中甲出资8 000万元人民币，B银行出资4 000万元人民币，甲成为H公司的股东及法人代表。

20×6年3月，H公司由于经营得当，通过上市融得资金5.2亿元人民币。于是甲与注册于中国香港并在香港联合交易所上市的C公司签署了合资协议，D公司购入互联网金融借贷参股C公司72.14%的股份，C公司其余股东均为境外投资人。由于乙所在的B银行经营不善，C公司在同年以2.3亿元人民币购买B银行50.65%的股份；C公司公告中明确上市公司所有的经营活动由H公司来执行。H公司20×8年业绩为亏损，于是公司进行减资操作，资本由4.7亿元人民币减至3.2亿元人民币，公司股东由6人减至2人……20×9年，公司股东及公司注册资本再度变化。

20×6年至20×8年之间H公司频繁变换公司名称及股东。20×6年，公司名称变更，同年7月再次变更，20×8年又做变更。20×5年，公司股东人数由2人变为8人，增加了1名法人股东，同时注册资本由1.2亿元变更为2.7亿元。20×6年，公司股东人数变为10人，注册资本增至4.7亿元。20×7年，H公司由于经营不善，存在资金缺口，股东撤资，股东减至6人。20×8年初，公司进行减资操作，注册资本由4.7亿元减至3.2亿元，公司股东由6人减至2人。

H公司的股东人数及注册资本变化情况，以及股权情况如表1-3和图1-1所示。

表1-3 H公司股东及注册资本变化

项目	20×5年3月	20×6年	20×7年	20×8年
股东人数（人）	8	10	6	2
注册资本（亿元人民币）	2.7	4.7	4.7	3.2

图1-1 H公司股权穿透图

（三）案件发现过程

20×9年5月，税务工作人员依托金税四期系统、CRS系统和大数据分析平台，对H公司进行风险扫描分析，展开深入分析和检查。

稽查人员通过查看账目中的相关凭证及企业纳税记录，发现H公司每月按工资薪金表计提工资费用并计算、代扣代缴个人所得税，但在实际发放工资时按不同的金额做账，并且记账凭证后只附一张B银行代收付业务委托书，上面只有代发工资的总金额，并没有员工工资的详细发放清单。然后，税务人员对H公司董事长甲在B银行的个人账户进行监控分析，发现甲同本公司的会计丙账户资金流动来往密切，不仅银行卡账户流动异常，税务人员还发现H公司与C公司的利益情况错综复杂。甲的私人账户还同C公司旗下的第三方支付平台——某租宝中的丙账户经常发生资金流动往来。税务人员通过调查H公司20×8年的财务报表、企业所得税年度汇算清缴表的各项指标，并与其历年指标比对分析后，发现该公司董事长可能通过工资单造假和与丙通过个人转账形式偷税漏税。

掌握大量信息后，税务人员约谈H公司财务人员丙，向该公司发出纳税评估询问通知书，要求该公司对其财务指标异常说明原因，并提供证明材料。最终，H公司因无法举证说明其他应付款异常的理由，承认其存在隐瞒收入、虚列往来账的问题，少申报缴纳了个人所得税税费，并且承认该公司董事长甲让财务人员丙编造职工名字，开出虚假工资单入账。

(四) 偷逃税事件经过

1. 频繁变更股东结构偷逃税

H公司在20×6年至20×8年之间频繁变换公司名称及股东，截至20×8年剩余股东2人。稽查人员深入调查得知，H公司了解到股东变更时会涉及缴纳个人所得税，与直接的股权转让相比，通过增资减资方式进行避税更具有隐蔽性。H公司同时采取以新股东注资入股、老股东撤资退股的形式掩盖股权转让行为，从而达到逃避股权转让所得缴纳个人所得税的目的。而对于老股东，公司只是给予一定补偿。这一系列操作所涉及的未按规定申报的股权转让额高达93万余元，涉及的个人所得税为18万余元。因此，税务机关依法向该公司追缴税款和相应滞纳金。

2. 个人账户转移偷逃避税

根据 H 公司的工资薪金表（税前金额），董事长甲每月工资为 58 000 元，财务人员丙每月工资为 38 000 元，不考虑社保、住房公积金等因素，相比高管薪酬，该类费用金额较小。但通过金税四期的税务稽查发现，财务人员丙每月向董事长甲银行账户汇款 34 600 元，且财务人员丙的工资远高于行业平均值。但公司的资金应该从公司的专门账户向员工进行工资发放。税务机关在对 H 公司的高管人员进一步调查时发现，该公司涉嫌逃避缴纳税款的义务。

H 公司通过工资单造假，少代扣代缴个人所得税。

按照 H 公司现有的工资薪金表，H 公司 20×8 年应代扣代缴的员工个人所得税计算如下。

财务人员丙应缴纳个人所得税＝[(38 000－3 500)×25%
－1 005]×12＝91 440(元)

董事长甲应缴纳个人所得税＝[(58 000－3 500)×30%
－2 755]×12＝163 140(元)

应交个人所得税合计金额＝91 440＋163 140＝254 580(元)

而根据实际的工资薪金表，董事长甲的实际工资为 92 600 元/月，财务人员丙的实际工资为 3 400 元/月，则实际 H 公司应代扣代缴的员工个人所得税计算如下。

财务人员丙月收入＜3 500 元，不需要缴纳个人所得税。

董事长甲应缴纳个人所得税＝[(92 600－3 500)×45%
－13 505]×12＝319 080(元)

H 公司仅针对甲和丙两人情况就少缴纳个人所得税 64 500 元。税务机关有合理理由怀疑，H 公司高管的工资薪金普遍存在利用个人账户划转逃避缴纳税款的行为。

3. 通过第三方支付平台洗钱交易避税

此案例中还出现了通过第三方支付平台转账支付来洗钱的做法。甲和丙的私人银行账户还同 C 公司旗下的第三方支付平台——某租宝经常发生资金流动往来。税务人员通过调查 H 公司 20×8 年的财务报表、企业所得税年度汇算清缴表的各项指标并与其历年指标比对分析后，发现该公司董事长可能通过工资单造假和个人转账给财务人员丙来实现个人应纳税额的偷逃。

资料来源：陆玲，张舒香，吴仪. "互联网＋"背景下税收风险管控分析：以 H 财产保险股份有限公司为例. 会计师，2020（4）：13－14.

请思考：

1. 金税四期在发现企业非法纳税行为方面的优势有哪些？
2. 创业企业应如何做一个依法纳税的好公民？

扩展阅读

- 税收优惠政策及解读
- 步步为营与生存危机期
- 共享价值
- 中小微企业划分标准

学习资源

（1）微信公众号：2 元代账。

（2）微信公众号：聚心咨询。

（3）孙雪娇，翟淑萍，于苏. 大数据税收征管如何影响企业盈余管理？——基于"金税三期"准自然实验的证据. 会计研究，2021（1）：67－81.

(4) 陆玲, 张舒香, 吴仪. "互联网+" 背景下税收风险管控分析: 以 H 财产保险股份有限公司为例. 会计师, 2020 (4): 13-14.

(5) 王艳茹. 初创企业财税. 大连: 东北财经大学出版社, 2019.

第一章 思维导图

Chapter Two 第二章

掌握理财的三大利器

🍁 名人名言

　　投资的本质是追求风险和成本调整之后的长期、可持续的投资回报,克服恐惧和贪婪,相信简单的常识。

——约翰·博格

　　理解时间的价值,对于我们来说,就是解构长期主义;对于我们所投资的创业家、企业家来说,就是在时间的变化中持续不断地疯狂创造价值。

　　在复利的数学公式中,本金和收益率还只是乘数,而时间是指数。这意味着,伴随着时间的拉长,复利效应会愈发明显。

——高瓴资本创始人张磊

🔍 故事思考

　　毕业时你准备用在校期间赚来的 100 000 元进行为期 5 年的投资,以便 5 年之后可以用作住房首付款的一部分。以下是 5 种投资及取得回报的方式:

　　(1) 购买到期日为 5 年的国库券,国库券的报酬率为 8%;

　　(2) 甲机构愿意以 10% 的报酬率将投资及收益在第 5 年末全部

给你；

(3) 乙机构愿意在 5 年内每年末给你 8 000 元，到第 5 年末归还全部投资款；

(4) 丙机构愿意在 5 年内每年初给你 8 000 元，到第 5 年末归还全部投资款；

(5) 丁机构愿意从第 3 年开始每年末给你 15 000 元的报酬，到第 5 年末归还全部投资款。

请思考：

你会选择哪种方式进行投资？请给出理由。

相同金额的货币在不同时间具有不同的价值，不同项目的风险不同，提供的报酬率也应该不同，因此，回答本章开篇的问题，需要了解货币时间价值和风险价值的概念；对于创业项目来说，因为不确定性大，其对应的未来选择权（期权）的价值也会较高，所以，在进行决策时还应该考虑期权的概念。

第一节 货币时间价值

货币时间价值正确揭示了不同时点资金之间的换算关系，是财务决策的基本依据。

一、货币时间价值概述

货币时间价值是指货币经历一定时间的投资和再投资所增加的价值。

企业资金循环和周转的起点是投入货币，接着用货币购入所需的资源，然后生产出新的产品或服务，待产品或服务售出后得到大于初始投资的货币量，实现货币增值。每完成一次资金循环，货币就增加一定数额；周转的次数越多，增值额也就越大。所以，货币的时间价值源于其在再生产过程中的运动和转化，货币时间价值的实质是资本投入周转使用而形成的增值。

货币时间价值从量的规定性来看，是没有风险和通货膨胀条件下的社会平均资本利润率。由于竞争的存在，市场经济中各部门投资的利润率趋于平均，致使每个企业的投资项目至少要取得社会平均的利润率才能筹集到所需资金。所以，货币时间价值是评价投资项目的基本标准。

货币时间价值有两种表现形式：绝对数和相对数。绝对数的货币时间价值是资本在使用过程中产生的真实增值额；相对数的表现形式是扣除风险报酬和通货膨胀补偿后的社会平均资本利润率。

银行存款利率、贷款利率、各种债券利率、股票的股利率都可以看作投资报酬率，均与时间价值不同，只有在没有风险和通货膨胀的情况下，时间价值才与上述各报酬率相等。但是，为了方便理解，在计算货币时间价值时采用抽象分析的方法，一般假定没有风险和通货膨胀，以利率代表时间价值。

二、现金流量时间线

为计算货币时间价值，需要清楚资金运动发生的时间和方向，了解现金流量时间线，以及不同特征的现金流量计算时间价值的方法。

现金流量时间线是反映每笔资金流入和流出的方向及其时点的工具，如图2-1所示。

```
    −20 000    5 000   6 000
    ├──────────┼───────┼──────→
    t=0         1       2
```

图 2-1 现金流量时间线

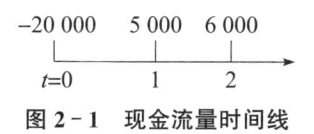

图中横轴为时间轴，箭头所指方向表示时间的增加，横轴上的坐标代表各个时点，$t=0$ 表示现在，$t=1,2,\cdots$分别表示从现在开始的第1期末、第2期末，以此类推；同时，$t=1$ 还可以表示第2期初。

图2-1的时间线表示在 $t=0$ 的时刻有 20 000 元的现金流出，在

$t=1$ 和 $t=2$ 时刻分别有 5 000 元和 6 000 元的现金流入。

现金流量时间线对于更好地理解和计算货币时间价值很有用处,希望读者能够很好地掌握这一工具。

三、复利终值和现值

为更好地计算货币时间价值,需要了解利息的计算方法,以及不同特征现金流量时间价值的计算方法。

(一) 利息计算方法

利息的计算有单利和复利两种。单利是指一定期间内只计算本金的利息的方法。与此相反,复利是指在一定期间内,不仅本金要计算利息,利息也要计算利息的方法。

例如,本金为 1 000 元,年利率为 10%,两年后如果按照单利的方式来计算本息和,就等于 1 000 元的本金加两年的利息 200 元 (1 000×10%×2),合计 1 200 元;如果按照复利计算,第 1 年的利息 100 元也要并入第 2 年计算利息,第 2 年的利息为 110 元 (1 100×10%),两年的利息合计为 210 元,加上本金 1 000 元,则第 2 年末的本利和为 1 210 元,比单利情况下多了 10 元。

因为资金可以再投资,理性的投资者也总是尽可能地将资金投入合适的方向以赚取报酬,所以复利的概念更能充分体现资金时间价值的含义,在讨论资金时间价值时,一般均按复利计算。

(二) 复利终值

终值 (future value, FV) 是指当前的一笔资金在若干期后所具有的价值。其计算公式为:

$$FV_n = PV(1+i)^n \qquad (2-1)$$

式中,FV_n 表示复利终值;PV 表示复利现值(资金当前的价值);i 表示利息率;n 表示计息期数。其中,$(1+i)^n$ 称为复利终值系数 (future value interest factor，FVIF)，可以表示为 $(F/P, i, n)$，于是，复利终值的计算公式还可以表示为：

$$FV_n = PV(1+i)^n = PV \cdot FVIF_{i,n}$$
$$= PV \cdot (F/P, i, n) \tag{2-2}$$

为便于计算，书后附有复利终值系数表，可以直接查取有关系数。

本章开篇故事思考的第一种和第二种方式就可以分别计算其复利终值进行比较，计算如下。

第一种方式：

$$100\,000 \times (1+8\%)^5 = 100\,000 \times 1.469 = 146\,900(元)$$

第二种方式：

$$100\,000 \times (1+10\%)^5 = 100\,000 \times 1.611 = 161\,100(元)$$

从计算结果看，由于第二种方式下的终值高于第一种方式，应该选择第二种方式。但如果考虑两种方式的风险，则需要继续深入讨论，见本章第二节内容。

(三) 复利现值

现值（present value，PV）是指未来年份的现金流量在当前的价值。由终值求现值称为折现，折现时使用的利率称为折现率。复利现值的计算公式为：

$$PV = \frac{FV_n}{(1+i)^n} = FV_n \cdot \frac{1}{(1+i)^n} = FV_n \cdot (1+i)^{-n} \tag{2-3}$$

式中，$(1+i)^{-n}$ 称为复利现值系数（present value interest factor，PVIF）或折现系数，可以写作 $PVIF_{i,n}$ 或者 $(P/F, i, n)$。于是，复利现值的计算公式还可以表示为：

$$PV = FV_n(1+i)^{-n} = FV_n \cdot PVIF_{i,n}$$
$$= FV_n \cdot (P/F, i, n) \tag{2-4}$$

为便于计算，书后附有复利现值系数表，可以直接查取有关系数。

例 2-1

甲创业公司的初始投资为 100 000 元，假定公司的报酬率为 10%，请问 3 年后该公司可以得到多少资金？

$$FV_3 = PV \cdot (1+i)^3 = 100\,000 \times (1+10\%)^3$$
$$= 100\,000 \times 1.331 = 133\,100(元)$$

例 2-2

若乙创业公司希望 5 年后可以得到 2 000 000 元的资金，其要求的投资回报率为 12%，请问现在应该投入多少资金才能够实现目标？

$$PV = FV_5 \times (1+12\%)^{-5}$$
$$= 2\,000\,000 \times 0.567 = 1\,134\,000(元)$$

四、年金终值和现值

年金（annuity）是指一定时期内每期相等金额的款项收付。固定资产折旧、借款利息、租金、保险费等均表现为年金的形式。年金按照收付款方式的不同，可以分为后付年金（普通年金）、先付年金、递延年金和永续年金。

（一）后付年金终值和现值

后付年金是指一定时期内每期末等额收付款的年金。现实社会中这种年金最为常见，被称为普通年金。

后付年金终值是一定时期内每期末等额收付款项的复利终值之和。其计算公式为：

$$FVA_n = A \sum_{t=1}^{n} (1+i)^{t-1} \qquad (2-5)$$

式中，$\sum_{t=1}^{n}(1+i)^{t-1}$ 称为年金终值系数，通常写作 $FVIFA_{i,n}$ 或 $(F/A, i, n)$；A 是指年金；其他符号的含义同前。因此，年金终值的计算公式还可以表示为：

$$FVA_n = A \cdot FVIFA_{i,n} = A \cdot (F/A, i, n) \qquad (2-6)$$

式中的符号含义同前。为便于计算，书后附有年金终值系数表，可以直接查取有关系数，表中各期年金终值系数可按下列公式计算：

$$FVIFA_{i,n} = \frac{(1+i)^n - 1}{i} \qquad (2-7)$$

后付年金现值是一定时期内每期末等额收付款项的复利现值之和。其计算公式为：

$$PVA_n = A \sum_{t=1}^{n} \frac{1}{(1+i)^t} \qquad (2-8)$$

式中，$\sum_{t=1}^{n} \frac{1}{(1+i)^t}$ 称为年金现值系数，通常写作 $PVIFA_{i,n}$ 或 $(P/A, i, n)$；其他符号的含义同前。因此，年金现值的计算公式还可以表示为：

$$PVA_n = A \cdot PVIFA_{i,n} = A \cdot (P/A, i, n) \qquad (2-9)$$

式中的符号含义同前。为便于计算，书后附有年金现值系数表，可以直接查取有关系数，表中各期年金现值系数可按下列公式计算：

$$PVIFA_{i,n} = \frac{(1+i)^n - 1}{i(1+i)^n} = \frac{1-(1+i)^{-n}}{i} \qquad (2-10)$$

例 2-3

为了项目的成功开发，丙创业公司计划在以后的 3 年内每年末投入 20 000 元资金，公司要求的投资报酬率为 15%，如果项目研发成功，第3年末该笔投资的价值是多少？

$$FVA_3 = A \cdot (F/A, 15\%, 3)$$
$$= 20\,000 \times 3.473 = 69\,460(元)$$

例 2-4

为了项目的成功开发，丁创业公司希望在以后的3年内每年末投入 20 000 元资金，项目要求的投资报酬率为 15%。若这笔资金在研发开始时一次投入，则需要投入多少资金？

$$PVA = A \cdot (P/A, 15\%, 3)$$
$$= 20\,000 \times 2.283 = 45\,660(元)$$

（二）先付年金终值与现值

先付年金是指在一定时期内每期初等额收付款的年金。其与后付年金的区别仅仅是付款时间的不同，所以其终值和现值可以根据后付年金计算。

n 期先付年金和 n 期后付年金的付款次数相同，但是付款时间不同，在计算终值时，由于其每一期收付款项均比后付年金多计算一期利息，因此，先付年金终值可以在后付年金终值的基础上再乘以 $(1+i)$ 计算求得，其计算公式为：

$$XFVA_n = A \cdot FVIFA_{i,n} \cdot (1+i) \qquad (2-11)$$

在计算现值时，由于其每一期收付款项均比后付年金少计算一期利息，因此，先付年金现值可以在后付年金现值的基础上再乘以 $(1+i)$ 计算求得，其计算公式为：

$$XPVA_n = A \cdot PVIFA_{i,n} \cdot (1+i) \qquad (2-12)$$

例 2-5

例 2-3 和例 2-4 中的投资如果不是在每年末而是在每年初发

生，分别计算其在第 3 年末的投资价值以及期初一次性投资时需要投入的资金数额。

$$XFVA_3 = A \cdot FVIFA_{i,n} \cdot (1+i)$$
$$= 20\,000 \times 3.473 \times (1+15\%) = 79\,879(元)$$
$$XPVA_3 = A \cdot PVIFA_{i,n} \cdot (1+i)$$
$$= 20\,000 \times 2.283 \times (1+15\%) = 52\,509(元)$$

本章开篇故事思考的第三种和第四种方式分别是普通年金和先付年金，考虑货币时间价值，每年初支付的资金的价值要高于每年末支付的资金价值，因此，第四种方式要优于第三种方式。

(三) 递延年金现值

递延年金又称延期年金，是指前若干期没有收付款项，后面若干期有定期等额收付款项的年金。假定最初 m 期没有收付款项，后面 n 期有定期等额的系列收付款项，则该年金的终值即 n 期年金的终值，但该年金的现值相当于后 n 期年金先折现至 m 期初，再折现至第 1 期初的现值，如图 2-2 所示。

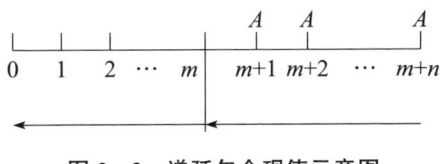

图 2-2 递延年金现值示意图

从图 2-2 可以看出，先求出递延年金在 n 期初（m 期末）的现值，再将其作为终值折现至 m 期的第 1 期初，便可求出递延年金的现值。其计算公式为：

$$V_0 = A \cdot PVIFA_{i,n} \cdot PVIF_{i,m} \qquad (2-13)$$

式中，V_0 表示递延年金的现值；其他符号含义同前。

本章开篇故事思考的第五种方式属于递延年金，需要计算递延年金的现值,再与其他方式进行比较。

例 2-6

A 创业公司用融资租赁的方式租入设备一台,按租赁合同约定,前两年公司不用支付租金,从第 3 年开始在连续的 5 年内每年末支付租金 30 000 元,出租方要求的报酬率为 12%。如果租金的支付方式改为期初一次性支付,请问公司需要支付多少租金?(或相当于企业用多少元购入了该设备?)

$$V_0 = A \cdot PVIFA_{i,n} \cdot PVIF_{i,m}$$
$$= 30\,000 \times PVIFA_{12\%,5} \times PVIF_{12\%,2}$$
$$= 30\,000 \times 3.605 \times 0.797 = 86\,195.55(元)$$

(四) 永续年金现值

永续年金是指期限为无穷的年金。永续年金因为没有到期日,所以不用计算终值。现值的计算公式为:

$$V_0 = A/i$$

式中,V_0 表示永续年金的现值;i 是利息率。

绝大多数优先股因为有固定的股利但无到期日,其股利可以视为永续年金;永续债的利率固定又没有到期日,其利息也是永续年金。

例 2-7

创业企业在接受某风险投资机构投资时,约定其投入的资金为优先股性质,每年可以得到 30 000 元的现金股利,若风险投资机构要求的报酬率为 15%,求这笔投资的市场价值。

$$V_0 = A/i = 30\,000/15\% = 200\,000(元)$$

第二节　风险价值

对于大多数投资者而言，其投入资金的目的都是获利。但投资是有风险的，尤其是对创业企业投资。因此，在进行投资决策时还需要考虑风险价值。

> **知识导入**
>
> 假设你通过辛勤工作积攒了 10 万元，有两个项目可以投资：第一个项目是购买利率为 5％的短期国库券；第二个项目是购买 A 公司的股票。如果 A 公司的研发计划进展顺利，则你投入的 10 万元将增值到 21 万元，然而，如果其研发失败，股票价值将跌至 0，你将血本无归。如果预测 A 公司研发成功与失败的概率各占 50％，你将会做出何种选择？
>
> 购买短期国债是一种无风险投资，购买 A 公司股票是一种风险投资，需要取得相应的风险报酬，于是需要衡量其风险，通过计算风险报酬，进行决策。

一、风险的概念和分类

风险（risk）的基本含义是损失的不确定性（uncertainty）。发生损失的可能性越大，风险就越大。它可以用不同结果出现的概率来描述。结果可能是好的，也可能是坏的，坏结果出现的概率越大，风险就越大。

风险价值

财务管理中的风险指发生财务损失的可能性。

风险从公司本身看分为经营风险和财务风险。

(一) 经营风险

经营风险是生产经营变动或市场环境改变导致企业未来的经营性现金流量发生变化,从而影响企业价值的可能性。对于创业企业来讲,由于其项目开发和经营的不确定性,经营风险一般会比较高。企业可以通过增加销售量、提高价格、降低成本等方式降低经营风险。

(二) 财务风险

财务风险指创业企业因借入资金而产生的丧失偿债能力的可能性和企业利润(股东收益)的可变性。财务风险的大小会因负债方式、期限及资金使用方式等的不同而不同。在进行筹资决策时,除规划资金需要数量并以合适的方式筹措到所需资金以外,还必须正确权衡不同筹资方式下的风险程度,提出规避和防范风险的措施。

大多数创业企业会同时面临经营风险和财务风险的双重影响,因此,在进行投资决策时需要考虑由于冒险需要获得的风险报酬;在经营过程中要做好风险管理,让企业得以顺利发展,快速成长。经营后期,可以根据企业的实际情况在做好主业的同时,适当进行相关多元化投资,分散非系统风险。

总之,创业企业在进行财务管理时,一定要关注企业面临的风险,做好风险管理。

二、风险报酬

风险报酬是投资者冒风险投资而获取的超过时间价值的额外报酬。由于风险具有客观存在性,加上创业企业自身高风险的特性,创业企业要求的期望报酬率应该包括无风险报酬率和风险报酬率两部分。

期望报酬率=无风险报酬率+风险报酬率

风险报酬率=风险收益率×标准离差率

风险收益率也称风险报酬系数,是将标准离差率转化为风险报酬的一种系数或倍数。标准离差率则是衡量风险的指标,从投资项目可能形成的收益入手计算。

首先确定创业项目在不同情况下可能形成的收益及其相应的概率分布,然后计算项目的预期报酬率,最后计算预期报酬率的标准差和标准离差率。

例 2-8

假定某创业公司在不同市场需求下预计的报酬率及其概率分布如表 2-1 所示,市场上的无风险报酬率为 3%,类似项目的风险收益率为 15%。求该创业公司要求的报酬率。

表 2-1 不同市场需求下的预计报酬率及概率分布

市场需求类型	各类需求发生概率	报酬率
旺盛	0.3	20%
正常	0.4	15%
低迷	0.3	10%
合计	1.0	

首先,计算项目的预期报酬率。

$$预期报酬率 \hat{r} = P_1 r_1 + P_2 r_2 + \cdots + P_n r_n = \sum_{i=1}^{n} P_i r_i$$

预期报酬率 $= 0.3 \times 20\% + 0.4 \times 15\% + 0.3 \times 10\% = 15\%$

其次,计算项目的标准差。

$$标准差 = \sigma = \sqrt{\sum_{i=1}^{n}(r_i - \hat{r})^2 P_i} = 3.87\%$$

最后,计算项目的标准离差率。

$$离散系数 = CV = \frac{\sigma}{\bar{r}} = 3.87\%/15\% = 0.26$$

$$项目的风险报酬率 = 风险收益率 \times 标准离差率$$
$$= 15\% \times 0.26 = 3.9\%$$

$$期望报酬率 = 无风险报酬率 + 风险报酬率$$
$$= 3\% + 3.9\% = 6.9\%$$

需要强调的是，创业企业的风险管理不仅仅是运用数学模型计算相应的风险报酬率，更重要的是要运用第一性原理，关注风险背后的影响因素及其可能对创业企业经营管理带来的影响，关注创业企业产品或服务的市场、成本变化，选择合理的资本结构。

鉴于多数投资者都是风险规避型投资者，风险项目需要提供和风险对应的报酬才有可能被投资者选择。依本节开篇"知识导入"中的资料，购买国库券的投资在第 1 年末将能够获得确定的 0.5 万元报酬，属于无风险投资，5%的报酬率为无风险报酬率；股票投资的预期价值为 $0.5 \times 0 + 0.5 \times 21 = 10.5$（万元）。扣除 10 万元的初始投资成本，预期报酬为 0.5 万元，即预期报酬率也为 5%。两个项目的预期报酬率一样，但 A 公司股票的风险明显高于国库券，因此，只要是理性投资者，就会选择第一个项目，表现出风险规避。

三、风险价值的应用

由于风险是客观存在的，因此，创业企业在进行筹资、投资以及生产经营决策时均不应该忽略风险对于决策的影响。

（一）筹资时应关注财务风险

财务风险是由于使用债权资金可能给企业带来的无法按时还本付息的风险，企业可通过合理安排自身长短期债权资金的结构控制财务风险。如果企业要引进外部的风险投资，则需要根据自身风险的大小确定合适的折现率对企业进行估值。

(二）投资时要考虑风险对投资项目必要报酬率的影响

投资项目的风险越大，企业要求的报酬率就会越高，项目未来现金流量折现时的折现率也会相应提高，确定项目折现率时需将风险价值包括在内。

(三）进行生产经营决策时需关注不同资产结构对企业流动性的影响

一般来说，流动资产流动性较好、风险较低，同时收益性会较差；长期资产的收益性较好，但是由于流动性差，变现的风险也较大。企业需要根据自身的资金来源状况，合理配置资产。

本章开篇故事思考的第一种和第二种方式虽然都是第5年末的一次性支付，且第二种方式下的投资报酬率10%高于第一种方式下的8%，但购买国债是无风险投资，第二种方式下甲机构的投资具有风险，此时就不能单纯比较收益率的高低，而要同时考虑其相应的风险报酬。

第三节　期权价值

创业企业现金流的非线性特征决定了其波动率是关于风险的函数，这就使风险溢价的计算非常困难，往往采用较高的折现率，从而使一些具有潜在成长价值的创业项目被排斥在外。但是，期权理论认为，不确定性是有价值的，在一定的范围内，不确定性越高，其投资机会的价值也就越高。

一、期权的概念和种类

(一）期权和实物期权

期权是一种合约，源于18世纪后期的美国和欧洲市场，该合约赋予持有人在某一特定日期或该日之前的任何时间以固定价格购进或售出一种资产的权利。尽管期权的概念最早产生于金融期权交易，但近些年越来越多的理论和实务工作者认识到，期权在实物投资中起着更加重要的作用，尤其是对创业投资。

实物期权是管理者对所拥有实物资产进行决策时具有的柔性投资策略，是创业企业在进行创业投资时对投资项目未来的选择权。选择权是有价值的，当创业者决定投资某一个项目时，其便拥有了未来扩张的权利、放弃的权利及时机的选择权利等。

按照期权的特性，投资项目的不确定性越强，期权的价值就越大。创业投资恰是投资中最难以估量的活动之一，其不确定性最强，因此也最具期权价值。

(二) 实物期权的种类

实物期权包括扩张期权、时机选择期权和放弃期权等。

扩张期权是后续投资机会的一种选择权利。当一期投资项目本身的净现值加上后续扩张选择权的价值大于零时，一期项目就可行。

创业企业的扩张期权包括许多具体类型。例如，制造业企业小规模推出新产品，抢先占领市场，以后视市场的反应再决定是否扩充规模；医药公司控制药品专利，不一定马上投产，而是根据市场需求推出新药；共享单车一开始只是在某一个区域试点经营，模式成熟后再扩大到其他地区等。如果它们事先不投资，就会失去未来扩张的选择权。

从时间选择来看，任何投资项目都具有期权的性质。如果一个项目在时间上可以延迟，它就是未到期的看涨期权。项目具有正的净现值，并不意味着立即开始（执行）总是最佳的，也许等一等更好。对于前景不明朗的项目，大多值得观望，看一看未来是更好还是更差。如果一个项目在时间上不能延迟，只能立即投资或者永远放弃，它就是马上到期的看涨期权。段永平正是靠着其"敢为天下后"的勇气，让步步高打败市场上的全部VCD品类独占鳌头，带领OPPO和vivo共同跻身智能手机头部行列，指导拼多多通过社交电商改变电商市场的格局，如今又投资极兔速递在快递市场搅弄风云。

放弃期权是指在实行某个项目后又放弃该项目，是一项看跌期权。如果创业企业或投资项目的清算价值大于继续经营价值，就应当终止。在评估投资项目或创建创业企业时，应当事先考虑中间放弃的可能性和由此带来的选择权价值，以获得更全面的信息，减少决策失误。

二、期权价值的应用

创业者应从实物期权的角度进行决策，将创业项目的价值视作静态的净现值与实物期权（投资机会）的价值之和。

据网易财经 2014 年 3 月 20 日的报道，京东递交给美国证券交易委员会的 F1 文件中显示的京东 2013 年总收入为 693.4 亿元人民币，产生的净亏损为 5 000 万元人民币。成立于 1998 年 6 月，在 2004 年 1 月开辟电子商务领域试验田的京东，在十多年不赚钱的情况下，依然多次获得了今日资本、雄牛资本以及亚洲著名投资银行家梁伯韬的私人公司的投资，实现自 2004 年以来连续 8 年的高速增长（增长率均超过 200%），获得 2011 年全球 100 家最有价值新创网络公司、2011 年度卓越雇主——中国最适宜工作的公司、最佳客户服务奖、中国电子商务成长创新十佳企业等荣誉称号，并成功实现 2014 年在纳斯达克上市，充分说明项目评价的多元化标准。这也要求创业者在对未来的创业项目进行评价时，一定不要只看其当前的经济利益，还要看到创业项目背后的选择权价值。[①]

对创业企业的创新产品来说，市场不确定性越大，不确定带来的期权价值就越高，因为一段时间的等待不一定是对创业机会的放弃，反而可能是为帮助创业者更好地理顺思路，更仔细分析项目的可能性提供思考的时间，减少盲目上马带来失败的可能性。比如某个项目在投资前按照创业者的估计，计算的项目净现值可能为 0 甚至为负数，如果只根据第四章讲到的投资评价标准判断，则由于净现值为负会减少创业者的财

---

① 王艳茹，等. 创业财务. 北京：清华大学出版社，2017：76-77.

富，项目不应该投资。但是如果考虑后续选择权，上述结论就不一定成立。很多项目在投资的前些年是不赚钱的，是净现值为负的项目，但正是由于创业企业的先行投入培育了市场，拉动甚至创造了消费需求，市场逐渐扩大，消费者逐渐接受该消费理念，创业企业的品牌就占据了先入为主的主导地位，其成功的概率会大大增加。

例2-9

某创业企业为了扩大生产能力，提高其在市场竞争中的地位，需要投资1 000万元。该企业生产的产品价格波动较大，若用传统评价方法对其进行评估，它的总现值（现金流入量的现值）为960万元[1]；该项目有两年的期限作为选择时机，期权有效期内的无风险利率 r 为5%，标的资产连续复利的年收益率的标准差 σ 为20%。请查询期权定价的B-S模式，对项目进行评估决策。

在传统评价方法下，项目的总现值为960万元，净现值等于—40万元，由于净现值小于0，因此该创业项目的投资不可行。因为该项目的投资可以根据市场情况选择投资时间，有两年的期限作为选择时机，该项目即拥有了两年的美式看涨期权。[2] 根据Black-Scholes公式[3]，该美式看涨期权的执行价格 X 为1 000万元，标的资产的当前价值 S 为960万元。鉴于期权有效期内的无风险利率 r 为5%，标的资产连续复利的年收益率的标准差 σ 为20%。代入公

---

[1] 总现值和净现值的概念在第四章第三节讲解。

[2] 看涨期权指期权的购买者拥有在期权合约有效期内按执行价格买进一定数量标的物的权利。本例中，如果两年后产品价格变得对企业有利，扩大产能可以使项目的净现值大于0，创业者就可以选择执行合约，投资该项目；如果两年后再投资的净现值依然小于0，创业者就可以放弃扩大产能。项目的看涨期权可以帮创业者避免现在就扩大产能给企业带来的投资风险。

[3] 即布莱克-斯科尔斯期权定价模型，由斯坦福大学教授迈伦·斯科尔斯（Myron Scholes）和数学家费雪·布莱克（Fischer Black）于1973年首次在《政治经济杂志》（*Journal of Political Economy*）发表，之后该模型为包括股票、债券、货币、商品在内的新兴衍生金融市场中的各种以市场价格变动定价的衍生金融工具的合理定价奠定了基础。

式计算，得 $d_1=0.3896$，$d_2=-0.1760$，查表得 $N(d_1)=0.6508$，$N(d_2)=0.4302$，则美式看涨期权的价值为：

$$C=960\times0.6508-1\,000e^{-5\%\times2}\times0.4302=235.51(万元)$$

由此可见，考虑看涨期权之后，项目的净现值为 195.51 万元（235.51－40），项目是可行的。

这个案例中，时机选择权的价值足够大，达到可以颠覆不同项目最后的结局的程度。因此，创业者在进行投资之前，一定要仔细分析创业项目投产的时机是否成熟，要考虑时机选择权可能带给自己的巨大价值。[1]

学习要点

货币时间价值是指货币经历一定时间的投资和再投资所增加的价值。其实质是资本投入周转使用而形成的增值。

货币时间价值从量的规定性来看，是没有风险和通货膨胀条件下的社会平均资本利润率。

货币时间价值有两种表现形式：绝对数和相对数。

现金流量时间线是反映每笔资金流入和流出的方向及其时点的工具。

复利是指在一定期间内，不仅本金要计算利息，利息也要计算利息的方法。复利的概念更能充分体现资金时间价值的含义，在讨论资金时间价值时，一般均按复利计算。

终值是指当前的一笔资金在若干期后所具有的价值。

现值是指未来年份的现金流量在当前的价值。

年金是指一定时期内每期相等金额的款项收付。

---

[1] 王艳茹，等．创业财务．北京：清华大学出版社，2017：97-98．

后付年金是指一定时期内每期末等额收付款的年金；先付年金是指在一定时期内每期初等额收付款的年金。

递延年金又称延期年金，是指前若干期没有收付款项，后面若干期有定期等额收付款项的年金；永续年金是指期限为无穷的年金。

财务管理中的风险指发生财务损失的可能性。风险从公司本身看分为经营风险和财务风险。

风险报酬是投资者冒风险投资而获取的超过时间价值的额外报酬。创业企业要求的期望报酬率应该包括无风险报酬率和风险报酬率两部分。

由于风险是客观存在的，因此，创业企业在进行筹资、投资以及生产经营决策时均不应该忽略风险对于决策的影响。

实物期权是管理者对所拥有实物资产进行决策时具有的柔性投资策略，是创业企业在进行创业投资时对投资项目未来的选择权。实物期权包括扩张期权、时机选择期权和放弃期权等。

创业案例

聚美优品：化妆品跨境电商的得与失

聚美优品是一家化妆品限时特卖商城，其前身为团美网，由陈欧、戴雨森等创立于2010年3月，并于2014年5月16日晚在纽约证券交易所正式挂牌上市，成为我国首个赴美上市的垂直化妆品电商。

聚美优品上市后即进行重要业务转型，砍掉第三方平台上的奢侈品业务，并将第三方平台美妆业务全部转为入库自营。但"断臂"平台业务转向直营模式，将盈利模式从服务费转向采销差价带来的直接影响是，此前业绩一路高歌的聚美优品不得不面对转型引起的业绩下滑。

在截至2015年9月30日的第三季度，聚美优品净亏损达8 690万元人民币（约1 367万美元），是自2014年第一季度以来聚美优品首次亏损。2015年12月，聚美优品股票再度开启"跌跌不休"模式。这一次，陈欧在平静面对暴跌3个月之后，于2016年2月以股价被严重低估为由出手决定启动私有化，以7美元每股的价格提出私有化方案，却引发了众多小股东的发难。私有化进程受阻，之后聚美优品的股价继续下行。

2016年4月，聚美优品发布公告，宣布联席CFO高孟、郑云生同时离职。2017年7月底聚美优品宣布，公司联合创始人、产品副总裁戴雨森由于个人原因辞职。

应对市场竞争，多方跨界经营

而这背后尴尬的现实是，曾经凭借美妆这个细分市场异军突起的聚美优品在京东等综合电商加大在这一领域的布局力度之后，重度垂直的市场份额很难承受住资本市场对它的高期望，特别是电商集体布局跨境电商之后，聚美优品的优势领域美妆已经成为各家巨头的必争之地。随着流量红利的消失，互联网上的流量成本越来越高，电商零售的经营成本逐年上升，品类单一的垂直电商原本黏性不足的劣势更加凸显。

在聚美优品的主业电商迟迟不见起色之后，陈欧开始频频跨界。2016年初，宣布进军影视文化业，成立聚美影视，投资的电视剧实现盈利。陈欧还切入智能家居领域，推出"REEMAKES睿质"空气净化器。2017年5月，陈欧又进军共享经济领域，宣布以3亿元现金投资共享充电宝街电。不论是影视文化业、空气净化器，还是共享充电宝，都与其老本行美妆电商渐行渐远。如此频繁地更换跑道也给陈欧带来不少质疑声。2017年，聚美优品全年亏损3 700万元，2018年1—6月，聚美优品总营收共计24亿元人民币，归属于聚美优品普通股股东的净利润为6.733亿元（约合1.017亿美元），同比增长560%。

作为网红CEO，陈欧曾经发布一条微博，就给聚美优品带来上千万元的销售。但当"创业偶像""为自己代言"的网红光环褪去之后，留给陈欧的恐怕是如何带领聚美优品活下去的难题。

资料来源：王艳茹. 创新创业教程. 北京：中国铁道出版社，2020：116-117.

请思考：

1. 聚美优品面临的风险有哪些？
2. 你觉得企业应该如何应对经营风险？

扩展阅读

"敢为天下后"的段永平

学习资源

（1）王艳茹，等. 创业财务. 北京：清华大学出版社，2017.

（2）荆新，等. 财务管理学. 8版. 北京：中国人民大学出版社，2019.

（3）王艳茹主讲中国大学MOOC《创业财务》，网址为：https://www.icourse163.org/course/UCASS-1207537802.

第二章 思维导图

Chapter Three 第三章

筹集所需资金，保障企业发展

名人名言

有钱谁都会创业，关键在于没有钱怎么创业。

——日本创业家中田修

在天晴时修屋顶。

——俗语

天使投资是创业路上最大的加持，实际上相当于联合创业。

——孙陶然

故事思考

谢文斌出身阿里巴巴，曾负责天猫的无线产品工作，在还未离职时就获得了云游控股董事会主席汪东风的投资。在离职后，拿着汪东风的100万元，谢文斌招募到了爱奇艺、百度、360和阿里巴巴的员工，成立了蜜淘网的核心团队。在蜜淘网未上线之前，经汪东风介绍，谢文斌获得老乡蔡文胜的100万元投资。2013年10月，蜜淘网（前身是CN海淘）成立，2014年3月蜜淘网正式上线。

蜜淘网初期采用的是海外代购和导购的模式，入驻海淘商家并接入国外购物网站,将与购物相关的服务(包括第三方支付)集成到后台,用户可自行完成购物过程。之后,蜜淘网转型B2C自营海淘电商(之前的模式退单率达到60%),每天上线一款爆品,期望能够打造一个跨境电商版的"唯品会"。

转型之后,蜜淘网在2014年7月获得经纬创投的500万美元A轮融资,同年11月获得祥峰投资、经纬创投等3 000万美元B轮融资(当时进口电商领域最大的一笔投资)。

有了资金的谢文斌开始在线下疯狂刷广告。每次大促之前,谢文斌都会拿出几千万元用于广告宣传。经过频繁的大促和广告宣传,蜜淘网客户端激活用户接近100万个,累计递送包裹近20万个,月交易流水突破1 000万元,员工数量发展到60人。随后,蜜淘网更是举办"520激情囤货节"和"618电商大促",宣称是保税区最低价,公开叫板京东、天猫、聚美优品等电商平台,自此之后,跨境电商进入价格战。这些玩家中,有些是有资金、渠道、流量作支撑的巨头,有些是新近获得融资的创业公司(蜜芽获得1亿美元B轮融资)。但此时蜜淘网的C轮融资迟迟未见动静。谢文斌经常说的一句话就是:"就算我再融1亿美金,我也不可能成为巨头打价格战的对手,巨头可以通过渠道与补贴的方式把价格压到很低,但是创业公司没有办法这样长时间消耗下去。"2016年3月,蜜淘网因步子过快、过度烧钱、融资难而倒下。

资料来源:互联网周刊资讯.蜜淘已死?谁下的"黑手".搜狐网,2016-04-01.

请思考:

1. 资金筹集在蜜淘网的快速发展中起到什么作用?

2. 蜜淘网主要采用的筹资渠道是什么?你还知道哪些筹资渠道?

3. 蜜淘网倒下的原因有哪些?你认为最重要的原因是什么?给出你的理由。

第一节　资金需求量预测

嵇晨（2018）的调查结果显示，大学生创业者最需要学校提供的创业帮助是资金支持和创业导师。无论是在校大学生、创业者还是有创业经历者，都将这两点列在前两位。[①]

资金是企业的血液，是企业开展生产经营活动的基本资源要素。创业者过度自信，往往导致创业初期对资金需求的预测不足，加上创业初期筹资困难，使大量创业企业由于资金断流面临破产清算的危险。因此，合理预测资金需求是每一个创业企业必须要做的准备工作之一。

一、创业资金的种类

创业企业所需要的资金可以按照不同的标准进行分类，下面是几种常用的分类方法。

（一）按照资金占用形态分类

按照资金的占用形态和流动性，可以分为流动资金和非流动资金。资金投入企业后会随着企业发展需要变成不同的资产，其中有些资产的受益期较长（长于 1 年或 1 个营业周期），如机器设备和房屋建筑物等固定资产、商标专利等无形资产，这些资产称为非流动资产；有些资产的受益期较短（短于 1 年），如原材料、在制品、库存商品等，这样的资产称为流动资产。占用在非流动资产上的资金称为长期资金或非流动资金，占用在流动资产上的资金称为短期资金或流动资金，创业企业在估算资金需求时需考虑流动资金持续投入的特性。

企业最好按照资产用途筹集相应的资金，尽量实现资产和资金在期限上的匹配。购置非流动资产的资金最好是能够长期使用的资金，如股

[①] 嵇晨．大学生初创企业融资研究．南京：南京信息工程大学，2018．

权资金或长期债权资金（偿还期在 1 年以上的资金）；购置流动资产的资金是偿还期在 1 年以内的资金，以便在资产变现时刚好用于偿还到期的资金，降低企业风险。

（二）按照资金投入企业的时间分类

按照资金投入企业的时间可分为投资资金和营运资金。投资资金发生在企业开业之前，是企业在筹办期间发生各种支出所需要的资金。投资资金包括企业在筹建期间为取得原材料、库存商品等流动资产投入的流动资金；购建房屋建筑物、机器设备等固定资产，购买或研发专利权、商标权、版权等无形资产投入的非流动资金；在筹建期间发生的人员工资、办公费、培训费、差旅费、印刷费、注册登记费、营业执照费、市场调查费、咨询费和技术资料费等开办费用所需资金。营运资金是从企业开始经营之日起到企业能够做到资金收支平衡为止的期间内，企业发生各种支出所需要的资金，是投资者在开业后需要继续向企业追加投入的资金。企业从开始经营到能够做到资金收支平衡为止的期间称为营运前期，营运前期的资金投入一般主要是流动资金，既包括投资在流动资产上的资金，也包括用于日常开支的费用性支出所需资金。

创业企业开办之初，企业的产品或服务很难在短期内得到消费者的认同，企业的市场份额较小且不稳定，难以在企业开业之时就形成一定规模的销售额，而且，在商业信用极其发达的今天，很多企业会采用商业信用的方式开展销售和采购业务。赊销业务的存在使企业实现的销售收入的一部分无法在当期收到现金，从而现金流入并不像预测的销售收入一样多。规模较小且不稳定的销售额，以及赊销导致的应收款项的存在，往往使销售过程中形成的现金流入在企业开业后相当长的一段时间内，无法满足日常的生产经营需要，从而要求创业者追加对企业的投资，形成大量营运资金。

营运前期的时间跨度往往依企业的性质不同而不同，一般来说，贸易类企业可能会短于 1 个月；制造企业则包括从开始生产之日到销售收入到账这段时间，可能要持续几个月甚至几年；不同服务类企业的营运前期的时间有所不同，可能会短于 1 年，也可能会比 1 年要长。

在很多行业，营运资金需求要远远大于投资资金的需求，对营运资金重要性的认识，有利于创业企业充分估计创业所需资金的数量，从而及时、足额筹集资金。

(三) 按照资金提供者在企业享有权益的分类

按照资金提供者在企业享有权益的不同，创业资金可以分为股权资金和债权资金。股权资金是投资者投入企业的资金；债权资金则是从各种渠道借入的资金。由于股权资金和债权资金对于企业权益的要求权不同，其筹资比例的设定会影响到企业以后的经营决策，创业者一定要知晓两种资金来源的区别，以便做出合理的筹资决策。

二、创业资金需求量预测

由于资金是有成本的，因此，合理预测资金需求数量，及时筹集满足生产经营需要的最低数量的资金就很重要。

创业企业常常按照资金投入企业时间的分类来预测资金需求量。常用的方法有现金预算法、公式法和预计报表法三种。

鉴于创业是一项不确定性很大的工作，创业项目的未来情况很难准确预测，总会有意想不到的事情可能发生，创业者在预测初始资金需求时，除了考虑投资资金和营运资金外，还需要进行创业项目的风险分析，尽可能预测应对各种不同风险的方法，准备好用以应对风险的资金，这部分用于应对意外事件发生所需的资金称为风险准备资金。按照 Steve Mariotti and Caroline Glackin（2012）的观点，资金储备应至少达到项目启动资金的一半或至少 3 个月的固定营运成本。[①]

---

① 对于不同行业来说，风险准备资金的数量可能不同，对于基础设施、服务等行业，风险准备资金的数量可能较低，高科技和制造类企业的风险准备资金可能较高。创业者可咨询同行业不存在竞争关系的经营者，或者向同行业的专家寻求建议。

(一) 现金预算法

现金预算法是根据资金分类,通过编制现金预算表计算创业所需资金的方法。进行现金预算时对于资金需求的数量可以按开业前的投资资金、开业后需要继续追加投入的营运资金和风险储备资金分别进行计算,如表 3-1 所示。

表 3-1 创业资金预测表　　　　　　　　　单位:元

项目	开业前/投资资金	开业后/营运资金							风险储备资金	资金合计
		1	2	3	4	5	…	n	合计		
房屋											
设备											
办公家具											
办公用品											
员工工资											
创业者基本支出											
营业税费											
业务开拓费											
广告费											
水电费											
电话费											
保险费											
设备维护费											
软件费											
专利使用费											
注册登记费											
材料费											
…											
资金支出合计											
资金流入											
投入资金											

表中第二列的"开业前/投资资金"即为投资资金的数额,第三列的"开业后/营运资金"即为营运资金的数额,投资资金的数额加上营运资金的数额,再加上风险储备资金的数额就是第五列创业所需资金的数额。

例3-1

小王是会计学专业的一名毕业生,毕业时想自己开办一家会计公司。会计公司主要办理代理记账、工商注册、税务代理以及纳税筹划等业务,因此,财务软件和税控机是企业开展业务必备的条件。在开办公司前,他进行了简单的市场调查,觉得这个行业有很大的市场空间,他对开办公司的必要支出进行了如下估算。

在北京市海淀区苏州街租一间20平方米左右的办公室,每月需要6 000元左右的租金;购置两台电脑,每台为3 000元;购置一套最基本的财务软件,大约需要3 000元;购置两台打印机,一台针式打印机用来打印输出的会计凭证和账簿,另一台用来打印一般的办公文件,大概共需要3 500元;购置一台税控机(用于帮助客户进行纳税申报),价格为3 000元;购置一台传真机,价格为1 000元;购置3套办公桌椅,每套为300元;购置饮水机一台,需要500元,每月大约需要4桶水,每桶水为15元;事先需置办一些办公用品及办公耗材,需支出1 000元,大约可以使用1个月;电话费、网费每月为320元左右;水电费每月为200元;同类会计公司的广告费一般为每月1 200~2 000元,小王准备每月花费1 500元;公司开业初期需雇用一名会计和一名外勤人员,两人的工资每月合计为3 500元,社会保险费每月合计为1 000元;开户、刻章直至办完整套开业手续,大约需要1个月的时间,需要的开业前的基本费用为1 000元;客户在60户以内时基本上不用增加会计和外勤人员;每家客户每月可以收取250元的服务费,为每个客户服务的基本支出大约为20元/月;根据市场调查,每月可以增加10个客户,半年后由于企业知名度有所提升,每月可以新增15家客户。

要求:计算开办并经营会计公司所需资金。

借助表3-1,考虑创业者的基本生活支出(假定每月3 000元),以及国家对创业企业的税费减免,可以将创办并经营会计公司的资金需求计算如下(见表3-2)。

表 3-2　会计公司所需资金

项目	开业前/投资资金	开业后/营运资金 1	2	3	4	5	6	7	8	…	合计	风险储备资金	资金合计
房屋	6 000	6 000	6 000	6 000	6 000	6 000	6 000	6 000	6 000	…	48 000		
设备	14 000												
办公家具	900												
办公用品	1 000	1 000	1 000	1 000	1 000	1 000	1 000	1 000	1 000		8 000		
员工工资		4 500	4 500	4 500	4 500	4 500	4 500	9 000	9 000		45 000		
创业者基本支出		3 000	3 000	3 000	3 000	3 000	3 000	3 000	3 000		24 000		
营业税费													
业务开拓费												49 740	131 030
广告费		1 500	1 500	1 500	1 500	1 500	1 500	1 500	1 500		12 000	(3个月的固定营运成本)	
水电费		200	200	200	200	200	200	200	200		1 600		
电话费		320	320	320	320	320	320	320	320		2 560		
保险费													
设备维护费													
软件	3 000												
专利使用费		60	60	60	60	60	60	60	60		480		
注册登记费	1 000												
材料费													
…										0			
资金支出合计	25 900	16 580	16 580	16 580	16 580	16 580	16 580	21 080	21 080		141 640		
资金流入		2 300	4 600	6 900	9 200	11 500	13 800	17 250	20 700		86 250		
投入资金	14 280	11 980	9 680	7 380	5 080	2 780	3 830	380			55 390		

由表 3-2 可知，创办一家服务类的会计公司，需要投入的投资资金为 25 900 元，营运资金为 55 390 元，营运资金是投资资金的 2 倍多，加上风险储备资金，需要的资金数额为 131 030 元，是投资资金的 5 倍多；如果是重资产的制造类企业，或者需要投入大量研发资金的高科技企业，其所需资金的数量可能会是投资资金的数十倍甚至更多。因此，在进行初始资金预测时一定要关注营运资金的支出，并充分考虑风险储备资金。

(二) 公式法

公式法是通过运用盈亏平衡计算公式，计算营运前期时间，进而计算营运资金数额，最后计算创业所需资金的方法。公式法的应用关键是计算营运资金的数额，可以分四步进行。

第一，计算资金盈亏平衡点。资金盈亏平衡点也称资金收支平衡点，计算公式如下：

$$资金收支平衡点 = \frac{每月固定的资金支出}{单位业务的资金净流入}$$

第二，确定实现资金盈亏平衡所需的时间。根据计算的资金盈亏平衡点，以及市场调查得出的营业量的变化情况，确定实现盈亏平衡的时间。开业之后到实现资金盈亏平衡之间所需的时间称为营运前期。如实现资金盈亏平衡点的业务量是 50 000 件，市场预测达到 50 000 件销量所需的时间是 10 个月，则实现盈亏平衡所需的时间为 10 个月，营运前期为 10 个月。

第三，计算所需营运资金的数量。

$$营运资金 = 营运前期 \times 每月资金支出 - 开业后累计资金流入$$

第四，计算创办并经营一家企业所需的资金数量。

$$资金需求量 = 投资资金 + 营运资金 + 风险储备资金$$

例 3-2

依例 3-1 的资料，用公式法计算创办并经营一家会计公司所需的资金数量。

依例 3-1 的资料，公司每月固定的资金支出为 16 580 元。

$$资金收支平衡点 = \frac{每月固定的资金支出}{单位业务的资金净流入} = \frac{16\ 580}{250-20}$$
$$= 72(户)$$

由于 72 户超过了一个会计和外勤的工作量，因此，每个月的固定支出要增加 4 500 元的员工工资和社保，变为 21 080 元（16 580+4 500），则

$$资金收支平衡点 = \frac{每月固定的资金支出}{单位业务的资金净流入} = \frac{21\ 080}{250-20}$$
$$= 92(户)$$

根据市场调查的结果，达到 92 户企业所需的时间超过 8 个月，在第 8~9 个月之间，第 9 个月就可以实现盈亏平衡，所以，营运前期时间为 8 个月。前 6 个月的客户数小于 60 户，每个月的固定营运成本为 16 580 元，第 7 个月开始为 21 080 元。

于是，营运资金需求量为：

$$营运资金 = 营运前期 \times 每月资金支出 - 开业后累计资金流入$$
$$= 6 \times 16\ 580 + 2 \times 21\ 080 - 230 \times (10+20$$
$$+30+40+50+60+75+90)$$
$$= 55\ 390(元)$$

投资资金数量依例 3-1 为 25 900 元；风险储备资金仍然按照 3 个月的固定营运成本计算（此处按前 3 个月的金额计算），为 49 740 元。

全部资金需求量 = 25 900 + 55 390 + 49 740 = 131 030(元)

不过需要提醒的是，如果企业之间业务的结算不是全部采用现金交易，而是一部分通过应收应付的方法进行，还需要考虑到应收账款对于公司资金流入的影响。假定上例中的客户服务费有70%可以在当期收回，30%需要在下个月收回，则每个月资金流入的数量会有所变化，需要追加投入的资金数量会相应增加。

例3-3

依例3-1的资料，只是客户服务费中的70%可以在当期收回，余下的30%需要在下个月收回。

要求：用公式法计算创办并经营一家会计公司需要的资金数量。

该例中唯一变化的是开业后每个月的资金流入量，需调整计算，而且第8个月服务费的30%只能在第9个月收回。

$$\begin{aligned}开业后前8个月累计的资金流入量 &= 230\times[(10+20+30+40+50+60\\&\quad+75+90)\times70\%+(10+20+30\\&\quad+40+50+60+75)\times30\%]\\&=80\ 040(元)\end{aligned}$$

$$\begin{aligned}营运资金 &= 营运前期\times每月资金支出-开业后累计资金流入\\&= 6\times16\ 580+2\times21\ 080-80\ 040\\&= 61\ 600(元)\end{aligned}$$

全部资金需求量 $= 25\ 900+61\ 600+49\ 740=137\ 240(元)$

可见，赊销情况下创业企业总的资金需求比全部现金交易的情况下要多一些。

(三) 预计报表法

预计报表法是指通过编制预计财务报表计算营运资金需求数量的方法。预计报表法下，投资资金的计算不变，营运资金的需求则通过编制预计利润表和预计资产负债表获得。

1. 编制预计利润表

立足于对市场的研究和对行业营业状况的分析，根据企业的试销经验和市场调查资料，利用推销人员意见综合、专家咨询、时间序列分析等方法，以预测的业务量和市场售价为基础估计每个会计期间的营业收入；根据测算营业收入时预计的业务量以及对产品和服务成本的测算计算营业成本；根据拟采用的营销组合对销售费用进行测算；根据市场调查阶段确定的业务规模和企业战略，对新创企业经营过程中可能发生的管理费用进行测算；根据预计采用的筹资渠道和相应的筹资成本对财务费用进行测算；根据行业的税费标准对可能发生的营业税费进行测算。综合以上计算新创企业每个会计期间的预计利润。鉴于创业企业财务管理只研究企业实现盈利之前的财务问题，每个会计期间的利润皆为负数，负的利润总额构成资产负债表中的未分配利润（负数）。

由于新创企业在起步阶段业务量不稳定，在市场上默默无闻，营业收入和推动营业收入增长所付出的成本之间一般不成比例变化，因此，对于新创企业初期营业收入、营业成本和各项费用的估算应按月进行，按期预估企业的利润状况。预计利润表如表3-3所示。

表3-3　预计利润表　　　　　　　　　　　单位：元

项目	1	2	3	4	5	6	…	n	合计
一、营业收入									
减：营业成本									
税金及附加									
销售费用									
管理费用									
财务费用									
二、营业利润（损失以"—"号填列）									

2. 编制预计资产负债表

报表中货币资金的金额可借鉴表3-1中的数据，或根据第五章第一节现金预算表部分的数据填列，应收账款取决于利润表中预测的营业收入及第五章第二节中确定的企业信用政策，存货取决于第五章第三节中关于存货管理的假设以及材料或产品的进、销、存情况，固定资产取决于第四章中投资的预算和折旧计提的假设，无形资产取决于无形资产投资及摊销的假设；短期借款取决于企业筹资计划中短期借款的预算，应付账款取决于行业状况、企业对供应商信用政策的估计及应付账款管理的假设（见第五章第三节"资金流出管理"的内容），应付费用来自企业关于工资薪金的假设，应交税费则与企业的收入和采购预算，以及估算的收入和行业税费标准有关；实收资本取决于筹资计划中投资的假设，盈余公积来源于利润表预算（法定盈余公积是根据当期实现净利润的10%提取的，是期末余额的概念，不是每一期间提取的盈余公积），未分配利润来自利润表及利润分配的假设（是企业实现的利润中未分配出去、留存在企业用于继续经营的金额）。

与预计利润表道理相同，一般来说，预计资产负债表在企业实现收支平衡之前也应该按月编制，在实现收支平衡之后可以按季、按半年或按年编制。预计资产负债表如表3-4所示。

表3-4 预计资产负债表　　　　　　　　编制单位：元

项目	1	2	3	4	5	6	7	…	n
一、流动资产									
货币资金									
应收款项									
存货									
其他流动资产									
流动资产合计									
二、非流动资产									
固定资产									
无形资产									
非流动资产合计									

续表

项目	1	2	3	4	5	6	7	…	n
资产合计									
三、流动负债									
短期借款									
应付款项									
应交税费									
其他应付款									
流动负债合计									
四、非流动负债									
长期借款									
其他非流动负债									
非流动负债合计									
负债合计									
五、所有者权益									
实收资本									
资本公积									
盈余公积									
未分配利润									
所有者权益合计									
负债和所有者权益合计									
六、外部筹资额									

预计资产负债表的编制原理见本书第九章，此处略。

3. 计算营运资金需求量

当来源于应付款项、应付费用、应交税费和盈余公积、未分配利润增加的资金无法满足企业经营发展所需时，就需要从外部筹集资金，这部分资金就是需要追加投入的资金，即营运资金。

营运资金需求量＝预计资产合计－（预计负债＋预计所有者权益）

第二节　筹资渠道和方式

案例导入

  2008年，贝尔蒙特大学的一名学生安迪·塔巴尔（Andy Tabar）为创办Bizooki公司而烦恼，该公司是一家互联网公司，试图通过全球智慧来提高商业活动的效率。其创意是这样的：越来越多的企业需要更有效地实施专业项目，但在公司内部又缺乏专业人才。将工作外包给全球专业服务商，有助于以更低的成本更及时地完成项目。Bizooki公司的角色就是一个中间商，将有技术需要的企业与全球供应商对接。尽管Bizooki公司的启动资金并不算宽裕，但塔巴尔的融资方式能给大多数创业者带来启示。塔巴尔并没有拘泥于从投资者或银行家那里获取资金，而是采用了步步为营、向朋友和家人借款，以及创造性的融资途径等方式。

  塔巴尔在很小的时候就有过融资经历。在读高中的时候，他就创办了一个网站，但没有投入太多资金。高中毕业后，他对于如何获取信用卡，在什么时候需要外部融资等问题有了很好的认识。他采取的第一步行动就是办一张信用卡，为自己建立信用记录。

  在俄亥俄州长大的塔巴尔选择贝尔蒙特大学的原因是看重学校提供的创业培训计划。在创办Bizooki公司之前，他尝试过不少商业创意，并且坚持使用不同的方式获取资金或资源。在大一，他加入了学校的学生创业实践计划，在这期间，塔巴尔与70名同班同学共享课桌、计算机、电话、传真机、复印机以及头脑风暴萌发的创意。另外，他多次参加商业计划竞赛，并在2006年和2008年获得学校的最高奖项，每次都赢得了5 000美元的奖金。

  借助这些途径积累的资金，塔巴尔把他的创意变成现实，成立了Bizooki公司。他从一些意想不到的途径借钱，但每笔钱的数目都不大：他在一家专业借贷网站注册，而不从银行筹集资金。Prosper是一家专门为需要借钱和愿意借钱的人牵线搭桥的网站，借助该网站，他从多个借款人那里获得了资金，每笔都是5 000美元左右，这些人都是塔巴尔的朋友或家人。Prosper提供了一个便利、正式且合法的借贷网络平台，即便是熟人之间的借贷也是如此。

面向未来，塔巴尔还需要更多的资金来支撑Bizooki公司的成长。他会见了不少天使投资人，这些投资人都是他通过贝尔蒙特大学的创业培训项目认识的。但是他目前并不想动用这些资源，而是将其作为长期的资源储备。他坚信自己要谨慎行动，并认为只有在恰当的时候才可以从外部投资者那里获取资金。同时，他仍在继续经营自己的信用，保持良好的信用记录，以便在将来需要从银行融资时使用。

资料来源：布鲁斯·R. 巴林格，R. 杜安·爱尔兰. 创业管理：成功创建新企业. 北京：机械工业出版社，2010：166-167.

请思考：

1. 塔巴尔采用了哪些筹资渠道？还有什么筹资渠道可以选择？

2. 塔巴尔是如何了解到这些筹资渠道的？这个故事对你有哪些启发？

在第一节中，我们计算出了创业所需的资金数量，本节来讨论资金的筹集渠道。

按照投资者在被投企业享有权益的不同，可以将企业的筹资渠道分为股权资金和债权资金两类。塔巴尔的个人积蓄和未来可能用到的天使投资属于股权资金的范畴，信用卡借款和利用网站借到的款项属于债权筹资的范畴，大赛奖金及学校免费提供的设施属于其他筹资的范畴。

嵇晨（2018）的调查发现，创业企业利用自有资金进行创业的比例较高，占 60%，其中大约 30% 的创业人员利用家人的资金进行创业；仅有低于 40% 的创业人员借助外部力量进行创业，其中通过贷款进行创业的人数大约占 25%。

一、股权资金

股权筹资的方式包括个人积蓄、合伙人投资、亲友投资、天使投资、风险投资等。

（一）个人积蓄

个人积蓄是创业筹资最根本的渠道，几乎所有的创业者都向他们新创办的企业投入了个人积蓄。这不仅因为从资金成本或企业控制权的角度来说，个人资金成本最为低廉，而且因为创业者在试图引入外部资金时，外部投资者一般都要求企业必须有创业者的个人资金投入其中。《中国青年创业报告（2020）》中披露，一半以上的创业青年启动资金规模在 10 万元以下，首要来源为个人或家庭积累。[①]

创业者可以通过转让部分股权的方式从合伙人那里取得创业资金，创办合伙企业，或通过公开或私募股权的方式，从更多的投资者那里获得创业资金，成立公司制企业。将合伙人或股东纳入自己的创业团队，利用团队成员的个人积蓄是创业者最常用的筹资方式之一。

就我国的现状而言，家庭作为市场经济的三大主体之一，在创业中起到重要的支持作用。以家庭为中心形成的亲缘、地缘、商缘等为经纬的社会网络关系，对包括创业筹资在内的许多创业活动产生重要影响，因此，创业者及其团队成员的家庭储蓄一般归入个人积蓄的范畴。

对许多创业者来说，个人积蓄的投入虽然是新企业筹资的一种途径，但并不是根本性的解决方案。一般来说，创业者的个人积蓄对于新创企业而言，总是十分有限的，特别是对于新创办的大规模企业或资本

[①] 金卓.《中国青年创业报告（2020）》发布. 东方网，2020-11-17.

密集型企业来说，几乎是杯水车薪。

(二) 亲友投资

亲朋好友因与创业者个人的关系而愿意向创业企业投入资金，因此，亲友资金是创业企业经常采用的筹资方式之一。

在接受亲友投资时，创业企业应用现代市场经济的游戏规则、契约原则和法律形式来规范筹资行为，保障各方利益，减少不必要的纠纷；最好通过书面的方式约定亲友投资在创业企业中所占的股权比例，以及亲友股权在企业中享有的权利。

除此之外，创业者还要在向亲友筹资之前，仔细考虑这一行为对亲友关系的影响，尤其是创业失败后的艰难困苦；要将日后可能产生的有利和不利方面告诉亲友，尤其是创业风险，以便将未来出现问题时对亲友的不利影响降到最低。

(三) 天使投资

天使投资（angel investor）指个人出资协助具有专门技术或独特概念而缺少自有资金的创业者进行创业，并承担创业中的高风险和享受创业成功后的高收益；或者说是自由投资者或非正式风险投资机构对原创项目构思或小型初创企业进行的前期投资，是一种非组织化的创业投资形式。

在我国，随着经济的发展，一部分人在希望自己越来越富有的同时在寻求挑战，开始充当天使投资者。我国目前的天使投资模式有天使投资人、天使投资团队、天使投资基金和孵化器形式的天使投资四种。

创业企业在选择天使投资人时，首先要考察其是否符合"合格投资者"身份；其次要尽可能拿到"聪明的钱"，考察天使投资人是否具有一定的经验和经历，能否在企业的成长过程中给予一定的非金钱支持；最后，一定要把天使投资人当成企业的"辅导员"，主动向其汇报企业进展，寻求意见和指导，因为许多天使投资人不仅仅为赚钱，而是愿意帮助初创企业在成长过程中找到自我价值。

你就是自己最大的天使，你身边的人就是你最大的天使，天使投资是熟人道德经济。[①] 所以，想获得天使投资的创业者首先要对自己和创业项目充满信心，并要有能获得该资金的人脉关系。2020 年度前 30 名天使投资人及其所属机构请查询本书附表一。

（四）风险投资和留存收益

风险投资是一种重要的外部股权筹资渠道，会在第三节单独讲解；留存收益是一种重要的内部筹资渠道，但因为创业企业财务管理只涉及企业实现盈利之前的财务管理事项，留存收益皆为负数，并不构成资金的来源，而是一种需求，在第一节已经讲过，此处不再涉及。

二、债权资金

创业者可以通过银行贷款、非银行金融机构贷款、交易信贷和租赁、从其他途径借款等方式筹集债权资金。

债权筹资渠道

（一）银行贷款

2006 年，孟加拉国格莱珉银行的创立者穆罕默德·尤努斯因以银行贷款的方式帮助穷人创业而获得诺贝尔和平奖。我国也有很多银行推出了支持个人创业的贷款产品。比较适合创业者的银行贷款形式主要有抵押贷款和担保贷款两种。缺乏经营历史且缺乏信用积累的创业者较难获得银行的信用贷款。

1. 抵押贷款

抵押贷款指借款人以其所拥有的财产作为物品保证向银行取得的贷款。抵押贷款有以下几种：（1）不动产抵押贷款。不动产抵押贷款是指创业者以土地、房屋等不动产作为抵押，从银行获取贷款。（2）动产抵押贷款。动产抵押贷款是指创业者以机器设备、股票、债券、定期存单

[①] 优米网图书项目组. 创业，名人说. 北京：中国民主法制出版社，2011.

等银行承认的有价证券,以及金银珠宝首饰等动产作为抵押,从银行获取贷款。(3)无形资产抵押贷款。无形资产抵押贷款是一种创新的抵押贷款形式,适用于拥有专利技术、专利产品的创业企业,这些企业可以用其拥有的专利权、著作权等无形资产向银行抵押或质押获取贷款。

2. 担保贷款

担保贷款指借款方向银行提供符合法定条件的第三方保证人作为还款保证的借款方式。当借款方不能履约还款时,银行有权按照约定要求保证人履行或承担清偿贷款的连带责任。其中,较适合创业者的担保贷款形式如下。(1)自然人担保贷款。自然人担保贷款是指经由自然人担保提供的贷款。可采取抵押、权利质押、抵押加保证三种方式。(2)专业担保公司担保贷款。目前各地有许多由政府或民间组织的专业担保公司,可以为包括初创企业在内的中小企业提供筹资担保,如北京中关村科技融资担保有限公司、北京首创融资担保有限公司等,其他省、市也有很多此类性质的担保机构为中小企业提供筹资担保服务,这些担保机构大多属于公共服务性非营利组织,创业者可以通过申请,由这些机构担保向银行借款。

3. 信用卡透支贷款

创业者可以采用两种方式取得信用卡透支贷款。一种方式是信用卡取现,另一种方式是透支消费。信用卡取现是银行为持卡人提供的小额现金贷款,在创业者急需资金时可以帮助其解决临时的筹资困难;创业者还可以利用信用卡进行透支消费,购置企业急需的财产物资。

4. 政府无偿贷款担保

根据国家及地方政府的有关规定,很多地方政府都为当地的创业人员提供无偿贷款担保。如上海、青岛、南昌、合肥等地的应届大学毕业生创业可享受无偿贷款担保的优惠政策,自主创业的大学生向银行申请开业贷款的担保额度最高可为100万元,并享受贷款贴息;浙江省对持再就业优惠证的人员和城镇复员转业退役军人,从事个体经营自筹资金不足的，由政府提供小额担保贷款。

5. 中小企业间互助机构贷款

中小企业间的互助机构贷款是指中小企业在向银行融通资金的过程中，根据合同约定，由依法设立的担保机构以保证的方式为债务人提供担保，在债务人不能依约履行债务时，由担保机构承担合同约定的偿还责任，从而保障银行债权实现的一种金融支持制度。

从 20 世纪 20 年代起，许多国家为支持中小企业发展，先后成立了为中小企业提供筹资担保的信用机构。我国从 1999 年开始，已经形成以中小企业信用担保为主体的担保业和多层次中小企业信用担保体系，各类担保机构资本金稳步增长。

6. 其他贷款

创业者可以灵活地将个人消费贷款用于创业，若因创业需要购置沿街商业房，可以用拟购置房产作为抵押，向银行申请商用房贷款；若创业需要购置轿车、卡车、客车、微型车等，还可以办理汽车消费贷款。除此之外，可供创业者选择的银行贷款方式还有托管担保贷款、买方贷款、项目开发贷款、出口创汇贷款、票据贴现贷款等。

（二）非银行金融机构贷款

非银行金融机构指以发行股票和债券、接受信用委托、提供保险等形式筹集资金，并将所筹资金运用于长期性投资的金融机构。根据法律规定，非银行金融机构包括经银保监会批准设立的信托公司、企业集团财务公司、金融租赁公司、汽车金融公司、货币经纪公司、境外非银行金融机构驻华代表处、农村和城市信用合作社、典当行、保险公司、小额贷款公司等机构。创业者还可以从这些非银行金融机构取得借款，筹集生产经营所需资金。下面介绍三种非银行金融机构常用的贷款产品。

1. 保单质押贷款

保险公司为了提高竞争力，也为投保人提供保单质押贷款。保单质押贷款最高限额不超过保单保费积累的 70%，贷款利率按同档次银行贷款利率计息。如中国人寿保险公司的"国寿千禧理财两全保险"，就具有保单质押贷款的功能：只要投保人缴付保险费满 2 年，且保险期已满 2 年，就可凭保单以书面形式向保险公司申请质押贷款。

2. 实物质押典当贷款

当前，许多典当行推出了个人典当贷款业务。借款人只要将有较高价值的物品质押在典当行就能取得一定数额的贷款。典当费率尽管要高于银行同期贷款利率，但对急于筹集资金的创业者来说，不失为一个比较方便的筹资渠道。典当行的质押放款额一般是质押品价值的 50%~80%。

3. 小额贷款公司贷款

小额贷款公司是由自然人、企业法人与其他社会组织投资设立，不吸收公众存款，经营小额贷款业务的有限责任公司或股份有限公司，发放贷款坚持小额、分散的原则。小额贷款公司发放贷款时手续简单，办理便捷，当天申请基本上当天就可放款，可以快速地解决新创企业的资金需求。2020 年由于疫情影响，小额贷款公司的数量及贷款余额均有所下降，截至 6 月末，全国共有小额贷款公司 7 333 家，贷款余额为 8 841 亿元。[①]

(三) 交易信贷和租赁

交易信贷指企业在正常的经营活动和商品交易中由于使用延期付款或预收货款等商业信用方式进行款项结算所形成的企业间常见的信贷关系。企业在筹办期以及生产经营过程中，均可以通过商业信用的方式筹集部分资金。如企业在购置设备或原材料、商品的过程中，可以通过延期付款的方式，在一定期间内免费使用供应商提供的部分资金；在销售商品或服务时采用预收账款的方式，免费使用客户的资金等。

创业企业也可以通过融资租赁的方式筹集购置设备等长期性资产所

---

① http://www.gov.cn/xinwen/2020－07/26/content_5530173.htm.

急需的资金。融资租赁是集融资与融物、贸易与技术更新于一体的新型金融业务,在办理筹资时对企业资信和担保的要求不高,非常适合中小企业筹资。据统计,西方发达国家 25% 的固定资产几乎都来自租赁。[①] 企业在筹建期,通过融资租赁的方式取得急需设备的使用权,解决部分资金需求,获得相当于租赁资产全部价值的债务信用,一方面可以使企业按期开业,顺利开始生产经营活动,另一方面可以解决创业初期资金紧张的局面,节约创业初期的资金支出,将用于购买设备的资金用于主营业务经营,提高企业现金流量的创造能力;同时,融资租赁分期付款的性质可以使企业保持较高的偿付能力,维持财务信誉。

(四) 从其他途径借款

1. 亲友借款

创业企业可以从亲友处取得借款,这是企业在初创期常用的筹资方式。与筹集股权资金的要求相同,创业企业需要用现代市场经济的游戏规则、契约原则和法律形式来规范筹资行为,保障各方利益,减少不必要的纠纷,明确约定借款的利率和具体的还款时间。

2. 其他企业借款

企业还可以向那些暂时有闲置资金的其他企业借款,补充临时的资金不足,满足日常生产经营的需要。

三、政府资金

创业企业还可以利用政府扶持政策,从政府方面获得筹资支持。

政府的资金支持是中小企业资金来源的一个重要组成部分。综合世界各国情况,政府的资金支持一般能占中小企业外来资金的 10% 左右,资金支持方式主要包括:税收优惠、财政补贴、贷款援助、风险投资和

---

① 金玮. 我国中小企业融资路径探讨:由温州金融改革试点引发的思考. 当代经济,2012 (21):122-125.

其他直接筹资渠道等。①

  随着我国经济实力的增强，政府对创业的支持力度无论从产业覆盖面，还是从政府对创业企业的资金支持额度都有了很大进展，由政府提供的扶持基金也在逐年增加。如专门针对科技型企业的科技型中小企业技术创新基金，专门为中小企业"走出去"准备的中小企业国际市场开拓资金，为帮助下岗失业人员自谋职业、自主创业和组织起来就业的再就业小额贷款，还有众多的地方性优惠政策等。创业企业应善于利用相关政策的扶持，以达到事半功倍的效果。

  政府有关部门和社会各界有识之士还纷纷出资，设立了鼓励和帮助大学生自主创业、灵活就业的天使基金，如北京青年科技创业投资基金、上海市大学生科技创业基金、科技部 863 计划、火炬计划（http://program.most.gov.cn/）、利用高新技术更新改造项目贴息基金、国家重点新产品补助基金、产业技术进步资金资助计划、节能产品贴息项目计划、电子信息产业发展基金等。

  人力资源和社会保障部设立了小企业担保基金专项贷款、中小企业贷款信用担保、开业贷款担保、大学生科技创业基金。共青团中央为解决青年创业资金缺乏问题，和各省（区、市）团委分两个层次建立了青年就业创业基金等。其中，青年就业创业基金采用社会化方式募集资金，为专项公益基金，由地市级以下团组织使用，支持青年就业创业，同时鼓励有条件的地市级团委成立基金。

  各省市等为支持当地创业型经济发展，也纷纷出台政策，支持创业。创业企业应结合自身情况，利用好相关政策，获得更多的政府基金支持，降低筹资成本。

四、知识产权融资

  在知识经济时代，高科技创业是主流方向，运用企业拥有的知识产

---

① 陈乐忧. 中小企业融资它山之石. 财会通讯（综合版），2008（10）：20.

权融资是创业企业常用的筹资方式。鉴于知识产权融资对大学生创业融资的重要性，此处单独进行介绍。知识产权融资可以采用知识产权作价入股、知识产权质押贷款、知识产权信托、知识产权证券化等方式。

（一）知识产权作价入股

2014年3月1日实施的《公司法》取消了公司设立时股东（发起人）的首次出资比例以及货币出资比例的限制，使创业企业知识产权筹资的比例进一步增大。用知识产权投资入股，需要先对知识产权的价值进行评估，依据设立公司的合同和章程，到知识产权局办理知识产权转移至被投资公司的登记和公告手续，市场监督管理机关凭知识产权转移手续，确定以知识产权技术入股的股东完成股东投资义务的履行情况。

（二）知识产权质押贷款

知识产权质押贷款是指以合法拥有的专利权、商标权、著作权中的财产权，经评估后向银行申请筹资，是商业银行积极探索的中小企业筹资途径。2006年全国首例知识产权质押筹资贷款在北京诞生，2008年国家知识产权局确定了知识产权质押筹资的试点城市，很多地市出台了质押贷款管理办法；2010年财政部、工业和信息化部、银监会、国家知识产权局、国家工商行政管理总局、国家版权局共同发布了《关于加强知识产权质押融资与评估管理支持中小企业发展的通知》，进一步推进了知识产权质押筹资工作的开展。[1]

知识产权质押筹资可以采用以下三种形式：质押——以知识产权质押作为贷款的唯一担保形式；质押加保证——以知识产权质押作为主要担保形式，以第三方连带责任保证（担保公司）作为补充组合担保；质押加其他抵押担保——以知识产权作为主要担保形式，以房产、设备等固定资产抵押，或个人连带责任保证等其他担保方式作为补充担保的组合担保形式。

---

[1] http://www.gov.cn/zwgk/2010－09/01/content_1693449.htm.

知识产权质押贷款仅限于借款人在生产经营过程中的正常资金需求，贷款期限一般为1年，最长不超过3年。贷款额度一般控制在1 000万元以内，最高达5 000万元。贷款利率采用风险定价机制，原则上在中国人民银行基准利率的基础上按不低于10%的比例上浮。质押率如下：发明专利最高为40%，实用新型专利最高为30%；驰名商标最高为40%，普通商标最高为30%；质物要求投放市场至少1年以上；根据企业的现金流情况采取灵活多样的还款方式。

2019年，我国专利、商标质押融资总额达到1 515亿元，同比增长23.8%。[①] 2020年上半年，全国专利商标质押金额为853亿元，同比增长45%，质押项目数达4 678项，同比增长52%。[②]

(三) 知识产权信托

知识产权信托是以知识产权为标的的信托，知识产权权利人为了使自己所拥有的知识产权产业化、商品化，将知识产权转移给信托投资公司，由其代为经营管理，知识产权权利人获取收益的一种法律关系。流动资金少的文化产业公司在投入制作时，可与银行、信托公司签订信托构思阶段新作品著作权的合同，银行或信托公司向投资方介绍新作品的构思、方案，并向投资方出售作品未来部分销售收益的信托收益权，制作公司等则以筹集到的资金再投入新作品的创作。

2018年10月19日，安徽国元信托有限责任公司、合肥高新融资担保有限公司分别与合肥市百胜科技发展股份有限公司、安徽中科大国祯信息科技有限责任公司、合肥联信电源有限公司三家企业签约，共为企业募集首期资金2 000万元，期限为2年，标志着全国首个知识产权信托诞生。[③] 但到目前为止，知识产权信托在我国的发展状况并不理想，还需要在立法完善和政策支持上多加关注。

---

① http://www.ce.cn/xwzx/gnsz/gdxw/202001/14/t20200114_34122737.shtml.
② http://www.gov.cn/xinwen/2020-07/10/content_5525676.htm.
③ 全国首个知识产权信托交易在皖签约. 新浪财经，2018-10-31.

（四）知识产权证券化

知识产权证券化是发起人将能够产生可预见的稳定现金流的知识产权，通过一定的金融工具安排，对其中风险与收益要素进行分离与重组，进而转换成为在金融市场上可以出售的流通证券的过程。知识产权证券化的参与主体包括发起人（原始权益人）、特设载体（SPV）、投资者、受托管理人、服务机构、信用评级机构、信用增强机构、流动性提供机构等。近些年，美国、英国、日本等国家的知识产权证券化发展迅速。

2004年，国务院颁布《国务院关于推进资本市场改革开放和稳定发展的若干意见》，强调指出应建立以市场为主导的品种创新机制。研究开发与股票和债券相关的新品种及其衍生产品。加大风险较低的固定收益类证券产品的开发力度，为投资者提供储蓄替代型证券投资品种。积极探索并开发资产证券化品种。该政策文件为知识产权证券化在我国的探索发展提供了政策支持。2017年，国务院印发的《国家技术转移体系建设方案》提出开展知识产权证券化融资试点，加上国家知识产权局一直推动的知识产权质押融资和保险业务迅速发展，我国知识产权证券化工作开始破冰。

2018年12月，"奇艺世纪知识产权供应链金融资产支持专项计划"和"第一创业-文科租赁一期资产支持专项计划"分别在上海证券交易所、深圳证券交易所获批，实现了我国知识产权证券化零的突破。[①]

五、融资渠道创新

为支持创新创业企业的发展，国家出台措施，推出了一些支持双创的金融产品，主要有创投租赁、文创租赁、双创债、股权众筹等金融工具。

---

① 知识产权证券化路在何方？人民网，2020-05-12.

(一) 创投租赁

创投租赁是债权融资与股权融资的有机组合,是租赁公司以租金和认股权作为投资回报,为处在初创期和成长期的企业提供租赁服务的一种创新形式。采用这种渠道筹集资金,在满足科技企业融资需求的同时,不会过分稀释创业团队的权益。鉴于我国目前的融资租赁行业主流模式还是以信贷理念为导向,这样的理念无法满足成长型企业的融资需要,大量处于创业期的科技企业得不到发展初期所需的资产,形成市场上的资产错配。于是,在 2016 年初的银监会工作会议上,投贷联动被列为银监会支持创新创业的一项重要举措。2016 年 4 月 21 日,银监会、科技部、中国人民银行三部委联合印发《关于支持银行业金融机构加大创新力度开展科创企业投贷联动试点的指导意见》,明确投贷联动业务将在全国 5 地、10 家银行中进行小范围试点。

目前,市场上已探索出的一些创投租赁模式有认股权模式、租赁+股权模式、租赁公司和投资机构联合的创投模式等。[①]

(二) 文创租赁

文创租赁是以影视剧版权、著作权、专利权等无形资产为租赁物的租赁模式。在文化无形资产融资租赁被纳入北京服务业扩大开放试点范围后,北京在文化无形资产融资租赁领域打出了组合拳——市商务委推动无形资产融资租赁政策落地,市文资办和市财政局为文化企业融资的租息进行补贴。国内第一家以文化资产融资租赁为主业的融资租赁公司——北京市文化科技融资租赁股份有限公司(简称文化租赁公司)截至 2020 年 9 月累计为文化企业融资近 290 亿元。[②]

---

① 融资租赁"创投租赁"新模式:创业创新的金融新动力. 搜狐网,2016-08-30.
② https://d.eqxiu.com/s/09kkMoVx?bt=yxy&share_level=7&from_user=2020082448bf7bd8&from_id=40a9f532-2&share_time=1598929781850.

该渠道目前主要采用版权售后回租、艺术品直租和园区租赁等模式。①

(三) 双创债

创新创业公司债是指符合条件的创新创业公司、创业投资公司，依照《公司法》《证券法》《公司债券发行与交易管理办法》和其他法律法规及部门规章发行的公司债券。为完善多层次资本市场，为科技类创新创业及绿色环保类公司提供多渠道融资工具，证监会大力支持推动双创债、绿色债。2016年3月，在证监会的指导下，上海证券交易所发行挂牌了全国首批创新创业公司债券，发行人分别为方林科技、金宏气体以及普滤得（三家企业均进入新三板创新层），由东吴证券承销发行，债券规模分别为2 000万元、3 000万元和1 000万元，期限均为1年，发行利率为5.35%。这三只公司债券的发行，打响了创新创业公司债券的第一枪。2017年2月，北京广厦网络技术股份公司创新创业公司债券（17广厦债）在上海证券交易所成功发行，成为中关村首只试点债券。

由于双创公司债仍处于试点阶段，首批试点区域包括国家级自主创新示范区和"双创"区域示范基地。②

(四) 股权众筹

股权众筹，顾名思义是向大众筹资或群众筹资，并以股权作为回报的方式。它具有门槛低、解决中小企业融资难、依靠大众的力量、对人才的要求比较高、带动社会经济良好发展的特点。在传统投资行业，投资者在新股IPO（上市）的时候申购股票其实就是股权众筹的一种表现方式。在互联网金融领域，股权众筹是通过网络进行的较早期的私募股权投资，是风险投资的一个补充。股权众筹在我国有凭证式、会籍式、

---

① 融资租赁为文创企业送"东风". 新华网，2016-10-31.
② 证监会：将在新三板强势推动双创公司债. CFO视野，2016-10-03；中关村首只"双创债"发行. 网易新闻，2017-02-10.

天使式三大类表现形式。众投邦是国内首家成长期项目股权众筹平台，该平台结合股权投资，推出主跟投模式，共同投资，分散风险。①

2011年，第一家众筹网站——点名时间在我国建立，标志着我国开始进入股权众筹融资阶段；2013年正式诞生第一例股权众筹案例——微美传媒股权众筹；2014年出现第一个有担保的股权众筹项目——贷帮网袋鼠物流项目。② 2014年可以说是我国股权众筹的元年，大大小小的众筹平台如雨后春笋般涌现。

2015年10月14日，股权众筹平台天使客发布消息，出境旅游服务公司积木旅行完成A轮融资，天使轮股权众筹投资人悉数退出，这是国内首个股权众筹全部退出的案例。③

案例发展过程为：2014年10月，积木旅行在天使客发起融资计划，拟出让25%的股权，融资350万元。以此计算，当时估值为1 400万元；2015年3月，41名股权众筹投资人资金全部到位。其中，现任深圳市德迅投资有限公司董事长的曾李青领投210万元；其余40人合计投资140万元，人均投资3.5万元；2015年10月，积木旅行获得来自美国风投机构的A轮融资，41名天使轮股权众筹投资人全部退出；据天使客透露，41名投资人获得5倍投资回报——以此计算，积木旅行A轮融资估值达到7 000万元。

（五）科创板

2018年11月5日在上海举行的首届中国进出口博览会宣布，在上海证券交易所设立科创板并试点注册制。2019年3月1日上海证券交易所对外正式发布了有关科创板的规则和相应制度，3月18日开始受理企业申报。这些企业主要集中在新一代信息技术、高端制造、生物医药等六大行业领域。6月13日，在第十一届陆家嘴论坛开幕式上，科

---

① http://baike.sogou.com/v68265538.htm?fromTitle=%E8%82%A1%E6%9D%83%E4%BC%97%E7%AD%B9.
② 什么是股权众筹 股权众筹有哪些分类. 搜狐网，2018-01-17.
③ 积木旅行A轮融资 股权众筹悉数退出. 财新金融频道，2015-10-16.

创板正式开板。7月22日正式开市,首批企业25家;2019年8月8日,第二批科创板公司挂牌上市。截至2021年6月8日,科创板已有286家上市公司,总市值达到4.05万亿元。

(六) 北京证券交易所

全国股转系统(俗称新三板)自2013年正式运营以来,通过不断改革探索,已发展成为资本市场服务中小企业的重要平台,近年来围绕新三板改革的系列措施不断推进。2021年9月2日,国家主席习近平在2021年中国国际服务贸易交易会全球服务贸易峰会上表示,继续支持中小企业创新发展,深化新三板改革,设立北京证券交易所,打造服务创新型中小企业主阵地。[①]

第三节　风险投资

案例导入

2014年在美国加利福尼亚州,张磊和Zoom的创始人袁征结识,袁征热情地向他介绍了Zoom的发展情况,并和他分享了其早前在另一家视频会议公司WebEx工作时的心得。当时张磊最直接的感受就是,当人和事完全匹配时,公司将被激发出前所未有的力量。袁征对视频会议这一业务的理解,以及他多年的技术积淀,都使他正在做的这项事业拥有很高的成功概率,他的激情和追求将会不断地相互转化。同时,对于云视频这个行业,张磊的团队也有多年研究,归根到底,Zoom创造了又一个"用科技提高效率"的典型场景。因此,只要商业生态的环境变了,无论是需求端还是供给端变了,Zoom都将迎来巨大的结构性机会。环境的改变可能源于

---

① 习近平在2021年中国国际服务贸易交易会全球服务贸易峰会上发表视频致辞. 中国共产党新闻网,2021-09-03.

选择线上工作方式的科技公司越来越多，跨时区、跨地域的商务沟通越来越频繁，组织生产形态越来越灵活，或者其他外生因素。他们无法预测环境的改变时点，但"用科技提高效率"这个长期趋势一定是不可逆的，是一个质变引起量变的过程……袁征致力于打造让用户开心的产品，并成功把对业务的理解贯穿于组织的管理，让技术和产品、用户和体验有了非常好的结合，让每一位员工都有很强的工作热情，形成不断学习、不断追问问题本质、不断满足用户需求的自驱力，让企业上下都能围绕共同的产品逻辑和市场逻辑来做事情。因此，在2015年，张磊的团队就很坚定地相信，Zoom在未来一定能在云视频领域有所成就，于是他们在很早期的轮次就投资了这家公司。

资料来源：张磊. 价值：我对投资的思考. 杭州：浙江教育出版社，2020.

请思考：

从高瓴投资创始人张磊的观点可以看出，风险投资对于拟投项目的选择标准有哪些？

一、风险投资概述

（一）风险投资的内涵

风险投资是由职业金融家投入新兴的、迅速发展的、有巨大竞争潜力的企业的一种权益资本，其本质内涵是投资于创新创业企业，并通过资本经营服务培育和辅导新企业，以期分享高增长带来的长期资本增值。风险投资以整个创业企业作为经营对象，更看重"人"的因素，具有高风险、高收益的典型特征，一般是一种组合投资。

风险投资（venture capital，VC）常被翻译为创业投资。经济合作与发展组织认为，"凡是以高技术与知识为基础，对生产经营技术密集的高技术或服务的投资,均可视为风险投资"。在我国,对于风险投资尚未形成统一的看法,比较普遍的看法是:风险投资是由专业机构提供的投资于极具增长潜力的创业企业并参与其管理的权益资本。

(二) 风险投资的投资标准

风险投资对目标企业的考察较为严格,一般来说,其所接触的企业中,大约只有 2%～4% 能够最终获得筹资。① 因此,创业者要提高获得风险投资的概率,需要了解风险投资项目选择的标准。有人将风险投资选项的原则总结为创业投资的三大定律。② 第一定律:绝不选取含有超过两个以上风险因素的项目。对于创业投资项目的研究开发风险、产品风险、市场风险、管理风险、创业成长风险等,如果申请的项目具有两个或以上的风险因素,则风险投资一般不会予以考虑。第二定律:$V=P \times S \times E$。其中,V 代表总考核值,P 代表产品或服务的市场大小,S 代表产品或服务的独特性,E 代表管理团队的素质。第三定律:投资 V 值最大的项目。在收益和风险相同的情况下,风险投资将优先选择那些总考核值最大的项目。

根据风险投资的潜规则,一般真正职业的风险资金是不希望控股的,只占 30% 左右的股权,他们更多地希望创业管理层能对企业拥有绝对的自主经营权。因此创业者在创业初期选择风险投资时要拿适量的钱,以便未来在企业需要进一步筹资时,不至于稀释更多的股份而丧失对企业的控制权。③ 前面提到的天使投资也是广义风险投资的一种,但狭义的风险投资主要指机构投资者。

(三) 风险投资在中国的发展

从 1985 年第一家风险投资机构——中国新技术创业投资公司建立至今,风险投资在我国已经走过 30 多年的发展历程。风险投资在我国

---

① 王苏生,邓运盛. 创业金融学. 北京:清华大学出版社,2006:225.
② 熊永生,刘健. 创业资本运营实务. 成都:西南财经大学出版社,2006:13-14.
③ 赵旭. 新视点:VC 更看重创业团队. 科技创业,2009 (4):80.

虽然起步较晚，但发展迅速。2006—2018年，我国风险投资机构由345家增长到2 800家，仅2018年就新增了504家，如图3－1所示；从风险投资管理的资本量看，2018年管理资本总额达到9 179亿元，比2017年增长了3.5%，继续保持稳步上升的态势，如图3－2所示。

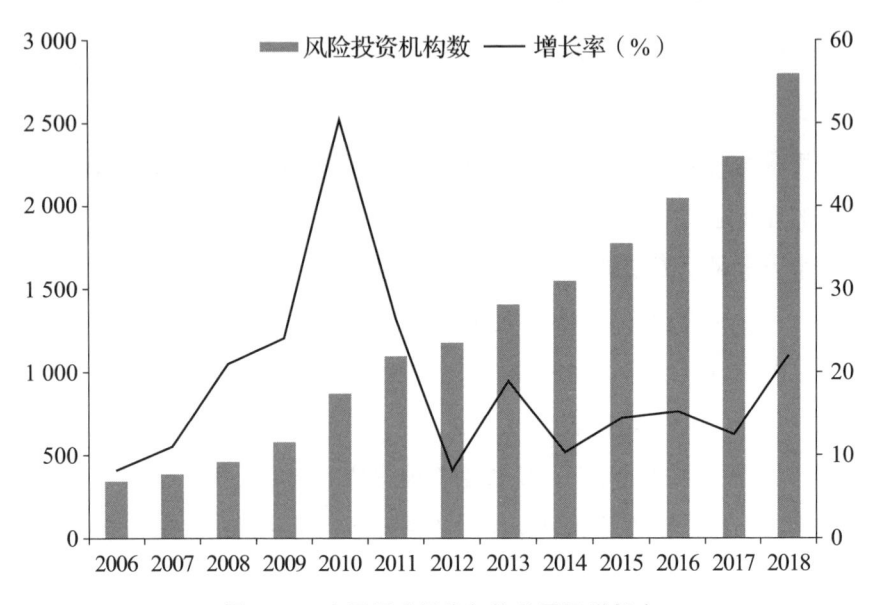

图3－1　中国风险投资机构总量及增长率

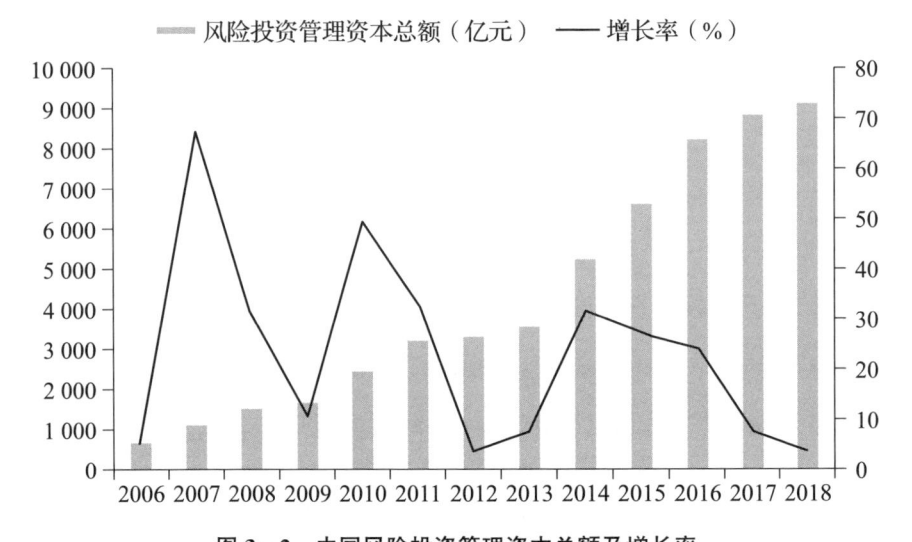

图3－2　中国风险投资管理资本总额及增长率

资料来源：胡志坚，等．中国创业投资发展报告2019．北京：经济管理出版社，2019．

从风险投资的资金来源看，2018年国有独资投资机构、政府引导基金、其他财政资金的占比依次为12.66%，9.05%，8.47%，三者合计达到30.18%，说明国有性质的资本在风险投资资本中有着举足轻重的地位，混合所有制投资机构、境外投资机构以及境内外资机构的占比均不太高，如图3-3所示。

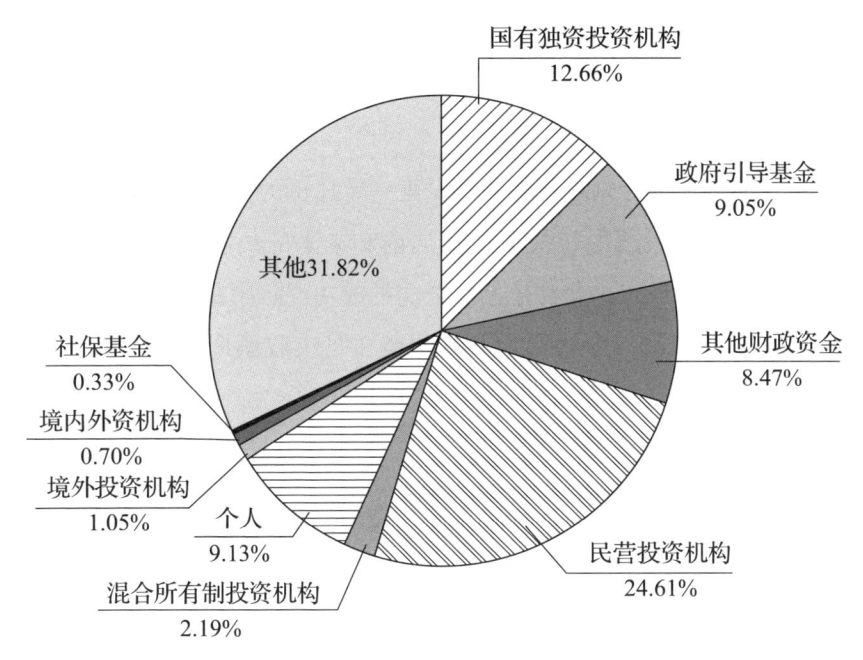

图3-3 2018年中国创业投资资本来源（按机构性质划分）
资料来源：胡志坚，等. 中国创业投资发展报告2019. 北京：经济管理出版社，2019.

风险投资发展的另一个典型特征是企业风险投资（corporate venture capital，CVC）的快速发展，阿里巴巴、腾讯、滴滴出行、联想、小米科技等都先后成立自己的投资部门或注资成立投资基金，专门从事公司风险投资活动，不断推进行业知识的更新迭代和商业化。截至2020年12月26日，2020年总共发生9432个投资事件，涉及机构2015家，公开的总投资金额为7679亿元。腾讯投资以156笔的投资数量位居第一，红杉资本中国则排第二位。[①]

---

① http://www.time-weekly.com/wap-article/277215.

二、风险投资条款

风险投资者往往会与公司达成一致,在新一轮投资之前对公司进行估值(投资前估值),根据投资前估值确定投资者在新一轮投资中每股股票的支付价格(购买价格),风险投资者通常只认购优先股。风险投资机构与创业企业签署的主要风险投资条款如下。

(一)员工股票期权计划

员工股票期权计划是指储备和分配一定比例的公司股票,并由管理委员会决定将该股票期权授予公司当前和未来的员工(和其他个体)。其目的在于激励员工,允许他们从公司的成功经营中获得财务回报。投资者通常要求将10%~20%的股本预留在员工股票期权计划中,用来创建期权池。

(二)董事会席位与一票否决权

风险投资者往往会在创业企业董事会中占据一个或者多个席位,并出任创业企业董事长。

风险投资者往往拥有重大事项的一票否决权。风险投资机构在与自身利益息息相关的事项上,往往要求掌握主动权,使公司在既定轨道上开展业务。不过,一票否决权的设定只能在有限责任公司中实施。

(三)管理层雇佣条款

管理层雇佣条款主要包括股份购回和股份转让条款,以及非竞争性条款。

股份购回条款是指雇员离职后,创业企业具有从离职员工以低于市价的价格重新购回股份的权利。

股份转让条款是针对创业者的约束,指未经风险投资公司的许可,禁止创业者将其股权转让给第三者。

非竞争性条款主要指不允许创业企业的经理和骨干在离职后加入与

原公司同行业或相近行业的公司，以保护创业企业的商业机密和竞争优势。

(四) 分红权和优先分红权

分红权条款会限制被投资企业的分红比例。风险投资者通常在公司最早期加速增长阶段投资，目标是促进被投资企业的业务和价值增长，实现投资收益，通常以退出时数倍投资回报率为目标。因此，在大多数情况下会要求被投资公司对利润进行再投资，以促进公司发展，而不是给股东分发股息。

优先分红权指投资人在被投资企业分红时，优先取得一定比例股息的权利。在优先取得股息之后，按是否可以继续参与剩余股息的分配，可分为累积性和非累积性优先分红权。

(五) 回售权

回售权指投资人在一定条件下，可以要求被投资企业按照一定价格赎回其持有的股权的权利。这项权利也包括在预定期限内没有约定退出回报方式的情况下，需要公司回购其股票。如果回购不被执行，就会导致投资者提升权利，如提高表决权。

(六) 优先购买权、共同出售权和跟随权

公司章程通常包括股东间合同条款。如果股东希望转让其股份，就要遵守优先购买权，将股票首先提供给享有优先购买权的股东。

共同出售权指如果被投资企业原股东拟转让股权，投资者有权按照出资比例，以普通股方式和同等条件，优先将其所持有的股权出让给买方。

享有共同出售权或跟随权的股东有权要求潜在购买者以同等价格、同等条款和条件，依其持股比例购买其股票。

(七) 强制随售权

强制随售权指如果被投资企业在约定的时间内没有上市，或者没有达到事先约定的出售条件,则风险投资者有权要求原有股东和自己一起向第三方转让股份,原有股东必须按风险投资者与第三方谈好的条件和价格与被投资人在被投资企业中的股份比例向第三方转让股份。

(八)反稀释条款和新股优先认购权

新股优先认购权指当创业企业未来以较低的价格出售股票的时候,风险投资者可以按照一定比率享受低价购买的权利。

如果公司进一步发行股票,风险投资者有权要求与其他参与投资者在相同条款和条件下,获得与持有股权比例相应数量的新股,进而至少维持其对公司的持股比例。

(九)优先清算权

优先清算权是投资者基于资本投入所承担风险而要求的权利。尽管有许多种类,但优先清算权通常指如果公司清算或者视为清算,优先股股东优先于其他股东获得一定量收益,收益金额是优先股股东的投资金额或者其倍数。剩余收益由优先股股东和普通股股东进行分配。

视为清算包括公司的兼并、收购、控制权变更、合并或出售所有或大部分资产,有时也包括首次公开募股或者有效退出机制。

(十)自动转换股票类别和转换权

风险投资者通常要求建立所持有股票的自动转换机制,并在首次公开募股前即时生效。在大多数情况下,要求风险投资者于股票在公开交易市场上市前将其所有股票转换成普通股,以便锁定期届满后,为他们处置股票(清算)提供适合机会。初始转换比例往往为1:1,转换通常会延迟到退出时进行,以避免投资者失去优先股所附有的权利。转换比例根据公司资本结构重组情况会做相应调整。

(十一)陈述与保证和知情权

在司法管辖区允许的情况下,风险投资者希望主要创始人和管理层提供适当的陈述与保证,以使投资者对公司的现状及历史有完整准确的了解，便于投资者在认购股票前对投资风险进行评估。陈述与保证通常涉及公司的合法性（股本详情）、公司财务报表、商业计划、资产（尤其是知识产权）、债务、采购合同、雇员和诉讼等。

知情权指为使投资者监控他们的投资状况，公司要定期向他们提供财务状况和预算的更新报告；风险投资机构也有权进入公司检查账簿及记录，甚至直接与公司审计员和银行家会面。

（十二）退出

风险投资者希望的投资退出方式通常是公开上市、被投资企业被收购等。

三、风险投资对赌协议

对赌协议是投资方和被投资方在达成融资协议时，对于未来不确定情况进行的一种约定。如果约定的条件出现，融资方可以行使一种权利；如果约定的条件不出现，投资方则行使一种权利。

（一）对赌协议类型

常见的对赌协议有股权调整型对赌协议、货币补偿型对赌协议和混合型对赌协议。

1. 股权调整型对赌协议

当投资方投资的目标公司未能实现对赌协议中的业绩指标时，目标公司的股东将以无偿的方式，或者以象征意义上的低廉价格，将一部分股权调整给投资方，从而完成补偿。

具体而言，有以下五种调整方式：股权稀释型、股权转移型、股权回购型、股权激励型、股权优先型。

2. 货币补偿型对赌协议

若被投资公司无法达到对赌协议要求的指标，被投资公司实际负责人将向投资者支付一定数量的货币补偿，不再调整双方的股权比例。

3. 混合型对赌协议

混合型对赌协议是综合上述两种类型的混合模式。

(二) 对赌协议条款的内容

1. 企业绩效指标

这类指标可进一步细分为定量绩效指标和定性绩效指标。

定量绩效指标包括销售额、利润、股价等财务类指标；定性绩效指标包括上市与否，企业开发新产品的成功与否，新客户的获得情况以及专利权的授予情况等。

2. 回购补偿

一般规定，若被投资企业无法回购优先股，则投资方在董事会获多数席位或者累计股息将被提高；若企业无法以现金方式进行分红，则必须以股票形式进行分红等。

3. 管理行为

在管理行为方面，一般规定，若企业无法在一定时期内聘请新的CEO，或者现在的高管未能达到当初约定的服务年限，则投资方在董事会获多数席位；如果董事会更换投资方的董事会代表，则投资方将会得到补偿；如果管理层在职，则投资方可进行第二轮追加投资；若企业销售部或市场部采用了新技术，则投资方转让规定数额的股权给管理层。

4. 股票发行

投资方可能要求企业在约定的时间内上市，否则有权出售其持有的股份，或者在企业成功获得其他投资，且股价达到一定水平的情况下，投资方对企业管理层的委任状失效等。

(三) 案例分享——俏江南[①]

1988 年，张兰靠着在国外打工，攒下了回国的创业费用；2000 年，在北京国贸开办了第一家俏江南餐厅；2007 年，俏江南的销售额达到了

[①] 俏江南资本之殇：对赌协议.360 个人图书馆.

10亿元左右；2008年下半年，鼎晖投资拟以等值于2亿元人民币的美元，换取俏江南10.53%的股权，如图3-4所示。俏江南估值约为19亿元。

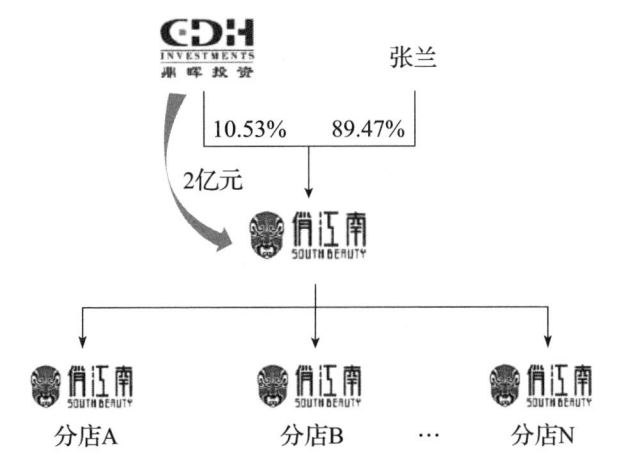

图3-4 鼎晖投资入股俏江南后的股权结构

2009年，张兰首次荣登胡润餐饮富豪榜第三名，财富估值为25亿元；资金实力得以增强的俏江南也明显加快了扩张速度，计划在2年内增加新店20家，到2010年末分布于全国的店面总数超过50家。

1. 俏江南与鼎晖投资的对赌协议

如果非鼎晖投资方面造成俏江南无法在2012年底之前上市，鼎晖投资有权以回购方式退出俏江南。

2. 俏江南的IPO过程

2008年全球金融危机的爆发成为餐饮业与资本结合的分水岭，大量资金开始成规模地投资餐饮，推动了一批餐饮公司的上市之路，如2008年上市的小肥羊、2009年上市的湘鄂情，但是，由于餐饮企业采购端与销售端主要是现金交易，收入和成本无法可靠计量，无法保证财务报表的真实性，2011年3月证监会冻结了餐饮企业的IPO申请，2012年证监会披露IPO申请终止审查名单，俏江南赫然在列。

为了在年底尽快上市，张兰甚至移民到了加勒比岛国圣基茨和尼维斯联邦。2012年12月《中央政治局关于改进工作作风、密切联系群众的八项规定》(简称《中共中央八项规定》)出台,奢侈品、高档酒店、高端消费等皆受影响。这对定位于中高端餐饮的俏江南无疑造成了沉重的打击。

3. 触发对赌协议

俏江南的上市历经多番波折,未能在规定期限内(2012年底)完成,触发了回购条款。

由于2012年12月《中共中央八项规定》的出台给中高端餐饮造成了沉重打击,俏江南门店关闭20家左右。俏江南无法依靠经营过程中的现金流来回购鼎晖投资的股权,于是又触发了领售权条款。

2013年10月30日,路透社曝出欧洲私募股权基金CVC计划收购俏江南的消息;2014年4月,CVC宣布正式入主俏江南,成为最大的股东;CVC持有俏江南82.7%的股权,其中张兰出售的72.17%的股权作价3亿美元。按照当时的汇率折算,这笔交易中俏江南的整体估值约为22.1亿元,仅仅略高于鼎晖投资2008年入股时的19亿元估值。

CVC入主俏江南之后,张兰成为仅持股17.3%的小股东,如图3-5所示。

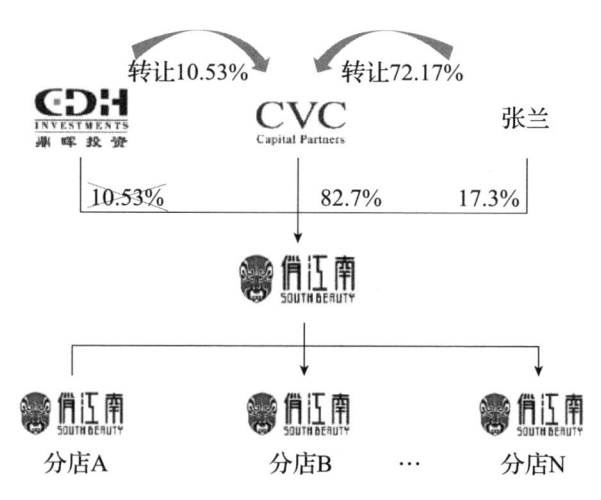

图3-5 CVC入主之后俏江南的股权结构

这一切都是投资协议条款连锁反应的结果:俏江南上市夭折触发了

股份回购条款，无资金回购导致鼎晖投资启动领售权条款，公司的出售成为清算事件又触发了清算优先权条款。

4. 后话

CVC 对俏江南采取的是杠杆收购方式，以股权作为质押取得的银行借款需依靠俏江南的内部现金流来偿款，但是，2014—2015 年，高端餐饮复苏变得遥遥无期，期望无法实现，于是 2015 年 6 月，CVC 放弃还款，将俏江南的经营权交给发放贷款的银团。

四、获取风险投资的渠道和步骤

(一) 获取风险投资的渠道

对于创业者来说，如果所创企业符合风险投资家的项目选择标准，则风险资本是一种比较好的筹资方式。通过风险资本不但可以筹集资金，还可以得到风险投资家专业的帮助和指导。

创业者可通过给投资人发邮件，参加相关的行业会议或者创业训练营，请朋友帮忙介绍，以及聘用投资银行获得帮助等渠道来筹集风险资金。[①]

(二) 获取风险投资的步骤

获取风险投资一般可以按照以下十个步骤进行。

1. 了解自身资金需求

创业企业在进行融资之前要先了解自身的融资需求，尤其是股权资金的数量，需要结合股权设计的总体战略进行设计。

2. 了解、分析创业投资市场和相应投资机构

获得风险投资的技巧之一就是多了解创业投资市场和投资机构，分析外部融资环境，熟悉不同投资机构的风险偏好和投资领域。比较活跃的风险投资机构有 IDG 资本、深创投、红杉资本中国、金沙江创投、

---

① 王艳茹. 创业资源. 北京：清华大学出版社，2014：145 - 148.

济源资本、君联资本、贝塔斯曼亚洲投资基金、经纬中国、五岳资本、DCM、达晨创投、德同资本、天图资本、澳银资本、德诺资本、宏晖基金、基石资本、济峰资本、礼来全球、创东方、嘉御资本、中国文化产业投资基金、华软资本、丰年资本、天星资本等。可以参考本书的附表二。

2020年中国最佳创业投资机构、最佳募资创业投资机构和最活跃创业投资机构是红杉资本中国，2020年中国最佳退出创业投资机构是红杉资本中国和深创投。

3. 初步确定寻求融资的目标创业投资机构

在了解不同风险投资机构的特征之后，结合创业企业自身的业务发展需求，分析可能获得风险投资的机会，初步确定重点接触的目标投资机构。

4. 准备创业计划

绝大多数的风险投资机构在开展尽职调查、提供资金之前，都会要求资金需求方提供创业计划书，了解项目的基本情况。要提高获取资金的概率，就需要按照其要求提供相应的创业计划。

5. 联系接洽创业投资机构，提交创业计划执行总结

通过创业计划书，确定了创业企业的资金需求数量和融资意向之后，就可以联系接洽创业投资机构，提交创业计划的执行总结。

6. 最终确定关键的创业投资机构

初步接洽部分风险投资机构后，可以根据双方意愿确定下一步继续接触的投资机构名单，作为重点接触对象。

7. 接受创业投资机构尽职调查

按照拟提供资金的机构的要求，接受其对创业企业的尽职调查，提供相应资料，配合其尽职调查工作。

8. 就企业价值和投资的股权架构进行谈判

尽职调查结束后，如果可以基本确定投资意愿，就需要投融资双方对企业价值进行评估，并根据企业估值和投资数量确定新的股权架构，

明确各自的权利义务。

9. 确定最终投资协议

在谈判取得成效的基础上，双方可以确定最终的投资协议，签署相应的法律文件。

10. 获得创业投资，投资方参与企业发展

法律文件签署后，风险投资机构就可以按照约定将资金投入创业企业，并履行协议中约定的其他义务，如担任被投资企业的董事会成员，参与创业企业的未来发展。

五、风险投资退出

创业资金高风险的特性使得其更追求预期收益的高增值性，这种特性使得创业资金不会计划在某个投资企业投入的时间过久，而是在情况恰当的时候寻求退出。

一般来说，创业资金的退出可以采用公开上市、买壳或借壳上市、并购、创业企业回购及清算等五种渠道。

(一) 公开上市

公开上市指企业第一次向社会公众发行股票，是风险资本最主要也是最理想的一种退出方式。创业企业在满足一定条件的情况下，可以选择在证券市场公开上市，投资者在创业企业公开上市之后转让所持股权，成功退出投资企业。2020年初受疫情影响，我国股权投资市场募投退数量均有所下滑。然而在资本市场深化改革的利好下，被投企业IPO案例数延续了2019年的增长态势，在2020年热度不减。根据清科研究中心的统计数据，2020年上半年被投企业IPO数量达861笔，同比上升88%。从退出收益来看，2020年上半年中企境内外上市账面回报水平（发行时）达到4.8倍。[①]

---

① 清科研究中心.清科观察：2020年中IPO盘点，VCPE退出进入快车道.搜狐网，2020-07-23.

2015年12月23日国务院常务会议确定,建立上海证券交易所战略新兴板,依法推动特殊股权结构类创业企业在境内上市;2019年6月13日科创板正式开板,试行注册制,科创板的推出为新一代信息技术、高端制造、生物医药等六个行业领域的创业企业上市提供了便利条件;2021年9月2日宣布设立北京证券交易所,打造服务创新型中小企业主阵地。北京证券交易所提出为深化新三板改革、服务创新型中小企业提供融资便利。主板市场、创业板市场、科创板市场、新三板市场、区域股权市场明确各自定位,建立转移和转板机制,使上市退出的方式更加多样化。截至2021年11月16日,科创板上市公司有357家,总股本为1 168亿股,总市值为5.32万亿元;10月底通过股票市场融资的规模合计达1 517亿元,其中通过IPO方式筹资的金额为1 333亿元。11月15日北京证券交易所正式开板,上市公司为81家,股本为121亿股,总市值为2 887亿元。①

采用公开上市的方式,一方面,可以表明金融市场对公司发展业绩的认可,保持公司的独立性;另一方面,可以让风险投资机构和创业者获得丰厚收益,还为公司获得证券市场上可能的持续筹资渠道奠定基础。但是,公开上市的企业必须达到一定条件,上市后成为公众公司,需要定期披露相关信息,加大企业成本;上市之后一旦业绩下滑,股民可能会争相抛售企业股票,导致股价下跌;而且企业首次公开上市之后,投资者不能立即出售其所持有的全部股份,需要在规定的一段时间后才能逐步出售。因此,采用公开上市的方式,风险资本的退出并不是当即就可以实现,上市后遇到股市不振时,这种退出方式获得的回报难以估计。

(二) 买壳或借壳上市

买壳上市与借壳上市是较高级形态的资本运营现象,对于不满足公

---

① 资料来自上海证券交易所官网(http://www.sse.com.cn/)、北京证券交易所官网(http://www.bse.cn/static/statisticdata.html)。

开上市条件而不能直接通过公开上市方式顺利退出投资领域的风险资本，这是一种很好的退出方式。

买壳或借壳上市指创业企业通过证券市场收购上市公司的股权，从而控制上市公司，再通过各种方式，向上市公司注入自己的资产和业务，达到间接上市的目的，最后风险资本通过市场逐步退出。

买壳或借壳上市可以绕过公开上市对企业的各种要求，间接实现上市目的，使企业获得新的融资渠道；而且通过配售新股可以降低融资成本，缓解资金压力；在买壳或借壳上市时，股票二级市场的炒作会带来巨大的收益；借壳上市时间成本低，企业选择借壳免除了 IPO 排队等待之苦，借壳上市不用路演和询价，与新股 IPO 的发售流程相比优势更明显。对借壳重组企业来说，从上市公司推出重组预案，到最后获批完成，一般仅需 1 年时间，更快者半年即可完成重组。但是，不管是二级市场公开收购还是非流通股的有偿转让，都需要上市公司大股东的配合，否则会增加收购成本与收购难度；而且"壳"目标大多是一些经营困难的上市公司，在借壳上市后，一般不能立即发售新股；此外，还要承担改良原上市公司资产的责任，负担较重。

（三）并购

并购退出指由一家一般的公司或另一家风险投资公司，按协商的价格收购或兼并风险投资企业或风险资本家所持有的股份的一种退出渠道。股份出售分两种情况：一般购并和第二期购并。一般购并主要指公司间的收购与兼并；第二期购并指由另一家风险投资公司收购，并追加第二期投资。如果原来的风险投资公司只出售部分股权，则原有投资部分实现流动，并和新投资一起形成投资组合；如果完全转让，则原始风险投资公司全部退出，但风险资本并没有从投资企业中撤出，企业不会受到撤资的冲击。随着对高新技术需求的增加和发展高新技术产业重要性的认识加深，这种渠道的退出方式采用得越来越多。

当创业企业发展到一定阶段后，各种风险不断减少，技术、市场优势已培养出来，企业前景日趋明朗，此时，想进入这一领域的其他公司将会非常乐意用收购的办法介入。在我国，采用此种方式退出目前较为常见。采用并购退出的方式程序简单，退出迅速，较容易找到买家，交易比较灵活。但是，收益比公开上市低，且风险公司一旦被一家大公司收购之后就不能保持其独立性，公司管理层将会受到影响。

（四）创业企业回购

回购主要分为管理层收购（MBO）和股东回购，是指企业经营者或所有者从风险投资机构回购股份。采用企业管理层或所有者进行股权回购的方式，既可以让风险资本顺利退出，又可以避免由于风险资本退出给企业运营带来太大的影响。由于企业回购对投资双方都有一定的诱惑力，因此，这种退出方式发展很快。

管理层收购的方式可以保持公司的独立性，避免因风险资本退出给企业运营造成大的震动；创业者可以由此获得已经壮大的企业的所有权和控制权。但是，回购要求管理层能够找到好的融资杠杆，为回购提供资金支持。

例如，北京科技风险投资股份有限公司（简称北科投）投资华诺公司（从事宽带网络通信技术开发及其应用推广的高新技术企业）之初，双方在遵循国际惯例的基础上，结合我国的具体实际，设定了管理层回购条约，即北科投投资 1 500 万元，占有 30% 的股份，一年以后，管理层以 1 500 万元的价格，回购风险投资公司一半的股份。这一条款最大限度地锁定了投资风险，保证北科投可以获得比其他投资人更为优先的套现权利。[1]

（五）清算

相当大部分的风险投资不会很成功，当被投资企业因不能清偿到期债务，被依法宣告破产时，按照有关法律规定，将组织有关部门、机构

---

[1] http://news.trjcn.com/detail_38801.html.

人员，律师事务所等中介机构和社会中介机构中具备相关专业知识并取得执业资格的人员成立破产管理委员会，对企业进行破产清算。对于风险投资者来说，一旦确认企业失去了发展的可能或者成长太慢，不能带来预期的高额回报，就要果断撤出，将能收回的资金用于下一个投资循环。

这种方式可以阻止损失进一步扩大或资金低效益运营。但资金的收益率通常为负，据统计，清算方式退出的投资大概占风险投资基金投资的32%，仅能收回原投资额的64%。①

当然，不是所有投资失败的企业都会进行破产清算，申请破产并进行清算是有成本的，而且要经过耗时长、较为复杂的法律程序。如果一个失败的投资项目没有其他债务，或者虽有少量的其他债务，但是债权人不予追究，那么，一些风险资本家和风险企业家不会申请破产，而是采用其他的方法来经营，并通过协商等方式决定企业残值的分配。

发行股票上市是投资回报率最高的方式，风险企业被兼并收购是投资收回最迅速的方法，股份回购作为一种备用手段是风险投资能够收回的一个基本保障，而破产清算是及时减小并停止投资损失最有效的方法。目前，我国创业风险投资的退出方式以并购和股权转让为主。与非上市公司相比，上市公司不论从其内在需求、融资渠道还是从资金能力等方面来看，都更有并购风险资本支持企业的动力和能力，风险资本支持企业也更愿意被上市公司收购。上市公司通过收购高科技风险资本支持企业的股权，实现了自身价值的提升，股价会随之上涨。被收购的高科技风险资本支持企业的投资者，则通过出售公司的股份获得了较为可观的投资回报。

清科研究中心《2021年第一季度中国创业投资市场研究报告》显示，2021年第一季度我国创业投资市场共发生330笔退出交易，同比

---

① 侯静如. 我国风险投资退出方式选择. 发展研究，2012（4）：69.

上升 22.4%，环比上升 17.3%。IPO 退出共计发生 273 笔，系 2020 年同期退出交易数的 2 倍有余，其中涉及 71 家上市企业。此外，注册制平稳运行，在科创板和创业板的联合带动下，被投企业 IPO 数量呈大幅增长趋势，其中 IPO 退出交易最多的上市地点是上海证券交易所科创板，共 103 笔 IPO 退出，占比 37.7%，涉及 25 家企业。①

第四节　筹资决策

创业企业需在考虑筹资成本、控制筹资风险、比较不同筹资方式的优缺点的基础上，做出科学筹资决策。

一、考虑筹资成本

在市场经济环境下，资金作为一种特殊商品具有特定的交易价格，资金成本就是其交易价格的体现。无论是从何种渠道取得的资金，企业都需要为其使用权支付代价，债权人要求得到的利息是债权资金使用权代价的表现方式，投资者要求得到的利润和分红是股权资金使用权代价的表现形式。

（一）资金成本概述

资金成本从使用资金的企业的角度来看，是企业筹集和使用资金而支付的代价；从投资者的角度看，是资金提供者要求得到的必要的投资报酬率。

资金成本从绝对量上看，包括用资费用和筹资费用两部分。用资费用是指企业在生产经营和对外投资活动中因使用资金而承付的费用，如向债权人支付的利息、向股东分配的股利等；筹资费用是指企业在筹集资金活动中为获得资金而支付的费

---

① https://report.pedata.cn/1621576273347316.html.

用，如向银行支付的手续费、因发行股票或债券而支付的发行费用等。用资费用是经常性的，是资金成本的主要内容，而且可以在税前扣除，起到一定的抵税作用；筹资费用通常在筹资时一次性支付，在获得资金后不再发生，可视为对筹资额的一项扣除。

资金成本率是从相对量的角度对资金成本的一种衡量，是资金成本的相对数，指企业用资费用与有效筹资额之间的比率，通常用百分比表示，是企业筹资实务中经常采用的指标。资金成本率主要有个别资金成本率和综合资金成本率。个别资金成本率指各种资金的成本率，如借款的资金成本率、债券的资金成本率、股权资本的资金成本率等；综合资金成本率是企业全部资金的加权平均资金成本率，往往以各种资金占全部资金的比例作为权重。

(二) 资金成本计算

1. 资金成本计算的一般公式

资金成本一般情况下用其相对数的形式表示，即资金成本率。如前所述，个别资金的资金成本为其用资费用和有效筹资额的比率。因此，资金成本可以按如下公式计算：

$$资金成本 = 用资费用 / 净筹资额$$

式中

$$净筹资额 = 计划筹资额 - 筹资费用$$

2. 债权资金成本的计算

对于公司制企业来说，由于债务的资金成本可以抵税，因此需要计算税后资金成本。

债权资金成本计算的公式为：

$$债权资金成本 = 用资费用 / 净筹资额 \times (1 - 企业所得税税率)$$

3. 股权资金成本的计算

股权资金成本计算的一般公式为：

股权资金成本＝用资费用/净筹资额

按照资金成本实质上是投资必要报酬率的思路，股权筹资的资金成本率从另一个角度看就是投资者投资的必要报酬率。鉴于投资者的必要报酬率等于无风险报酬率加上风险报酬率，股权资金成本也可以用公式表示如下：

股权资金成本＝无风险报酬率＋风险报酬率

无风险报酬率指加上通货膨胀补偿率以后的货币时间价值。一般把投资于国库券的报酬率视为无风险报酬率。风险报酬率的高低主要取决于投资者对待风险的态度，比较敢于承担风险的投资者会将其定得较低，倾向规避风险的投资者则会将风险报酬率定得较高。

4. 综合资金成本率的计算

综合资金成本率指企业全部资金的成本率，通常以各种资金的比例为权重，对个别资金成本进行加权平均测算，也称加权平均资金成本率。

其计算公式如下：

$$K_W = \sum K_i W_i$$

式中，K_i 为第 i 种筹资的资金成本；W_i 为第 i 种筹资占全部资金的比例。

企业在进行资金筹集的过程中，除了考虑个别筹资方式的资金成本，还需要同时考虑综合的资金成本，以使企业的资金成本最低。

二、控制筹资风险

通过选择合适的筹资时机和资本结构可以降低筹资风险。

(一) 筹资时机

创业企业应结合融资规模和企业经营现状选择恰当的筹资时机。

一般情况下，应该选择在企业经营状况比较好的形势下，在资金缺口出现时间节点之前进行融资。

经营状况好的形势下，企业的偿债能力一般较强，信用能力较好，更容易获得资金。

资金缺口出现的时点应该是外部融资资金到位的时点，以保证企业的资金池不断流。因此，融资的最佳时机应该在资金缺口出现之前，融资额度的最低要求是资金缺口的大小。正常情况下，需要融资的规模越大，融资完成的周期一般越长，越需要在资金缺口出现时间节点的更早日期开始准备。

(二) 资本结构

狭义的资本结构指长期资金的来源及其比例关系，尤其是股权资金和长期债务之间的比例关系。合理的资本结构可以降低筹资风险，提高筹资的成功率。

当企业发生亏损或者资金不足以支付利息或偿还本金时，可能给企业的声誉带来影响，严重时可能会导致企业终止经营。所以，使用债权资金具有一定的风险。但债权资金的合理运用可以给企业投资者带来更高的投资收益，这种因使用债权资金而给投资者带来的额外收益称为财务杠杆利益。由于企业从息税前利润中支付的债务利息负担相对固定，当息税前利润增多时，每 1 元息税前利润所负担的债务利息会相应降低，扣除企业所得税后可分配给股权资金所有者的利润就会增加，从而给投资者带来额外收益。

例 3-4

张珊从某高校会计专业毕业之后，想利用自己的一技之长创办一家会计公司。通过广泛的市场调查之后，张珊对目前市场上现存的会计公司有了大概的了解，她相信凭自己的实力可以经营好一家小规模的会计公司。于是，在市场调查和咨询专业咨询公司的基础上，张珊计算出创业所需要的资金数目，大约需要 18.6 万元的资金投入。张珊从父母和亲友处筹得了 15 万元的资金，剩下的 3.6 万元资金有以下两种方式可以得到：

（1）从当地的农村信用合作社借入 3.6 万元的贷款，期限为 3 年，贷款利率为 6%；

（2）出售 20% 的股份吸收其同学李元入股，获得 3.6 万元的股权资本。

要求：试从筹资成本的角度入手，帮张珊进行筹资决策的分析。

可通过计算借款和股权筹资的成本及其对创业者收益的影响进行决策。

（1）借款筹资。如果张珊借款筹资，则每年需支付利息 2 160 元（36 000×6%），从而减少其税前利润 2 160 元。如果预计公司的年度息税前利润为 30 000 元，则支付利息后的利润减至 27 840 元。

（2）股权筹资。如果通过转让股份的方式吸收同学入股，则不存在利息支付事宜，其息税前利润依然为 30 000 元，但归属于张珊本人的部分只有 24 000 元（30 000×80%），其余 6 000 元要归新的持股人李元。

由此可见，债权筹资的成本相对较低，而且因为债务的杠杆作用，在企业效益较好时可以给创业者带来更高的经济利益流入。如假定张珊预计的公司年度息税前利润由 30 000 元变为 40 000 元，则每年需要支付的利息依然为 2 160 元（36 000×6%），支付利息后的利润却变为 37 840 元，从而给创业者带来杠杆利益。

股权筹资的成本高于债权筹资，但股权筹资无须归还投资，可以减少企业的资金流出，不存在财务风险。如果企业经营初期风险过大，现金流短缺，为避免不能按期还本付息的风险，张珊也可以吸收其同学入股，取得无风险的经营资金。

三、比较不同筹资方式的优缺点

对于创业企业来说,股权筹资和债权筹资各有优缺点,以公司制企业为例,其各自的优缺点如表 3-5 所示。

表 3-5 股权筹资和债权筹资的比较

比较项目	股权筹资	债权筹资
本金	永久性资本,保证企业最低的资金需要	到期归还本金
资金成本	根据企业经营情况变动,相对较高	事先约定固定金额的利息,较低
风险承担	低风险	高风险
企业控制权	按比例或约定享有,分散企业控制权	无,企业控制权得到维护
资金使用限制	限制条款少	限制多

债权筹资的资金成本较低,合理使用能带来杠杆收益,但债权资金使用不当会带来企业清算或终止经营的风险;股权资金的资金成本由于要在所得税之后支付,相对较高,但因在企业正常生产经营过程中,不用归还投资者,是一项企业可永久使用的资金,没有财务风险。创业企业在筹集资金时应对债权资金、股权资金的优缺点进行比较,并考虑其他因素进行决策。

四、做出筹资决策

进行筹资决策时,除了考虑资金成本、风险以及不同筹资方式的优缺点之外,还需要结合创业所处阶段、创业企业特征、宏观理财环境等问题来进行综合分析。

(一)创业所处阶段

创业企业在筹资时需要将不同阶段的筹资需求和筹资渠道进行匹

配，提高筹资工作的效率，以获得创业所需资金，化解企业筹资难题。

在种子期，企业处于高度不确定状态，很难从外部筹集债权资金，创业者个人积蓄、亲友投资，天使投资、风险投资以及合作伙伴的投资可能是采用较多的筹资渠道；进入启动期之后，创业者还可以使用抵押贷款等方式筹集债务资金。

企业进入成长期以后，有了前期的经验基础，发展潜力逐渐显现，资金需求量相比以前有所增加，筹资渠道也有了更多选择。在成长期早期，企业获得常规的现金流用来满足生产经营之前，创业者更多地采用股权筹资的方式筹集资金，合作伙伴投资、风险投资等是常用的筹资方式，此时也可以采用抵押贷款、融资租赁，以及商业信用的方式筹集部分生产经营所需资金；在成长期后期，企业的成长性得到充分展现，资产规模不断扩大，产生现金流的能力进一步提高，有能力偿还负债的本息，此时，创业者更多地采用各种负债的方式筹集资金，获得经营杠杆收益。

企业生命周期阶段与筹资渠道的对应关系如表3-6所示。

表3-6　企业生命周期阶段与筹资渠道

筹资渠道	种子期	启动期	成长期早期	成长期后期
个人积蓄				
亲友投资				
天使投资				
合作伙伴				
风险投资				
抵押贷款				
融资租赁				
商业信用				

表中深色的区域为该阶段采用较多的筹资渠道，浅灰色的区域为该阶段也可能会采用的筹资渠道。

(二) 创业企业特征

对于高科技企业或有独特商业价值的企业，经营风险较大，预期收益也较高，创业者有良好的相关背景，较多地采用股权筹资的方式；传统类产业的经营风险较小，预期收益较容易预测，比较容易获得债权资金。实践中，创业企业在初始阶段较难满足银行等金融机构的贷款条件，债权资金更多地采用民间筹资的方式。创业企业类型与筹资方式的关系如表 3-7 所示。

表 3-7 创业企业类型与筹资方式的关系

创业企业类型	创业企业特征	筹资方式
高风险、预期收益不确定	弱小的现金流 低、中等成长 未经证明的管理层	个人积蓄、亲友投资
低风险、预期收益易预测	一般是传统行业 强大的现金流 优秀的管理层 良好的资产负债表	债权筹资
高风险、预期收益较高	独特的商业创意 高成长 利基市场 得到证明的管理层	股权筹资

资料来源：布鲁斯·R. 巴林格，R. 杜安·爱尔兰. 创业管理：成功创建新企业. 北京：机械工业出版社，2010.

(三) 宏观理财环境

如果宏观经济处于繁荣期，则取得债权资金比较容易，不仅各家金融机构乐于借款，其他债权人也对经济发展较为乐观，此时利率会处于较高水平且有继续上升的可能性，社会平均利润率较高，通货膨胀率也会相对较高，使用债权资金可以收到杠杆效益，且能够分散通货膨胀风险，而且最好使用长期的债权资金，避免利率进一步上升可能增加的资金成本；而如果经济处于衰退期，则借款筹资相对困难，只能采用股权筹资的方式筹集资金，或者借政府拉动经济发展的机会，尽量投资于政府支持的项目，获得政府资金的支持。

学习要点

资金按照占用形态和流动性，可以分为流动资金和非流动资金。创业企业在估算资金需求时需考虑流动资金持续投入的特性。

资金按照投入企业的时间可分为投资资金和营运资金。投资资金发生在企业开业之前，是企业在筹办期间发生各种支出所需要的资金。营运资金是从企业开始经营之日起到企业能够做到资金收支平衡为止的期间内，企业发生各种支出所需要的资金，是投资者在开业后需要继续向企业追加投入的资金。在很多行业，营运资金的需求要远远大于投资资金的需求。

资金按照资金提供者在企业享有权益的不同可以分为股权资金和债权资金。

创业资金需求量可以采用现金预算法、公式法和预计报表法三种方法进行预测。

用于应对意外事件发生所需的资金称作风险准备资金。

股权筹资的方式包括个人积蓄、合伙人投资、亲友投资、天使投资、风险投资等。

创业者可以通过银行贷款、非银行金融机构贷款、交易信贷和租赁、从其他企业借款等方式筹集债权资金。

政府对创业企业的资金支持方式主要包括税收优惠、财政补贴、贷款援助、风险投资和其他直接筹资渠道等。

知识产权筹资可以采用知识产权作价入股、知识产权质押贷款、知识产权信托、知识产权证券化等方式。

风险投资是由专业机构提供的投资于极具增长潜力的创业企业并参与其管理的权益资本。

一般来说，创业资金的退出可以采用公开上市、买壳或借壳上市、并购、创业企业回购及清算等五种渠道。

资金成本从使用资金的企业的角度来看,是企业筹集和使用资金而付出的代价;从投资者的角度看,是资金提供者要求得到的必要的投资报酬率。

资金成本率是企业用资费用与有效筹资额之间的比率,可分为个别资金成本率和综合资金成本率。

一般情况下,应该选择在企业经营状况比较好的形势下,在资金缺口出现时间节点之前进行融资。

进行筹资决策时,除应考虑资金成本、风险以及不同筹资方式的优缺点之外,还应考虑创业所处阶段、创业企业特征、宏观理财环境等问题来进行综合分析。

创业案例

饿了么融资记

饿了么于2009年4月由张旭豪、康嘉等人在上海创立,隶属于上海拉扎斯信息科技有限公司,公司从上海交通大学起步,赢得了诸多大学生用户的认可。作为O2O平台,饿了么的自身定位是连接"跟吃有关的一切"。2010年,为了解决模式"极重"的问题,饿了么上线了餐厅客户端Napos系统,让餐厅可以通过这套系统自行接单、修改菜单、设置某个菜品售罄等。依靠此系统,饿了么站稳了脚跟,在与上海本土的其他外卖网站的竞争中取得显著优势。

从2009年开始创业,一直到2011年,饿了么才接受第一笔天使轮投资,而在拿到这笔投资后,饿了么开始不断拓展,逐步覆盖大城市,进入校园市场,甚至把业务一路扩展到天津、苏州、哈尔滨、福州、长春等十余个城市。饿了么的融资历程如表3-8所示。

表 3-8 饿了么融资表

时间	投资方	金额
2011 年 3 月	金沙江创投	100 万美元
2013 年 1 月	经纬中国、金沙江创投	600 万美元
2013 年 11 月	红杉资本中国、经纬中国、金沙江创投	2 500 万美元
2014 年 5 月	大众点评	8 000 万美元
2015 年 1 月	红杉资本中国、大众点评、中信产业基金、腾讯、京东	3.5 亿美元
2015 年 8 月	红杉资本中国、华联股份、中信产业基金、腾讯、京东	6.3 亿美元
2015 年 11 月	滴滴出行，战略投资	未透露
2016 年 4 月	阿里巴巴、蚂蚁金服	12.5 亿美元
2017 年 6 月	阿里巴巴领投，战略投资	10 亿美元
2018 年 4 月	阿里巴巴、蚂蚁金服，并购	95 亿美元

饿了么作为一个大学生创业企业，截至 2018 年被收购前的 9 年时间内，累计拿到了几十亿美元的融资，同时，饿了么每一次融资都伴随着企业的一次爆发或者成长。

2013 年，饿了么一共获得两轮千万美元的融资，因为在这一年，美团外卖上线，阿里巴巴旗下的淘点点上线。美团方面认为饿了么的短板是管理，如果快速扩张，很有可能管理失控。因此美团外卖启动"抢滩"行动，开始发力，目标是全年开拓 200 多个城市，冲击日订单 40 万单。

2014 年，美团外卖做到了平均每 1.5 天就开拓一个城市。为了应对美团外卖的冲击，2014 年上半年，饿了么敲定大众点评的 D 轮 8 000 万美元融资。饿了么扩张城市力度加大，美团方面推出新的应对方案：补贴。从此时开始，美团外卖和饿了么的补贴大战正式打响，此后百度外卖也跟进，外卖行业逐渐形成"饿了么-美团外卖-百度外卖"三足鼎立的格局。补贴刺激下，饿了么的订单从10万单飙升到100万单。

在美团巨大的压力之下，饿了么遇到了发展史上命悬一线的时刻，2015年1月，饿了么的账上资金仅能再支撑1~2个星期，而美团外卖刚刚获得D轮7亿美元的融资。最终，饿了么获得中信产业基金、腾讯、京东、红杉资本中国、大众点评3.5亿美元E轮投资。在美团的压力下，张旭豪决定要正式打入白领市场，在拿到新一轮融资的情况下，饿了么在分众传媒投放近亿元广告，投放之前，日交易额为700多万元，6周后，日交易额达到3 500万元。

从2011年3月的A轮融资，一直到2017年的H轮融资，饿了么前后融资金额高达33.42亿美元，而参与饿了么融资的投资人都是资本市场各大领袖：金沙江创投、经纬中国、红杉资本中国、大众点评、腾讯、京东、中信产业基金、阿里巴巴和蚂蚁金服等。

2018年10月12日，饿了么与口碑合并，成立阿里本地生活服务公司，主要经营生活服务业务。阿里巴巴集团合伙人王磊担任公司总裁，向阿里巴巴集团CEO张勇汇报，并兼任饿了么CEO。

2018年11月，首次全面参与天猫双十一的口碑、饿了么实现了同比超100%的增长；一个月后，口碑和饿了么首次携手发起1212吃喝玩乐节，全天口碑App手机点单的笔数相较于天猫双十一当日再增长34%。其中，上海、北京、杭州成为双十二全国手机点单热度最高的3个城市。

截至2018年12月31日的3个月内，阿里本地生活服务公司每日按需订单与GMV（网站成交金额）持续快速增长，并且实现超30亿美元的独立融资，投资方为阿里巴巴、软银及其他第三方投资者。

从饿了么不同阶段的投资方可以发现，有大众点评、京东、腾讯、阿里巴巴等，我们不难看出，饿了么在融资的过程中并不是一味地追求资本，更加看重的是资本背后的资源。大众点评的背后是成千上万的线下商铺，是这么多年线下美食业的积累，而京东的物流配送体系经验和腾讯与阿里巴巴的流量，无疑都是比资本本身更加重要的资源投资。

资料来源：搜狐财经. 饿了么的融资历史 覆盖全国 2 000 个城市. 织梦财经，2018-08-04；张文政. 饿了么、口碑实现超 30 亿美元融资，订单与 GMV 持续增长. 天下网商网，2019-01-31.

请思考：

饿了么是如何选择风险投资方的？对你有何启发？

扩展阅读

| 帮助创业者估算 | 洛杉矶奥运会： | 京东东家股权 |
| 创业启动资金的途径 | 奥运会的分水岭 | 众筹融资模式 |

学习资源

（1）王艳茹. 创业资源. 北京：清华大学出版社，2014.

（2）王艳茹，等. 创业财务. 北京：清华大学出版社，2017.

（3）王艳茹主讲中国大学慕课创业财务，网址为：https://www.icourse163.org/course/UCASS-1207537802.

（4）王艳茹. 初创企业财税. 大连：东北财经大学出版社，2019.

（5）曹流浪. 悦原创｜供应链金融在中小企业融资中的实际应用. 悦融易曹流浪，2019-08-01.

（6）王艳茹. 创新创业教程. 北京：中国铁道出版社，2020.

第三章 思维导图

Chapter Four 第四章
熟悉评价指标，投资恰当项目

名人名言

如果说价值投资的出发点是发现价值的话，其落脚点应该是创造价值。

——高瓴资本创始人张磊

投资就是通过透彻的分析，保障本金安全并获得令人满意的回报率。

——本杰明·格雷厄姆、戴维·多德

我们正进入一个跨界的社会，但不能没有边界……要有所为，有所不为。

——任正非

故事思考

顺丰嘿客投资的思考

2014年5月18日上午9:58，全国518家嘿客店同时开业的盛事占据了当天所有互联网行业的头条，顺丰携着与"黑客"同名的"嘿客"，就这样入侵了电商界。但从实际的效果来看，顺丰的线下商铺模式并未能有效地转化店面周边的有效消费需求。究其原因，主要有以下三点：

第一，嘿客店提倡的模式是O2O，但是从其覆盖的客户人群来看，未必能吸引或者培育出适合O2O的细分客户群体。在电子商务和线上直接消费占比越来越高的今天，以线下门店展示商品图片，再附加线下物流匹配的模式，并不能很好地提高购物和消费的效率，反而显得累赘，特别是在目前从电脑端购物向手机端购物转移的趋势下。

第二，盈利模式还存在讨论空间。嘿客店的运营成本始终是一项刚性支出，包括店铺租金、员工费用、装修费用和一定的营销成本，一年单家店铺在50万元左右，但是从盈利模式来看，顺丰的嘿客店主要是通过收取上架的商家产品的手续费，以及部分的广告费用盈利，并无其他稳定的盈利点。而在对于顺丰嘿客店的实际销售效果存疑的情况下，手续费和广告收入是需要一个长期的积累过程的。

第三，竞争优势不明显。与电商平台相比，嘿客店的产品和服务并不具有优势，一是价格上，二是商品数量上，对于社区或者商圈的客户而言，对特定的商品需求是有一定的规律的，在不能保证具有价格优势的前提下，客户在电商平台上进行消费的概率仍然会较高，性价比也比较高。

也就是说，在运营模式有待讨论，盈利空间较小，与同类平台相比无优势的情况下，顺丰嘿客店更多的是一种新奇的玩意，缺乏主动吸引客户进入门店的方式和手段，而只有新闻的曝光和有限的前期营销，很难持续地转化居民等消费群体的观念。

因此，在顺丰创始人王卫看来，2014年是顺丰成立20多年以来创新变革最多的一年，虽然创新很多，但差不多有一半是不成功的。

资料来源：陈凯歌.顺丰的嘿客模式为什么会失败？网易财经，2014-08-20.

> 请思考：
> 1. 针对顺丰嘿客投资的失败，你觉得企业在选择创业项目时应该考虑哪些问题？
> 2. 对于创业企业来说，应该如何对创业项目进行评价？

第一节 创业企业投资的内容

超过60%的新产品甚至还未上市就宣告流产，在能够顺利诞生的40%中，还有40%会因盈利能力不佳而被撤出市场，由此，投入新产品研发的资金中，有3/4会因产品失败而血本无归。[①] 但失败并不是随机事件，而是可以预测的，也是可以规避的，这需要创业者把握投资的标准，了解创业投资的原则，明晰创业投资的技巧。

一、创业企业投资的内涵和分类

筹集资金的目的是使用，要将资金投放到能够给创业企业带来盈利的项目上，需要对筹集的资金进行合理配置和投放。

（一）创业企业投资的内涵

合理的资金投放是创业企业发展生产的必要手段，是降低经营风险的主要方法，创业企业能否把筹集到的资金投放到报酬高、回收快、风险小的项目上去，对企业的生存发展非常重要，直接决定创业企业财务管理目标能否实现。

创业企业投资是为了在未来可预见的时期获得收益或资金增值，在一定时期内向一定领域投放足够数额的资金或实物的货币等价物的经济行为。

---

① 克莱顿·克里斯坦森，迈克尔·雷纳. 创新者的解答. 北京：中信出版社，2013.

未来获得的收益应该能够补偿投资资金的时间价值、预期的通货膨胀和由于未来收益不确定性所要求的风险价值。

(二) 创业企业投资的分类

1. 按照投资回收时间的分类

按照投资回收的时间，创业企业投资可分为短期投资和长期投资。短期投资又称流动资产投资，是在一年内能收回的投资。长期投资则是指一年以上才能收回的投资。由于长期投资中固定资产所占的比重最大，因此长期投资有时专指固定资产投资。

本章主要讨论长期投资的管理。

2. 按照投资与生产经营关系的分类

按投资与企业生产经营的关系，创业企业投资可分为直接投资和间接投资。直接投资是指投资者将货币资金直接投入投资项目，形成实物资产，或者购买现有企业的投资。通过直接投资，投资者便可以拥有全部或一定数量的企业资产及经营的所有权，直接进行或参与投资的经营管理。在非金融企业中，直接投资所占比例很大。间接投资是指把资金投入证券等金融资产，以取得利息、股利或资本利得收入的投资。有条件的创业企业还可以通过并购其他创业团队或创业项目的方式，加速进入新的市场或赛道，这也属于对外投资的方式。

本章主要讨论创业企业的直接投资。

3. 按照投资方向的分类

根据投资方向，创业企业投资可分为对内投资和对外投资两类。对内投资是指把资金投向公司内部，购置各种生产经营用资产的投资。对外投资是指公司以现金、实物、无形资产等方式或者以购买股票、债券等有价证券方式向其他单位的投资。

本章主要讲解对内投资的内容。

4. 按照投资在生产经营中作用的分类

根据投资在生产经营过程中的作用，创业企业投资可分为初创投资和后续投资。初创投资是在建立新企业时所进行的各种投资。后续投资则是指为巩固和发展企业生产所进行的各种投资。

本章只考虑初创投资的内容。

5. 按照投资项目之间关系的分类

按照投资项目之间的关系，可把创业企业投资分为独立投资和互斥投资。独立投资是指决定是否投资于某一独立项目的决策。在两个或两个以上的项目中，只能选择其中之一的决策称作互斥投资。

采纳与否和互斥投资的决策原理相同，都是对项目的判断与取舍，本章会一同讲解。

创业企业在初创期对内的直接的长期投资主要是项目投资，因此，本章其他知识的讲解均以项目投资为基础展开。

二、创业企业投资的原则和技巧

创业企业最好在团队成员熟悉的领域寻找投资机会，进行详尽的市场预测，形成精益创业的思路，并通过集中投资的策略，在高度重视项目期权的前提下，进行科学的投资决策。

(一) 在熟悉的领域寻找机会

在某个产业或领域工作，个体更容易识别出未被满足的利基市场，这个现象称作走廊原理。某个人一旦投身于熟悉的产业创业，将比那些从产业外观察的人，更容易看到产业内的新机会。创业者或团队成员的能力、人脉、经验等都在自己熟悉的领域中，而这些非常有助于创业成功。尤其是先前的经验，对于创业者识别机会、把握机会、理性投资有很大帮助。

阿里研究院所著的《蓝血16杰：BAT帮创业的故事》通过对来自百度、阿里巴巴、腾讯的16位创业者的创业故事的描述，对走廊原理做了有力注解，对创业企业的项目选择有一定启发。

（二）做好详尽的市场预测

市场预测是运用科学方法，对影响市场供求变化的诸因素进行调查研究，分析和预见其发展趋势，掌握市场供求变化规律，为经营决策提供可靠依据的方法。为提高投资决策的科学性，减少盲目投资带来的损失，创业企业需要通过预测把握投资项目目前的市场状况和未来市场变化的有关动态，减少不确定性，使创业目标得以顺利实现。

（三）形成精益创业的思路

精益创业的指导思想是以客户为中心，尊重客户价值，防止服务不足与服务过度，杜绝无价值的经济活动，并致力于持续改进、追求卓越、尽善尽美，不断优化投入产出。

精益创业是一种消除浪费、提高速度与提升效率的方法，它可以运用到各行各业任何规模的公司，甚至是庞大的企业中。小米和腾讯均采用了精益创业的思路，通过产品的快速迭代不断满足用户需求。

精益创业的标准是有效价值，即客户的实际价值需求。客户价值是客户从某一特定产品/服务中获得的一系列利益，包括产品价值、服务价值、人员价值和形象价值等，不仅体现在产品或服务上，还体现在品牌、渠道等多方面。由于客户一定会选择那些在他们心中让渡价值最高的产品/服务，因此，基于精益创业的思想，创业企业一定要以产品寿命周期成本的概念为基础，向客户让渡最大的价值——让客户付出的体力、金钱、精力更少，而得到的产品、服务与情感享受更多，从客户实际需求出发，满足客户需求。

（四）采用集中投资的策略

从理论上说，创业企业适宜采取集中化投资的战略，通过内部投资获得发展，以开辟自己的根据地市场，争取获得一种优势地位。通过实施集中战略，创业企业或主攻某个特定的顾客群、某产品系列的一个细分市场或某一地区市场，或重点投资于特定目标，以更高的效率为某一狭窄的战略对象服务，最大限度发挥企业的能力，发挥学习曲线效益，使企业获得稳定发展。创业企业一般都是通过聚焦于开发创业者或团队发现的创业机会，以独特的产品独领风骚，占领市场谋求发展的。

（五）高度重视项目期权

如第二章所说，当创业企业决定投资某一个项目时，其便拥有了未来扩张的权利、放弃的权利以及时机的选择权利等。按照期权的特性，投资项目的不确定性越强，期权的价值越大。创业投资恰是投资中最难以估量的活动之一，其不确定性最强，因此也最具期权价值。

前面已对期权做过阐述，此处不再赘述。期权重要性的案例可参考王艳茹等主编的《创业财务》中"万燕早飞和苹果成熟"案例的分析。

（六）做好资产购置决策

对于企业生产经营所需固定资产可以采用购置或租入的方式解决，不同方式下的资金支出、相应的成本费用不同，给企业带来的经济利益也会不同。购入固定资产会在购买时消耗企业大量资金，形成一种资本性支出，并在日后通过折旧的方式计入成本费用，固定资产退出使用时企业拥有其所有权。租入固定资产，租金一般分期支付，不需要一次性支付大量资金就可获得固定资产的使用权；经营租赁的固定资产，应付租赁费不用显示在企业资产负债表的负债栏内，可以增强企业的负债能力，还可以使企业避免固定资产技术过时的风险。在出租方和承租方之间的所得税税率差异较大时，如果出租方的税率高，由于其在折旧上可以多避税，还可以给承租方较优惠的租金。但是，租赁的固定资产所有权不属于承租方，承租方没有处置权，也无法享有资产升值带来的好处。由于固定资产的价值一般较高，创业企业要根据企业资金的充裕状况，以及企业提供产品或服务的特性来决定固定资产的购置或租赁事宜。企业提供的产品或服务越特殊，采用购置的方式可能越便利；固定资产的价值越低，企业采用购置方式的可能就越大。高科技企业需要的高精尖设备一般价格较高，可以采用融资租赁的方式以小博大，先行取得设备，尽快占领市场。

对于技术性创业者而言，初始的无形资产可能来自创业者的投入，但是随着企业的发展，要持续保持在创业领域的领先地位，可能需要在无形资产上大量投入，这就涉及无形资产的研发或租入问题。企业自己投入资金开展无形资产研发，有利于保守企业机密、保持企业的核心竞争力。但是自主研发的周期长，失败率较高，完全依靠自主研发对很多企业来说有一定困难，在创业初期没有大量资金流入的情况下，不断投入大笔研发资金，对于大多数创业企业来说都是一个挑战。此时，创业企业除了吸引其他无形资产的持有者对企业进行投资之外，还可以通过购买无形资产尤其是专利权的方式，实现企业在某个领域的领先地位，或者通过和第三方联盟的方式实现技术领先。无论采用何种方式，都需要创业企业对不同方式的利弊进行分析，根据自己的实力进行决策。

三、创业企业项目选择的依据

做出正确的投资决策，需要创业企业了解投资项目的选择条件，能够对不同项目的经济可行性、运作可能性以及获利持续性等做出初步判断，以便开展进一步评价。

（一）项目的经济可行性

如前所述，好的想法未必是好的商业机会，接近80%的新产品都可能会失败。所以，创业企业在进行投资前要认真评价创业机会的可行性。可以从行业和市场、资源条件、宏观环境、"机会窗"大小、个人目标和能力、团队管理、竞争等方面，详细分析项目是否符合市场导向原则、效益原则、量力而行的原则、坚持创新的原则，是否符合国家产业政策，能否充分利用当地资源优势和创业企业自身的优势。

只有那些具备一定可行性，符合创业投资原则的项目，才有可能存在真实的需求，具有相当的竞争力，从而实现创业目标。

(二) 项目的运作可能性

具备可行性的项目可能很多，但不一定都具有运作的可能性。如果项目的市场不够大，则不足以支撑投资所需的全部支出；如果创业企业不具备实施项目的资源和技能，则无法将其付诸实施；如果创业项目不符合法律必备的条件，那么，再好的项目也不具有运作的可能性。所以，创业企业在进行投资之前，需要对项目运作的可能性进行细致分析，确保项目能够实施。

有运作可能性的项目一定是有价值的创意，且相对于创业企业来说具有相当的比较优势。而要让有价值的创意真正为企业带来长远的价值，还需要创业企业具备运行项目的能力，并且能够筹集到运作项目所需要的资源。这就需要创业企业至少从经验、社会网络等方面展开评价。

(三) 项目的获利持续性

可行且可能运作的项目很多，但创业者不一定都会选择，因为不同项目具有不同的市场和生命力。有的项目具有较大现实和潜在的市场需求，未来发展的空间很大，比如自电视机发明以来，经过多少次的更新换代，依然是人们生活中的必需品之一，有着广阔的市场空间；有的项目可能只是其他产品/服务之间的过渡品，生命力很弱，可能就是昙花一现，比如传呼机的出现和消亡，就是昙花一现产品的经典案例。所以，投资之前，创业企业还要就项目对应的市场需求大小，以及需求的持续性等进行判断。

按照斯坦福大学教授谢德荪的研究，源创新相比流创新更能够给创业者带来持续的盈利。[①] 不过，源创新在新的商业模式建立初期可能会面临较长时间的市场培养期，需要创业企业有很强的整合和利用资源的能力，能够使企业维持从生存到市场广泛认可的时间。而流创新面对的

---

① 谢德荪. 源创新：转型期的中国企业创新之道. 北京：五洲传播出版社，2012.

基本上是现有市场的细分市场，较容易得到消费者的认同，取得经营活动的现金流量。创业企业在投资之前如果能够分析出其创意属于源创新还是流创新，就能够较清晰地分析出项目盈利的持续性。

本章开篇提到的顺丰嘿客的创业案例就是因项目的运营模式、盈利模式不清晰以及竞争优势不明显而不满足经济可行性、运作可能性，从而不具备获利持续性导致的创业失败的故事。

第二节　投资项目的现金流估算

一、现金流量概述

（一）现金流量的概念

现金流量是进行项目评价的基础指标之一，创业的目的之一是获取一定的效益，包括经济效益和社会效益。要获得效益就要求创业企业首先能够生存下来，生存的前提之一就是能够及时偿债，有足够的现金流量来支撑企业的正常运转。因此，需要在创业之前对拟投资活动的现金流量进行评估。

项目投资的现金流量是拟建项目在整个项目计算期内各个时点上实际发生的现金流入、流出以及流入与流出的差额（又称净现金流量）。现金流量一般以计息周期（年、季、月等）为时间单位，用现金流量图或现金流量表来表示。

（二）现金流量的分类

1. 按照现金流动方向的分类

按照现金流动的方向，可以将投资活动的现金流量分为现金流入量、现金流出量和净现金流量。一个方案的现金流入量是指该方案引起的企业现金收入的增加额；现金流出量是指该方案引起的企业现金收入的减少额；净现金流量（net cash flow，NCF）是指一定时间内现金流入量与现金流出量的差额。现金流入量大于现金流出量，净现金流量为正值；反之，净现金流量为负值。

2. 按照现金流量发生时间的分类

按照现金流量的发生时间，投资活动的现金流量又可以分为初始现金流量、经营现金流量和终结现金流量。因为使用这种分类方法计算现金流量比较方便，所以下面将以这种分类为基础详细分析项目现金流量的计算。

二、现金流量计算

（一）初始现金流量及其估计

初始现金流量是项目开始投资时发生的现金流量，一般包括如下几个部分：固定资产的投资，包括固定资产的购入或建造成本、运输成本和安装成本等；流动资产的投资，包括对材料、在产品、产成品和现金等流动资产的投资；其他投资费用，指与长期投资有关的职工培训费、谈判费、注册费用等。

（二）经营现金流量及其估计

经营现金流量又称营业现金流量，是项目投入使用后，在其寿命周期内生产经营所带来的现金流入和流出的数量。这种现金流量一般以年为单位进行计算。现金流入一般是指营业现金收入，现金流出是指营业现金支出和缴纳的税金。如果一个投资项目的年销售收入等于营业现金收入，付现成本（指不包括折旧等非付现的成本）等于营业现金支出，那么，年营业净现金流量（NCF）可用下列公式计算：

$$年营业净现金流量（NCF）＝营业收入－付现成本－所得税$$
$$＝净利润＋折旧摊销$$

或

$$\text{年营业净现金流量}(NCF) = \left(\text{营业收入} - \text{付现成本}\right) \times \left(1 - \text{所得税税率}\right) + \text{折旧摊销} \times \text{所得税税率}$$

由此可见，正确估计经营现金流量需要创业企业能够合理预测创业活动带来的营业收入及付现成本。

预测创业活动能够带来的营业收入采用的主要方法是市场调查法，见第五章第二节资金流入管理部分的讲解。现金流入量确定之后，需结合第三章计算营运资金时分析的各种支出情况，来计算现金流出量，进而计算创业活动在不同期间可能产生的净现金流量。比如，对于一般的服务企业来说，可能的现金支出包括营业成本、付现的营业费用（管理费用、销售费用）和财务费用。营业成本因行业而有所不同，像维修行业的材料费、直接人工费；会计公司的软件摊销费、电脑折旧费；培训公司的场地租金、讲师课酬等；而开一家网店的资金支出一般包括电脑、电话、相机、三脚架、快递费、邮寄费、进货费用、包装费、网络费用和电费、话费、网店装修费（模版＋保证金、美工）、电脑维护费、客服薪酬、储存费用、推广费用，以及其他的支出，如摄影棚租赁费、交通费、背景纸、题材物品等。

（三）终结现金流量及其估计

终结现金流量是投资项目完结时所发生的现金流量，主要包括：固定资产的残值收入或变价收入、原有垫支在各种流动资产上的资金（项目开始时投资在原材料、应收账款和存货等方面的资金，减去项目投产带来的应付账款增加金额后的差额）的收回、停止使用的土地的变价收入等。

（四）现金流量的表示方法

一般用净现金流量来表示项目的现金流量，净现金流量等于一定期间的现金流入量减去现金流出量。如果差额为正则为现金净流入量，用正数表示；如果差额为负则为现金净流出量，用负数表示。正常情况下，初始净现金流量为负数，经营现金流量和终结现金流量为正数。

例 4-1

启航面试体验有限责任公司创业计划书中的部分内容如下:初始的固定资产投资为20万元,开业前一次性投入,开办费用为1.1万元;开业后5年内的营业收入和成本费用的预测如表4-1所示,企业的所得税税率为25%。固定资产没有残值,采用直线法折旧,折旧年限为5年。

表 4-1 前 5 年的营业收入和成本费用的预测　　单位:万元

项目	第 1 年	第 2 年	第 3 年	第 4 年	第 5 年
营业收入	26	48	67	98	136
营业费用	28	29	31	47	54

要求:计算该创业项目的现金流量。

首先,计算年折旧额。

年折旧额=20÷5=4(万元)

其次,计算每年的付现成本。

付现成本=营业费用-折旧,于是,各年的付现成本分别为:24万元、25万元、27万元、43万元、50万元。

最后,每年的营业现金流量计算如下:

$$NCF_1=(26-24)\times(1-25\%)+4\times25\%$$
$$=1.5+1=2.5(万元)$$
$$NCF_2=(48-25)\times(1-25\%)+4\times25\%$$
$$=17.25+1=18.25(万元)$$
$$NCF_3=(67-27)\times(1-25\%)+4\times25\%$$
$$=30+1=31(万元)$$
$$NCF_4=(98-43)\times(1-25\%)+4\times25\%$$
$$=41.25+1=42.25(万元)$$

$$NCF_5 = (136-50) \times (1-25\%) + 4 \times 25\%$$
$$= 64.5 + 1 = 65.5(万元)$$

初始现金流量 $NCF_0 = -20 - 1.1 = -21.1(万元)$

终结现金流量 $NCF_n = 0$

三、估计现金流量时应该注意的问题

在对投资项目的现金流量进行估计时还要关注以下三点。

(一) 只有增量现金流量才是与创业项目相关的现金流量

增量现金流量是项目投产后能够给企业带来的现金流量的增加量或减少量。任何现金流量，如果不管项目是否接受都存在，它就是不相关现金流量，否则就是相关现金流量。相关现金流量是对企业经营管理有影响或在经营管理决策分析时必须加以考虑的各种形式的现金流量。例如，创业者上年曾打算开发某产品，为此支付了 5 000 元的咨询费，但由于种种原因，最后放弃了创业的打算。现在旧事重提，还想继续创业，将该项目开发完成。则在进行投资分析时，上年这笔 5 000 元的费用就是不相关现金流量。由此可见，在决策过程中的每一阶段，只有未来的成本和收入相对应的现金流量才是与决策相关的。

(二) 现金流量不同于利润

如果以利润为基础来预测现金流量，需要在利润的基础上加上一些非付现的支出，如固定资产的折旧费用、无形资产的摊销费用，以及其他需要摊销的各种支出等。

(三) 考虑项目投产前的时间

在预测创业活动的现金流量时，创业者一定要充分估计创业筹办期，以及项目的建设期或研发周期。因为在创业筹办期和建设期或研发周期内，创业活动一般不产生现金流入，但是要发生很多现金流出，如果对此期间的估计不足，会错误估计创业者对创业所需的资金，导致现金断流的现象出现；会缩短创业项目的回收期，使得原本不会盈利或不可能持续的项目有较大吸引力，导致决策失误。另外，在进行现金流量预测时一定要分清现金发生的时点，充分考虑货币时间价值，而不能把不同时点的现金流量直接比较。

第三节 投资项目的评估及决策

在对创业项目进行初步选择的基础上，还需要结合相应的投资决策评价指标进行评价，做出项目的取舍决策。

一、投资项目折现率的确定

由于货币时间价值的存在，不同时点等量的现金流量价值不相等，无法直接进行比较，因此，还需要创业企业根据投资项目的风险大小、创业时预期的报酬率高低等，分析确定一个适合该创业活动的折现率，对前述估计的净现金流量进行折现，将不同时期的净现金流量折算到决策时点，以便进行决策。

一般来说，折现率的确定主要取决于以下方面：投资目标和预期，以及对创业活动风险的评估。

（一）创业投资的机会成本

创业企业在进行创业活动前都有创业的目标，盈利是其中重要的目标之一。鉴于资源的有限性和排他性，当创业资金投资于某个创业项目时便无法同时用于其他方面，因此，对于创业资金的使用就要求取得投资于其他项目的基本回报，这种因投资于某个项目而放弃投资于其他项目时可能产生的最高回报就称为机会成本。比如，如果创业者不将资金投入创业活动，就可以将这笔资金存入银行，或者将其用于购买某个保险公司发行的可以确保其收益的保险理财产品，这是因为保险理财产品的收益率高于银行存款利率，因此，保险理财产品的收益率应该是投资于创业活动的资金的机会成本；另外，创业者将精力用于创业活动就无法同时从事其他工作，比如某跨国公司的日常工作，则其由此失去的工资收入也应该是创业活动的机会成本。只有当创业活动的未来收益高于以上二者时，才可能会做出开始创业活动的决策。

（二）创业活动的风险

作为理性经济人，创业者在开展创业活动，确定创业投资的可行性，对创业项目进行评估时，也一定会将创业活动的风险考虑在内。在正常的资本市场环境下，风险越大，收益应该越高。当创业活动存在风险时，由于风险厌恶情绪的普遍存在，创业者会对该投资活动要求一定的风险报酬，项目的风险越高，创业者要求的风险报酬就会越高。创业项目的折现率即是创业者对创业项目要求的最低报酬率，包括前面提到的机会成本，以及因冒风险而要求的风险报酬。

需要说明的是，创业活动风险的高低与创业者对风险的判断和偏好有关，不同的创业者对创业活动风险的评估不同，要求的风险报酬可能存在较大差异。

二、项目决策的评价指标

创业者在对创业项目进行评估时，首先要熟悉传统的投资评价指标，从投资效益的角度进行考量，同时还要结合创业活动自身的特性，充分考虑创业活动附带的未来选择权的价值。

投资决策评价指标

传统的投资评价指标有净现值、现值指数、内含报酬率、投资回收期等。

（一）净现值

投资项目投入使用后的净现金流量，按创业企业期望得到的报酬率折算为现值，减去初始投资现值后的余额，称作净现值（net present value，NPV）。其计算公式为：

$$NPV = \sum_{t=m+1}^{m+n} \frac{CF_t}{(1+i)^t} - \sum_{t=1}^{m} \frac{CF_t}{(1+i)^t}$$

式中，CF_t 是每年的净现金流量；i 是创业者要求的报酬率；n 是营业现金流量发生的时间；m 是项目从筹建开始到产生营业现金流量的时期；NPV 表示项目的净现值。投资项目投入使用后的净现金流量的现值之和称作总现值，因此，净现值等于总现值减去初始投资的现值。

净现值法所依据的基本原理是：假设原始投资是按资本成本借入的，当净现值为正数时偿还本息后该项目仍有剩余的收益，当净现值为零时偿还本息后一无所获，当净现值为负数时该项目收益不足以偿还本息。

净现值反映了投资项目在考虑货币时间价值后，能够给企业带来的经济利益总流入。按照净现值法的评价标准，在只有一个备选方案的采纳与否决策中，净现值为正者则采纳，净现值为负者则不采纳。在有多个备选方案的互斥项目决策中，应选择净现值为正值中的最大者。当寿命相同、投资规模不同的项目带来的净现值存在较大差异时，按照净现值的经济意义，依然应该选择净现值最大的项目。如对于两个寿命相同、投资额不同的项目 A 和 B，A 项目需要投资 100 万元，净现值为 20 万元，B 项目需要投资 10 万元，净现值为 3 万元，创业者应该选择哪个项目？因为净现值在计算时已经考虑货币时间价值，即资金自身的成本，因此，只要能够筹集到 100 万元，创业者就应该投资 A 项目，多获取 17 万元的价值。

例 4-2

依例 4-1，参考同行业的平均投资报酬率，公司要求的折现率为 15%。

要求：计算创业项目的净现值，做出是否投资的决策。

将例 4-1 中计算的现金流量，按照 15% 的折现率进行折现，计算出的净现值如下：

$$NPV = 2.5 \times (1+15\%)^{-1} + 18.25 \times (1+15\%)^{-2}$$
$$+ 31 \times (1+15\%)^{-3} + 42.25 \times (1+15\%)^{-4}$$
$$+ 65.5 \times (1+15\%)^{-5} - 21.1$$
$$= 93.08 - 21.1 = 71.98(万元)$$

因为净现值大于 0，所以该投资项目可行。

(二) 现值指数

现值指数（profitability index，PI）是投资项目未来报酬的总现值与初始投资额的现值之比。其计算公式为：

$$PI = \sum_{t=m+1}^{m+n} \frac{CF_t}{(1+i)^t} \div \sum_{t=1}^{m} \frac{CF_t}{(1+i)^t}$$

公式中各个符号的含义同净现值的计算公式。现值指数反映每 1 元初始投资给企业带来的考虑货币时间价值后的净收益，消除了投资额差异对项目评价的影响。按照现值指数法的评价标准，单一项目时应取现值指数大于 1 者；多个项目选优时应取现值指数最大者。

现值指数是相对数，反映投资的效率；净现值是绝对数，反映投资的效益，两者各有自己的用途。一般情况下，PI 法与 NPV 法的评价结论相同。若 NPV 大于 0，则 PI 大于 1。但 NPV 法侧重互斥项目比较，PI 法侧重独立项目比较。

例 4-3

依例 4-1 和例 4-2，计算创业项目的现值指数，做出是否投资的决策。

由例 4-2 可知，投资项目的总现值为 93.08 万元，于是，现值指数为：

> $PI = 93.08 \div 21.1 = 4.41$
>
> 由于投资项目的现值指数为 4.41，说明每 1 元初始投资可以带来 4.41 元的净收益，项目可行。

(三) 内含报酬率

内含报酬率（internal rate of return，IRR）是指能够使未来现金流入现值等于未来现金流出现值的贴现率，或者说是使投资方案净现值为零的贴现率。其计算公式如下：

$$\sum_{t=m+1}^{m+n} \frac{CF_t}{(1+IRR)^t} = \sum_{t=1}^{m} \frac{CF_t}{(1+IRR)^t}$$

公式中各个符号的含义同净现值的计算公式。根据公式计算出的内含报酬率就是投资项目本身的报酬率，是投资项目的真实报酬。因此，内含报酬率法是根据方案本身的内含报酬率评价方案优劣的一种方法。内含报酬率大于创业者要求的报酬率则方案可行，且内含报酬率越高，方案越优。

内含报酬率的计算通常需要采用逐次测试法。首先估计一个折现率，用它来计算项目的净现值，如果项目的净现值为正数，说明项目本身的报酬率超过折现率，应提高折现率继续测试；如果项目的净现值为负数，说明项目本身的报酬率低于折现率，应降低折现率继续测试。经过多次测试，找出使净现值接近零的报酬率，即为项目本身的内含报酬率。当项目本身的内含报酬率高于创业者要求的必要报酬率时项目可行；对于互斥项目，正常情况下应选择内含报酬率高的项目。

随着计算机技术的广泛应用，目前越来越多的企业使用该指标对投资项目进行评价。创业者如果会用 Excel 来计算内含报酬率，将大大减少计算的工作量，降低该指标的使用难度。如果创业者估计的项目现金流量是年金形式，可以在 Excel 中选择 RATE 函数，输入函数中要求的相应数值，即可计算出需要的内含报酬率指标。下面以 Excel 2013 为例说明其具体做法：在任何一个 Excel 文件中的空白单元格中输入"="，选择工具栏的"公式"中的"财务"，点击下面的三角符号，选择"RATE"，在弹出的窗口中输入相应数值，其中 NPER 是年金电子数据表的期数或最后一笔现金流量的日期；PMT 是年金电子数据表的现金流量；PV 是项目的初始投资金额；FV 是终值，计算 IRR 时为 0；TYPE 不需要输入，按回车键即可得到要计算的 IRR。

如果创业者预计项目产生的每年的现金流量不相等，则可以使用 IRR 函数。首先，创业者要将预测的现金流量按照时间顺序输入 Excel 中相邻的单元格中，然后在任一空白单元格中输入"="，在工具栏的"公式"中选择"财务"，单击"IRR"，会弹出一个对话框。对话框中包含两部分信息，一部分是 Values，这是必需的资料，采用数组或单元格引用的方式，创业者直接点击右侧的选择按钮，对表格中用于计算 IRR 的相关现金流量数据进行选择即可，Values 必须包含至少一个正值和一个负值，以计算返回的内含报酬率；另一部分是 Guess，可以选择输入，用于对函数 IRR 的计算结果进行估计，也可以忽略后直接按回车键，即得到 IRR 的计算值。

净现值法和内含报酬率法多数情况下也会得出一致的结论，当净现值大于 1 时，项目的内含报酬率会高于资本成本，相反就会低于资本成本，但是，如果项目的投资规模不同，现金流量的分布不同，或者项目有不规则的现金流量（现金流量的正负号变化超过一次），两种方法的评价结果也会出现矛盾。尤其是当项目现金流量的正负号变化超过一次时（由于创业项目的高风险，其现金流量正负号变化一次的情况要比在位企业高得多），会出现几个不同的内含报酬率，使创业者无所适从。因此，二者相比，还是净现值法的适用范围更广。

⚛ 例 4-4

依例 4-1，计算投资项目的内含报酬率。

运用 Excel 表，按照要求输入相应数据，计算可得 IRR 数值，界面如图 4-1 所示。

图 4-1　计算 IRR 数值界面

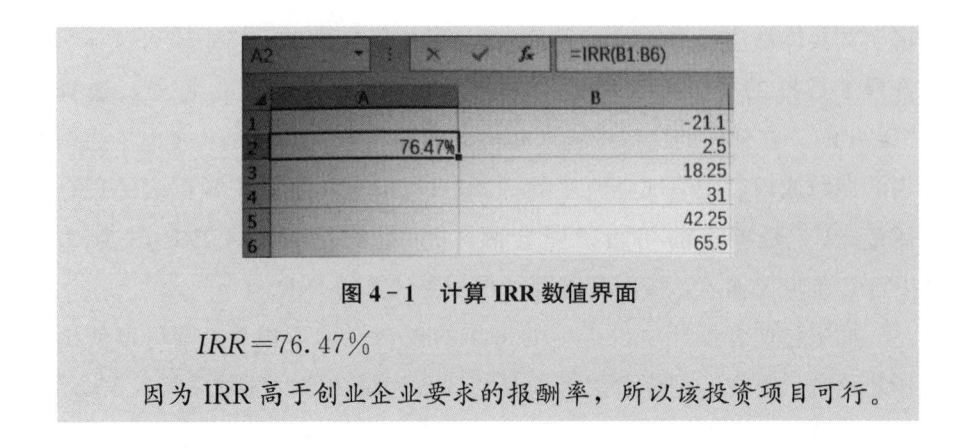

$IRR = 76.47\%$

因为 IRR 高于创业企业要求的报酬率,所以该投资项目可行。

(四) 投资回收期

投资回收期(payback period,PP)是指从项目的投建之日起,用项目所得的净收益偿还原始投资所需要的年限。投资回收期分为静态投资回收期与动态投资回收期两种。静态投资回收期是在不考虑货币时间价值的条件下,以项目的净收益回收其全部投资所需要的时间;动态投资回收期是把投资项目各年的净现金流量按创业者要求的报酬率折成现值之后,再来计算的投资回收期。投资回收期可以自项目建设开始年算起,也可以自项目投产年开始算起,但应予注明。求出的投资回收期可以与行业标准或行业平均的投资回收期进行比较,低于相应的标准,即认为项目可行。如某创业者估计项目的初始投资为 10 万元,经营现金流量为每年 2 万元,则该项目的静态投资回收期为 5 年;假设项目还需要半年的建设才能投入使用,则包括建设期在内的投资回收期为 5.5 年。假定行业平均的投资回收期比 5 年长,则该项目可行,否则项目不可行。

假定投资者要求的报酬率是 15%,则项目的动态回收期接近 10 年 ($100\ 000 = 20\ 000 \times (P/A, 15\%, n)$,求解可得)。

一般来说,回收期越短的项目风险越低,因为时间越长,很多情况越难以估计,风险越大。短期项目给创业者提供了较大的灵活性,快速回收的资金可以用于别的项目。因此,投资回收期法可以粗略地快速衡量项目的流动性和风险，被许多创业者采用。尤其是当创业者要做出很多投资金额较小、回收期比较短的项目的投资决策时。

但实际上，很多有战略意义的长期投资往往早期收益较低，而中后期收益较高。投资回收期法优先考虑急功近利的项目，可能导致放弃长期成功的项目，不利于创业企业的长远发展。创业者务必要在企业的短期获利和长期发展之间进行权衡。

例 4-5

依例 4-1 和例 4-2，计算投资项目的投资回收期。

通过表格计算静态和动态的投资回收期，如表 4-2 所示。

表 4-2 静态和动态的投资回收期的计算

项目	第 0 年	第 1 年	第 2 年	第 3 年	第 4 年	第 5 年
净现金流量	−21.1	2.5	18.25	31	42.25	65.5
累计净现金流量	−21.1	−18.6	−0.35	30.65	72.9	138.4
现值系数	1	0.870	0.756	0.658	0.572	0.497
折现现金流量	−21.1	2.175	13.797	20.398	24.167	32.554
累计折现现金流量	−21.1	−18.925	−5.128	15.27	39.437	71.991

由表 4-2 的计算可知，项目的静态和动态投资回收期分别为：

$$静态投资回收期 = 2 + \frac{|-0.35|}{31} = 2 + 0.01 = 2.01(年)$$

$$动态投资回收期 = 2 + \frac{|-5.128|}{20.398} = 2 + 0.25 = 2.25(年)$$

可见，静态投资回收期为 2.01 年，动态投资回收期为 2.25 年。

三、创业企业的投资决策

除采用本节确定的折现率，对上一节计算的项目现金流量进行折现，计算有关评价指标外，由于创业企业投资的特殊性，在进行投资决策时还需要考虑以下因素。

（一）投资项目的创新和前景

创业投资与在位企业投资不同的是，在位企业对于项目的评估往往可以直接根据相应的评价指标来进行，但是创业投资不一样，一般都要在既有市场中做出细分，或者需要通过创业者和创业企业的努力开拓出一片新的市场，因此投资项目的创新和发展前景更为重要。

创业是突破资源约束、发现机会、创造价值的过程。创业者对于新机会的利用就意味着一定程度上的创新，又由于是利用新机会，创业投资可能会在相当长一段时间内处于开拓期，有更多的投入和更少的盈利，甚至是连续不盈利的情况，这时项目的发展前景在项目的评判标准中就显得格外重要。京东连续10年多不盈利，但是因为其开辟了电子商务领域的创业实验田，开放了全国第一家以产品为主体对象的专业博客系统，以及3C产品（计算机（computer）、通信（communication）和消费类电子产品（consumer electronics））全线搭建等创新活动的开展，使得其有着广阔的发展前景，从而可以在连续亏损的情况下得到外界资本的支持。

（二）投资项目的特有风险

创业企业财务主要是一种商机驱动型财务。创业企业主要通过投资于其发现的商机和创意创造价值，由于商业机会自身的创新性，创业项目往往面临很大的风险。因此，投资管理目标并不仅仅是投资决策最优化，还应该尽可能规避风险，达到创业成功的目的。

不同项目的特有风险有很大差别，必须进行衡量，并根据风险大小调整项目预期的现金流量。项目特有风险的衡量和处置方法主要有三种：敏感性分析、情景分析和模拟分析。

1. 敏感性分析

投资项目的敏感性分析通常是在假定其他变量不变的情况下，测定某一个变量发生特定变化时对净现值（或内含报酬率）的影响。敏感性分析主要包括最大最小法和敏感程度法两种。

最大最小法的主要步骤为：给定计算净现值的每个变量的预期值（现金流量和折现率），根据变量的预期值计算得出基准净现值；选择一个变量并假设其他变量不变，令净现值等于零，计算该变量的临界值；选择第二个变量，并重复上一步骤的过程。通过上述步骤，可以得出使基准净现值由正值变为负值（或相反）的各变量最大（或最小）值（如单价和销量的最小值、成本和初始投资额的最大值、最高的折现率等），从而帮助创业者认识项目的特有风险。

敏感程度法的主要步骤为：计算项目的基准净现值；选择一个变量，如现金净流入量，假设其发生一定幅度的变化，而其他因素不变，重新计算净现值；计算选定变量的敏感系数，敏感系数＝目标值变动百分比/选定变量变动百分比，表示选定变量变化1％时目标值变动的百分比，数值越大敏感性越强；根据上述分析结果，对投资项目的特有风险做出判断。

2. 情景分析

情景分析一般假定未来现金流量有三种情景：基准情景，即最可能出现的情况；最坏情景，即所有变量都处于不利水平；最好情景，即所有变量都处于理想局面。分析时也可以根据实际情况和需要，设计更多的情景。采用情景分析，需要对每种情景出现的概率做出估计。如果它们的概率难以估计，也可以假设基准情景出现的概率为50％，最坏和最好情景出现的概率各为25％。

情景分析的主要过程是：根据不同情景的三组现金流量分别计算净现值，然后计算预期净现值及其离散程度，判断项目的特有风险。

3. 模拟分析

模拟分析也经常称为蒙特卡洛模拟。它是敏感性分析和概率分布原理结合的产物。模拟分析使用计算机输入所有影响项目收益的基本变量，然后模拟项目运作的过程，最终得出投资项目净现值的概率分布。

采用模拟分析需要知道未来现金流量的连续分布概率。

模拟分析的步骤为：对投资项目建立一个模型，确定项目净现值与基本变量之间的关系；给出基本变量的概率分布；从关键变量的概率分布中随机选取变量的取值，计算不同情景下的净现值；重复多次上一步骤，直至得到项目净现值具有代表性的概率分布；评估项目净现值的概率分布，分析项目的特有风险。

相比情景分析，模拟分析是一个进步。它不是只考虑有限的几种结果，而是考虑了无限多的情景。模拟分析的主要局限性在于模拟所需要的概率信息难以获得。

针对不同项目特有风险的分析有利于创业企业把握哪些因素对项目的影响较大，从而对其给予更多关注；判断因素变化到什么程度可能引起项目可行性的逆转，了解影响项目可行性的临界区间，以更好地管理项目风险；在进行项目投资决策时，将风险因素纳入评价指标，如第二章所述，投资项目的风险越大，企业要求的报酬率会越高，对于项目未来现金流量折现时的折现率也会相应提高，折现率需将风险价值包括在内。

(三) 商业模式创新的价值

创业者的创业投资如果是可持续的，一般会带来商业模式的重大变革，但是就像前面曾经提到的，源创新在商业模式建立初期会经历相当长时间的市场培育期，为了顺利度过行业进入期/萌芽期，需要创业者准备足够的应对风险的资金，并对营运前期有充分估计，这样才会使得企业面临资金断流的危险时，选择坚持向前而不是放弃。况且从社会层面来说，商业模式创新所产生的外部性，对于整个社会的进步都是较大的促进。新进入的创业企业如果能坚持到市场快速发展期，必然会收获满满。如果只是流创新或者微创新，只要创新带来的变革足够大，最终不但可以使创业者收回成本，还能实现盈利，则开始时相当一段时间的亏损依然是可以接受的。

（四）创业者价值的实现

创业者创业的目的并不完全是盈利，很多情况下做出创业决策的理由都是基于创业者自我价值实现的需要。在创业者感兴趣的领域，如果创业者对于创意的考虑也相对成熟，创业者就可以去尝试性地进行创业投资。因为经济领域的资金并不缺乏，只要创业者的创意具有足够的吸引力，就可以帮助其吸引到创业所需资金，在创业者经过一番努力之后，即便没有能够产生收益，创业者的能力也会得到很大提升，成熟创业者的培养其实比盈利的多少更加重要。前提是创业者一定要对创业项目有足够的兴趣，而且考虑比较周全，准备比较充分。

（五）被投资企业的优势

对于资金实力比较雄厚的创业企业，或者在外部并购更具有比较优势的前提下，企业也可以采用并购的方式进行投资，通过资本运营获取竞争优势，快速进入新领域或新市场。如北京字节跳动网络技术有限公司成立以来，通过并购方式快速进入媒体资讯、社交平台、工具软件等领域，实现了资本扩张。这种情况下，需要被投资方在技术、产品、成本、营销或其他方面具有一定的优势。如目标企业具备有竞争力的产品，能够持续生产获利能力较强的新产品，并且技术可以不断更新，使产品保持可持续竞争力；或者企业的产品成本低于竞争对手的成本或与其持平，满足企业成本领先战略的要求；或者被投资方具备强大的营销能力，能够将产品持续不断地销售出去，获取营业收入和利润等。同时，还需要深入了解被投资企业人员的素质、高级管理者的理念和抱负、企业的文化和价值观等。

学习要点

创业企业投资是为了在未来可预见的时期获得收益或者资金增值，在一定时期内向一定领域投放足够数额的资金或实物的货币等价物的经济行为。

创业企业最好在团队成员熟悉的领域寻找投资机会，进行详尽的市场预测，形成精益创业的思路，并通过集中投资的策略，在高度重视项目期权，做好资产购置决策的前提下，进行科学投资决策。

做出正确的投资决策，需要创业企业了解投资项目的选择条件，能够对不同项目的经济可行性、运作可能性以及获利持续性等做出初步判断，以便开展进一步评价。

项目投资的现金流量是拟建项目在整个项目计算期内各个时点上实际发生的现金流入、流出以及流入与流出的差额（又称净现金流量）。

按照现金流动的方向，可以将投资活动的现金流量分为现金流入量、现金流出量和净现金流量。

按照现金流量的发生时间，投资活动的现金流量又可以分为初始现金流量、经营现金流量和终结现金流量。

经营现金流量又称营业现金流量，是项目投入使用后，在其寿命周期内生产经营所带来的现金流入和流出的数量。

折现率的确定主要取决于投资目标和预期，以及对创业活动风险的评估。

投资项目投入使用后的净现金流量，按创业企业期望得到的报酬率折算为现值，减去初始投资现值后的余额，称作净现值。

现值指数是投资项目未来报酬的总现值与初始投资额的现值之比。

内含报酬率是指能够使未来现金流入现值等于未来现金流出现值的贴现率，或者说是使投资方案净现值为零的贴现率。

进行投资决策时还需要考虑投资项目的创新和前景、投资项目的特有风险、商业模式创新的价值、创业者价值的实现等因素。

创业案例

字节跳动：通过并购快速扩张

将中小企业并到自己业务中，让被投公司为己所用，通过"买买买"，将其他公司的业务合并起来，集百家之长，再推出新产品，是一个可以弥补因业务扩张而研发能力不足的快捷键，是企业实现扩张最快的办法。

北京字节跳动网络技术有限公司（简称字节跳动）成立于2012年7月，是最早将人工智能应用于移动互联网场景的科技企业之一，以建设全球创作与交流平台为愿景。2012年8月，字节跳动发布了资讯类App——今日头条，当年底今日头条就积累了100万日活用户。今日头条的出现第一次让外界注意到了字节跳动，更重要的是，它为字节跳动未来的发展提供了一套差异化的发展路径：基于算法的个性化推荐和爆炸性的流量。

2014年，今日头条顺利进入第二梯队，成为国内主流新闻资讯客户端之一；2016年9月，它已经超越腾讯新闻，成为中国新闻App第一名，活跃渗透率达15.13%；2018年3月，今日头条日活用户已经突破2亿。

2014年，字节跳动开始涉足投资业务，领域包括：社交平台、媒体资讯、工具软件、教育培训、金融、企业服务、汽车交通、人工智能、文化娱乐、硬件、游戏、电商、房产、服装纺织等。当年有2项投资活动，分别是今日特卖和图虫网，并将其内化成为字节跳动本身的业务。2015年，投资数量为8项；2016—2018年，字节跳动的投资事件较为稳定，分别是10家、16家和15家公司，投资的公司也基本集中在媒体资讯、社交平台、工具软件等领域；从2018年，字节跳动开始大肆占领海外版图，海外投资业务明显多了起来。根据媒体报道，同年1月，今日头条成立了一家规模为2亿元的内容投资基金，专门投资早期新媒体内容创业项目，尤其关注短视频项目；2019年，字节跳动开始布局游戏领域，围绕知名IP进行游戏研发，通过并购方式攒齐了基础建设。

字节跳动在投资动作上，更愿意以并购的方式来实现控股。在所有投资事件中，并购的公司有26家。其中，并购的工具软件类公司占比最高，一共7家，在企业服务、教育培训、游戏、社交平台及媒体资讯领域，均有并购的公司。在张一鸣工程师的思维之下，字节跳动的投资仿佛是在并购一个又一个车间，再通过字节跳动强大的运营和商业化能力，重建一个又一个新的"工厂"。字节跳动的投资逻辑就是通过投资补足业务扩张时所带来的内容开发和技术研发的不足，将团队研发能力为己所用，而并非简单的财务投资。所以，其投资风格较为强势，会将收购的公司为自己所用，投后倾向于直接控制，完全吸收进入自有体系。配合字节跳动发展脉络可以发现，字节跳动的每一笔投资几乎都与当年的业务重心相关联，依靠广撒网的投资方式来弥补业务的不足。

尽管字节跳动收购的公司体量不算大，但基本都通过投资或收购的方式，在并购业务发生之后，通过把原有团队打散，将其融入自有业务，内化为字节跳动的自有业务，甚至会停止公司原有业务的开发；而这些被投公司未必具有强有力的市场占有率和高度市场认知，但通常在产品研发技术、牌照或知识产权方面非常过硬，如飞书科技、Gogokid、新草App、FaceU、Musical.ly、幕布等，无论是否并购，最终都成了字节跳动的旗下产品，为字节跳动整体的业务发展服务。

如今，字节跳动坐拥今日头条、抖音两大日活用户上亿的王牌，是一个在非公开股票交易中估值突破1 000亿美元的"巨无霸"。

资料来源：刘景慕.从字节跳动的89个投资并购，看张一鸣的"工程师投资哲学".搜狐财经，2020-06-26；字节跳动投资版图（57详细名单）.华尔街见闻，2019-06-20.

请思考：

创业企业如何快速推出新产品占领市场？

扩展阅读

高瓴资本投资猿辅导解析

学习资源

（1）张磊．价值：我对投资的思考．杭州：浙江教育出版社，2020.

（2）王艳茹．创业财务．北京：清华大学出版社，2017.

第四章 思维导图

Chapter Five 第五章

加强资金管理，提高运营效率

名人名言

你需要资金使自己的想法进入潜在顾客的心智中，一旦进入，你也需要资金使自己的想法继续留在顾客的心智中。

——艾·里斯

企业的现金就像潘多拉的盒子，如果运用好就会带给企业更多的发展机遇和活力，反之就会成为企业倒闭的终结者。

——刘晓斌

故事思考

乐凯撒比萨的现金流危机及其应对

2009年，乐凯撒比萨创办于深圳，2015年发展到12家门店，同年5月红杉资本中国的6 000万元注资大大加速了其发展。截至2020年2月，直营门店已扩张至140家，主要分布在上海、广州、深圳。

第一次现金流断流及解决对策

2018年9月，公司就遭遇过现金流断流的至暗时刻。彼时，经过两年120%开店的狂奔，又遇到榴梿囤货季（需要在榴梿产季提前采购下一个产季的所有榴梿用量），公司遇到了一个两难选择——坚持囤货，现金流马上断流；不囤货，榴梿过季价格翻倍，没有利润，现金流也会断流。

往年囤货都有供应链金融支持，2018年，榴梿价格翻倍，金融机构去杠杆，没有机构愿意一起囤货。公司开始四处寻觅资金，找银行遇挫，向投资人求助未果。最终还是创始人陈宁的好友伸出援手，加上通过担保公司、向银行抵押房产，在持续半年的时间里，累计筹资8000万元，才熬过来那次危机。

经过这次断流危机，2019年伊始，公司主动快速关掉了16家门店，对老店进行优化，同时谨慎开新店，聚焦根据地市场，全年新开门店仅8家。快速关店和谨慎开店使集团2019年利润比2018年增长了6000余万元，保障了企业的现金流动。

第二次现金流危机

新冠肺炎疫情的暴发无疑给处于高速扩张阶段的乐凯撒比萨踩了一脚"急刹车"。

2020年1月23日武汉封城当天，企业的财务人员做了现金流测算，根据餐饮门店的正常成本结构计算，房租占比大约为15%~20%，人工成本大约为25%，食材成本大约为35%。测算的结果是账上的资金只能维持公司两个半月的生存，预计到4月，公司现金流可能为负，2020年上半年可能会有5000万元的亏损。于是公司马上进入冬眠状态，极限生存。除了必须上班的门店伙伴以及食品安全团队之外，其他职能暂时进入休假状态，通过线上外卖全力自救，争取不让现金流断流。

围绕外卖和安全，公司决定：快速优化外卖，强化可感知的安全。通过研究新场景，匹配新需求，优化了公司一直主打的独立封装"一人食"团餐，推出价格29元、35元和49元的团餐套餐。同时基于微信小程序开发团餐入口，优化订餐流程。

至2020年2月底，乐凯撒比萨只有74%的门店恢复营业，总销售额降低50%~60%，其中堂食降低85%，业务主要靠外卖维持。但外卖的订单利润很低，一般会减少70%~80%。这种情况在3个月内很难明显改善，预计每个月亏损1000万元左右。于是，对于企业来说，最重要的事情就是找到"续命"的资金。

交易数据成了可以抵押的"砖头"

2018年资金危机出现后，公司及时转型，成立了专注餐饮数字化的全资子公司乐家云计算。将所有数据和流程上线，成立数据中台，进行销售额智能预估、智能排班和智能配货。通过三步走战略，公司对集团数字化累计投入接近4000万元，而数字化的努力、线上线下的复合也成为这次疫情的竞争力。虽然堂食下滑90%，但营业门店的线上业务增长160%左右；虽然只有75%的门店营业，但整体销售额仅下滑了60%。相比同业很多企业90%甚至100%的下滑，3年来持续的数字化让公司捡了半条命。

2020年2月17日，乐凯撒比萨正式向美团提交贷款申请；美团依托平台上的商户交易量、点评数据积累以及行业模型和风险模型预判，和光大银行合作完成了对乐凯撒比萨的授信审批。最终光大银行仅用3天时间，就给了乐凯撒比萨4000万元的综合授信，首笔1000万元很快到账。而本是IT工程师出身的创始人陈宁也加强了企业的数字化转型，以应对接下来的挑战。

资料来源：张弘．两次遭遇现金断流，创始人自述：我们这样拿到贷款．中国企业家杂志，转引自腾讯网，2020-02-29．

请思考：

1. 乐凯撒比萨的两次现金流危机是如何出现的？
2. 公司两次应对现金流危机的措施对你有何启发？
3. 对于如何预防现金流危机，你有何建议？

第一节　认识资金管理

所有的企业都可以抽象成一个不断重复的从资金到资金的过程。在一个完整的经营活动中，我们首先用筹集来的资金开展采购业务，购买原材料或机器设备等非流动资产；然后开始生产业务，将买进的原材料变成在产品和产成品；最后进行销售，把生产出的产成品卖掉，在现在或者未来将款项收回。这就是一个从资金到资金的循环，如图5-1所示。

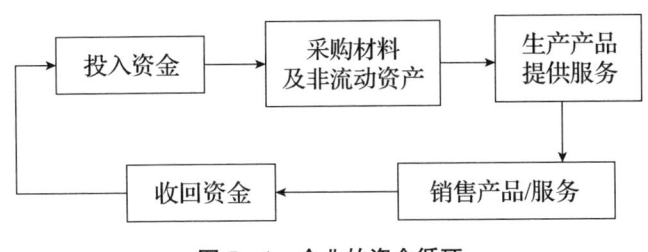

图5-1　企业的资金循环

因此，资金管理在企业具有不可替代的地位，尤其是对于资金相对缺乏的创业企业来讲更是如此。做好资金的流入管理是开源之本，资金的流出管理则是节流之基，需要特别予以注意。

一、资金管理的重要性

资金管理指创业企业通过某些管理手段，使资金在保持一定安全性和流动性的前提下实现使用效益最大化的活动。虽然资本市场上的资金可能并不缺乏，但是由于创业企业的风险过高，创业者和资金提供者之间的信息不对称，以及资本市场欠发达等原因，创业企业筹集资金并不容易，产生了筹资困难的现象。对于创业企业来说，在企业的销售活动能够产生现金流之前，需要进行技术研发，为购买和生产存货支付资金，进行广告宣传，支付员工薪酬，还可能需要对员工进行培训；另外，要实现规模经济效应，需要持续进行资本投资；加上产品或服务的开发周期一般比较漫长，在创业初期对资金的管理更加重要，甚至可以说资金管理在企业中具有很强的战略地位。

对创业企业来说，资金管理在企业中的战略地位主要表现在以下几个方面。

（一）规范的资金管理可以降低企业风险

规范的资金管理指企业资金的流入和流出应符合法律法规和企业制度的规定，做到收支合理合法。

资金是企业的"血液"，资金链的断裂是企业致命的威胁。据国外文献记载，破产倒闭的企业中有85%是盈利情况非常好的企业，这些企业倒闭的主要原因是资金链断裂。如大家所熟知的巨人集团资金断流案例、韩国大宇汽车破产案例等，都是由于企业缺乏足够资金清偿到期债务。规范的资金管理要求资金的日常管理应遵循相应的法律法规和企业内部规章制度，做到收支合理合法。这样不但可以监控企业资金的流动，防止资金滥用，还能够有效防止舞弊，保障资金的安全性和流动性，降低企业风险。

（二）有效的资金管理有利于提高企业效益

资金的有效管理需要在企业保持一定数量资金的基础上，通过加速资金周转提高资金使用效率和企业经营效益。

首先，应保持适度的资金数量。这样一方面可以保持资金的流动性，将流动性风险控制在一定水平；另一方面可以降低资金的使用成本。其次，要加速资金周转。资金周转速度加快，可以让特定数量的资金在一定时期内发挥更大的作用，提高企业的经营效益。最后，管理好占用在存货和应收账款项目上的资金。对流动资产中占比较高的存货确定其经济订货批量，降低存货的购置和储存成本；加强应收账款管理，减少客户对企业资金的占用，降低坏账发生的可能性。

不少创业企业是在突然融到一大笔资金的情况下，不知道如何有效管理资金，造成了大量资金浪费而"死亡"的。如 OFO 就曾在几轮融资过后，不但给企业总经理配备了百万元级豪车以显示公司雄厚实力，还请来明星团队为 OFO 代言，却没有在车锁等自行车的硬件设施上投资，导致了资金的低效配置。[①]

相反，那些可以运用较少资金，通过加速资金周转，提高资金使用效率的企业，往往会有较好的经营效益。如芬尼克兹采用裂变方式选拔出来的总经理，就是在资金短缺的情况下"无中生有"，使新公司在成本更低的情况下，资源配置更节约、更高效。[②]

(三) 科学的资金管理能够促进企业发展

科学的资金管理要求将资金合理配置在不同资产上，形成恰当的资产结构。如创业企业首先应对流动资产和非流动资产的比例进行规划，在保证资产流动性的前提下，尽可能提高资产收益。

科学的资金管理还要求企业形成匹配的资本结构，努力降低财务风险。通过选择合理的筹资方式及渠道筹集资金，使资金在期限或用途上与资产相匹配，提高企业的偿债能力，降低企业财务风险，避免陷入资金断流导致的财务危机。

在本章开篇故事思考中，如果不是及时筹集到经营发展所需要的资金，乐凯撒比萨可能就无法顺利渡过两次现金流危机，无法存续，更无法获得后续的健康发展，但如果企业一直持有大量资金，则又会由于资金的低效使用降低企业的经营绩效。

二、资金管理的目标和内容

资金是企业流动性最强，也是风险最大的资产，需要加强日常管理，在保证其安全性和流动性的前提下，尽可能获得一定收益。

---

① 财富洞察. 给高管配豪车，请明星团队，疯狂撒钱的背后注定了 OFO 的败局. 百度，2018-12-08.
② 宗毅，等. 裂变式创业. 北京：机械工业出版社，2016.

(一) 资金管理的目标

资金管理的目标是企业资金的安全性、流动性和收益性。

资金的安全性是指资金存量的合理性，以及资金收付的可靠性。资金的流动性是指资金（资产）的变现能力。资金的收益性是指使用资金获取回报的水平的高低。

企业进行资金管理之前，需要界定其资金管理目标的侧重点，是偏重安全性、流动性还是收益性。企业资金管理必须在安全性、流动性及收益性之间保持平衡，不同行业、不同规模、不同经营特点的企业，资金管理的侧重点可能不同。一般情况下，金融类企业侧重追求资金的收益性；而非金融类企业更注重资金的安全性和流动性。

(二) 资金管理的内容

实现资金管理目标需要加强对企业现金资产的管理以及对现金流的管理。

1. 现金资产管理

企业现金资产的管理主要包括现金和票据的管理，以及银行账户的管理。

（1）现金和票据的管理。创业企业应建立库存现金与票据管理制度。

首先，建立货币资金业务的岗位责任制及资金的授权和审批制度，建立备用金和资金库存限额标准，以及收支两条线制度，明确现金的收支范围和限额。1）对企业存放在办公场所的备用现金的资金量、存放地点、保管人、使用要求等，都要有明确规定。2）根据相关规定结合企业实际情况，确定现金收支范围和限额。库存现金应建立上下限额标准，根据中国人民银行发布的《现金管理暂行条例》的规定，原则上以开户单位3~5天的日常零星开支所需核定库存现金限额，边远地区和交通不发达地区单位的库存现金限额可以适当放宽，但最多不超过15天的日常零星开支，超过上限时应及时存入银行。3）有条件的企业可实行收支两条线和集中支付制度，加强对货币资金的统一管理。企业取得货币资金收入应及时入账，支付现金时可从库存现金中支付或从银行提取，不得坐支现金。4）企业应定期不定期对现金进行盘点，确保现金账面余额与实际库存数相符。5）资金支付尽量减少现金支出，对于对公付款、大额资金支出，应禁止通过现钞的形式付款，必须通过银行转账的方式支付；不得用不符合财务制度规定的凭证顶替库存现金。

其次，明确票据的购买、保管、领用、背书转让、注销等环节的职责权限和处理程序，加强票据管理。

（2）银行账户的管理。企业应严格按照有关规定，加强对银行账户的管理，按规定开立账户，办理存款、取款和结算，加强对银行结算凭证的填制、传递及保管等环节的管理与控制；应指定专人定期核对账户，每月至少核对一次，编制银行存款余额调节表，指派对账人员以外的其他人员进行审核；应严格遵守财经纪律，不得签发没有资金保证的票据或者远期支票，套取银行信用，不得签发、取得和转让没有真实交易和债权债务的票据，不得无理由拒付货款，任意占用他人资金，不得违规开立和使用银行账户；实行网上交易、电子支付等方式办理货币资金支付业务时，应与承办银行签订网上银行操作协议，明确双方在资金安全方面的责任与义务、交易范围等。

企业应减少睡眠账户、低效账户，降低资金风险。在银行资金流动的管理方面，应该根据账户类型，设置资金划转流向的规则，如客户的回款资金只能流向资金集中账户或付款账户，通过业务流程、银行系统设置等方式，杜绝违反流向操作的可能性。

2. 现金流的管理

创业企业现金流的管理主要是做好资金流入和流出的管理。一方面要建立资金管理的内部控制制度；另一方面要以资金管理的工具方法为抓手，运用资金管理技巧做好现金流的管理，保证企业的资金池不断流，避免陷入资金断流导致的破产清算局面。

具体的资金流入和流出管理的内容见第二节和第三节的讲解。

三、资金管理工具

创业企业可以采用日记账、预算管理等工具加强对日常资金的管理。

(一) 日记账管理

日记账是按照经济业务发生的时间先后顺序，逐日逐笔登记经济业务的账簿。创业企业可以把每天所发生的经济业务，按照业务发生的先后顺序，运用复式记账的方法，编成会计分录①记入账簿，采用分录日记账的方式对日常业务进行记录；也可以只把重要的项目，如现金和银行存款按发生时间的先后顺序记入日记账，只反映这两个特定项目的详细情况。表5-1是银行存款日记账的形式及示例说明。

表5-1　银行存款日记账　　　　　第　页

日期	经济业务摘要	借方（+）	贷方（-）	余额
××年				
9月1日	期初余额			20 500.00
2日	从银行借款	20 000.00		40 500.00
3日	购买设备		25 000.00	15 500.00
4日	购买其他固定资产		1 900.00	13 600.00
5日	购买办公用品		175.00	13 425.00
5日	购买原材料		5 000.00	8 425.00
8日	出售商品	2 500.00		10 925.00
8日	购买辅料		1 500.00	9 425.00
9日	提出现金供零星使用		750.00	8 675.00
10日	出售商品	3 000.00		11 675.00

---

① 会计分录是指对每一项经济业务，按复式记账的要求，分别列示应借记和应贷记账户及其金额的一种记录。复式记账见第八章第一节的讲解。

续表

日期	经济业务摘要	借方（＋）	贷方（－）	余额
11 日	支付电费		500.00	11 175.00
12 日	支付电话费		300.00	10 875.00
12 日	出售商品	1 250.00		12 125.00
13 日	支付广告费		1 000.00	11 125.00
14 日	购买劳保用品		200.00	10 925.00
15 日	支付运费		130.00	10 795.00

通过上面的账簿记录可以发现，企业在 9 月 13 日的银行存款余额为 11 125 元。

按照《现金管理暂行条例》的规定，企业之间的业务往来，除按条例规定的范围可以使用现金外，应当通过银行转账结算。所以，企业日常经营的大部分资金收支均需要通过银行存款进行款项结算。创业者只有随时了解银行存款的余额情况，才能够正确做出款项支付或延期付款的决策。如果对银行存款余额了解不足，开出了支付额大于存款余额的支票，则成为空头支票，企业不但会受到行政处罚，而且可能被列入违规黑名单，情节严重的还会被依法追究刑事责任。所以，企业一定要保持完整的银行存款记录，一方面对自己的存款情况做到心中有数，另一方面减少不应有的违规行为发生。

库存现金日记账的结构和使用方法与银行存款日记账相同。这里不再举例说明。

（二）预算管理

通过编制现金预算表可以对企业的资金收支进行预测，根据预测数据对企业的资金收支进行规划。编制现金预算表通常采用的方法是现金收支全额法。这一方法是把计划期内涉及资金流动的财务活动全部加以反映。其基本结构可分为四大组成部分：预期资金流入、预期资金流出、资金融通与调剂和期末现金余额。

1. 预期资金流入

预期资金流入的主要来源是产品或服务的销售收入，投资者追加投入、吸收风险投资等也是企业预期资金流入的重要渠道，在预计现金流量时需予以考虑。

创业企业首先需要运用科学的方法预测产品或服务的销售数量，以便从预计销售的收账方面着手预测现金流动情况，区分各种产品销售或服务中现销与赊销各自所占的比例，分析以赊销方式实现的销售与收账之间的间隔时间，据以计算预期的现金收入；其他收入也是企业现金流入的重要内容，创业者应尽量设法对其做出合理预计。销售过程中现金收入的预测取决于第二节"资金流入管理"部分的预测。

2. 预期资金流出

预期资金流出包括采购直接材料的现金支出、直接人工支出、制造费用、销售费用和管理费用、还本付息、支付所得税、利润分红以及购买固定资产等项目中的现金支出。其中，上缴所得税、购买设备、支付利息、分配利润、支付固定资产租金、短期投资和长期投资的现金支出等项目均应逐项分析，预计可能发生的时间和数额，列入现金收支预算；其他生产经营环节的预算数据可参见第八章第三节内容。

3. 资金融通与调剂

预期现金收入合计减去支出合计，就是现金流量净额。若现金流量净额为正数，说明现金溢余，企业可根据需要与可能，用于偿还过去的借款，或进行短期投资，但还款或投资后，仍需保持最低现金余额[①]，以保证企业的资金供应；若现金流量净额为负数，说明现金不足，企业需从外部筹集资金，如用向银行取得新借款、吸引新的风险投资机构或股东加入等方式筹资，以满足企业经营业务的需要。

4. 期末现金余额

经过资金融通或调剂之后计算的现金余额为期末现金余额，本期的

[①] 企业在银行存款账户需要保留的最低存款金额。

期末现金余额即为下一期的期初现金余额。

5. 现金预算示例

现金预算表的编制以各项营业预算和资本预算为基础，反映各预算期的收入款项和支出款项，并做对比说明。

现金预算可以是年度现金预算，也可以是月度现金预算，如果采用计算机进行编制，还可以按日进行，以更好地监控企业每日的现金流入和流出数量。

现金预算表的格式如表 5-2 所示。

表 5-2 现金预算表　　　　单位：元

时间									合计
期初现金余额									
加：销售现金收入									
其他现金流入									
可供使用现金									
减各项支出：									
直接材料									
直接人工									
制造费用									
营业费用									
所得税									
购买设备、厂房									
支出合计									
现金流量净额									
借款筹资									
归还借款									
借款利息									
期末现金余额									

四、资金管理技巧

"现金为王"一直以来都被视为企业资金管理的中心理念。企业现金流量的管理水平往往是决定企业存亡的关键所在,因此,掌握一定的资金管理技巧,不仅可以保障企业持续经营,还可以促使企业不断发展壮大。

(一)保持合理的现金持有量

资金收支的非同步性和不确定性导致未来经营活动的不确定性,增加了财务风险。因此,为了满足企业交易性需要、预防性需要和投机性需要,企业需要持有一定数量的现金。交易性需要指满足日常业务的现金支付需要;预防性需要指为了防止发生意外进行支付而持有现金的需要;投机性需要指持有现金用于不寻常购买机会的需要,比如遇到廉价原材料或其他资产供应的机会,便可以使用手头现金大量购入。

合理的现金持有量可以在满足企业现金需求的同时,增强企业偿债能力,降低财务风险,提高企业效益。现金持有量的计算方法有成本分析模式、存货模式和随机模式三种;持有现金的成本有机会成本、管理成本、短缺成本、转换成本等,不同的现金持有量计算方法涉及的相关成本不同,如图5-2所示。

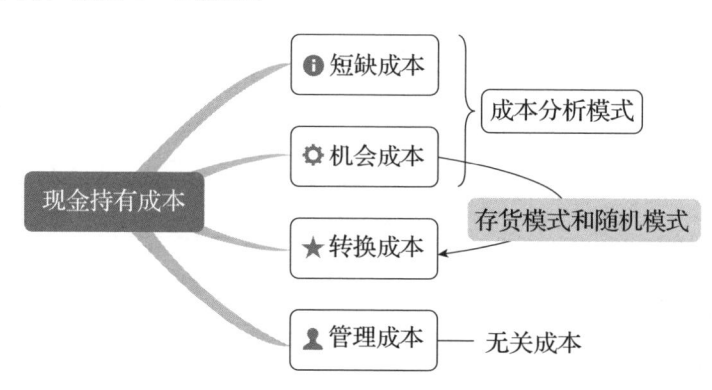

图5-2 现金持有量计算方法涉及的相关成本

成本分析模式指通过分析现金的持有成本，寻找持有成本最低的现金持有量。现金持有成本包括机会成本、管理成本和短缺成本等。机会成本是持有现金未将其用于生产经营而失去的收益；管理成本是因持有现金而发生的管理费用，如管理人员工资、安全措施费用等；短缺成本是因缺乏资金，不能应付业务开支所需，使企业蒙受的损失或为此付出的代价。企业持有的现金数量越多，机会成本就会越高，短缺成本就会越低，管理成本一般是一种固定成本，与持有数量之间没有明显的比例关系。成本分析模式需要预计不同现金持有量对应的各种成本的数额，工作量较大。

如果企业平时只持有较少的现金，在有现金需要时通过出售有价证券换回现金，便既能满足现金支付的需要，避免短缺成本，又能减少机会成本。因此，现金和证券之间的转换是企业提高资金使用效率的有效途径。运用这种方法确定现金持有量的模式就是存货模式。这种模式下的最佳现金持有量，是持有现金的机会成本与证券变现的交易成本相等时的现金持有量。存货模式是一种简单、直观的模型，但它假设现金流出量稳定不变，即每次转换数量一定，不存在淡旺季现金需求量变动的影响。

随机模式是在现金需求难以预知的情况下确定现金持有量的方法。创业企业可以参考同行业企业的相关数据和需求预测，预算出一个现金持有量的控制范围，制定出现金持有量的上限和下限，争取将企业现金持有量控制在这个范围之内。当企业持有的现金余额达到上限时，用现金购入有价证券，使现金持有量下降至均衡点水平；当持有的现金降至控制下限时，将有价证券出售转换成现金，使现金持有量回升至均衡点水平。若现金数量在控制的上下限之内，便不必进行现金和有价证券转换，保持它们各自的现有存量，如图 5-3 所示。当企业未来现金流量呈不规则波动、无法准确预测时，这个模式比较适用。

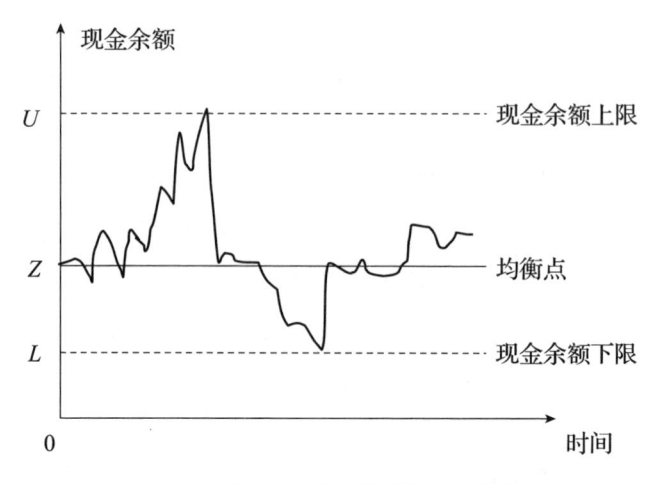

图 5-3 最佳现金持有量确定的随机模式

对于创业企业来说，由于其未来的现金流量状况较难预测，因此，随机模式是一种不错的确定最佳现金持有量的方法。

(二) 做好资金浮游量管理

资金浮游量主要指的是企业和银行之间的未达账项。未达账项指由于企业与银行取得凭证的实际时间不同，双方记账时间不一致，发生的一方已取得结算凭证且已登记入账，而另一方未取得结算凭证尚未入账的款项。未达账项的存在会导致企业存款账户的存款余额和银行方登记的企业存款余额之间出现差额，对这部分资金的充分利用是一种提高现金利用效率、节约现金支出总量的有效手段。

假如某企业支付原材料货款时，支票签发和寄交供应商需要 3 天，供应商内部处理需要 2 天，银行间办理清算需要 1 天，则支出浮游总天数为 6 天，在这 6 天的时间里，企业完全可以对这部分资金再进行合理的使用。对于创业初期资金极为缺乏和紧张的企业来说，合理预测现金浮游量，有效利用时间差，不但可以产生一定收益，关键的时候还可以解企业的燃眉之急。

钻石商巴奈·巴纳特能够成为南非首富之一，一个重要的因素就是他视时间为商品，把银行的时间"卖"了，并且"卖"出了好价钱。初到南非，巴纳特是一个从事矿藏资源买卖的经纪人，每个星期六都是他赚钱最多的日子——因为这一天银行停业较早，他可以尽兴地开出空头支票购买钻石，然后在星期一银行开门之前售出钻石，以所得现金支付货款。他要做的事情就是在每个星期一的早上向自己的账户存入足够多的资金，以兑付他在星期六所开出的支票。他这种拖延付款的办法没有侵犯任何人的合法权利，调动了远比他实际拥有的多得多的资金。尤其让人敬佩的是，巴纳特让持有空头支票的钻石卖主总是在星期一上午就收回了全部货款。创业初期，巴纳特就是巧妙地利用时间，才聚积财富从而跻身世界富翁排行榜。①

（三）开源节流，做好资金池管理

对于创业企业来说，正常生产经营过程中的资金来源主要是营业收入这个主渠道，但是日常的现金支出项目多而杂，每项支出的金额还难以估计。所以，要保持企业的资金池不断流，就要求创业企业做好开源和节流两大工作，努力增加从业务上获得的现金，同时尽可能减少各种费用的支出。通过预算管理的方式，将企业的现金支出保持在可控的标准以内。

首先，要加速应收款项的回收，减少客户对企业的资金占用；其次，在信用期内推迟应付款项的支付，延长免费使用供应商资金的时间；再次，要做好各项成本费用的管理，减少不必要的支出；最后，通过合理的营销方式，努力增加企业收益。

（四）匹配资产负债结构

资产结构指各种资产占企业总资产的比重。企业在进行资产结构决策时，往往关注资产的流动性问题，特别是流动资产占总资产的比重。负债结构主要指营运资本的筹资结构，主要是确定筹资的来源结构，分析在总体上如何为流动资产筹资。

---

① 塔尔莱特·赫里姆.塔木德：犹太人的经商智慧与处世圣经.北京：中国画报出版社，2009.

一般情况下，资金的来源和运用应该相互匹配，以便在债权资金到期时，用其购置的资产产生的现金流足以偿还贷款本息。因此，长期资产的购置宜采用长期资金，流动资产的购置采用短期资金。

(五)借助财务软件提高管理效率

财务软件是专门用于完成会计工作的计算机应用软件。财务软件主要立足于企业财务账目、企业资金账户、企业收支状况等方面的管理，用途明确，使用简单。财务软件以图形化的管理界面、提问式的操作导航，打破了传统财务软件文字加数字的烦琐模式。财务软件有助于会计核算的规范化，带动财务管理乃至企业管理的规范化，从而提升企业的管理水平，提高企业的效益；有利于提高会计核算的工作效率，降低会计人员在账务处理方面的工作强度，改变重核算轻管理的局面；还可以减少工作差错，便于账务查询等。

第二节 资金流入管理

资金流入是创业企业的持续之基，资金流入管理是创业初期财务管理的重中之重。部分企业会把闲置的资金用于投资一些短期债券、股权或者一些长期的项目以丰富企业收入来源，或者投入公司以外的其他领域，从而获取一些额外的投资收益，但这不是创业企业资金的主要流入渠道，本书不再涉及。本节讲到的创业企业的资金流入渠道主要有两大类：经营业务的销售收入和外部融资。外部融资在第三章已经讲过，本节只涉及销售收入的管理问题。

销售收入的多少需要依据市场调查或市场测试的数据来进行市场细分，制定有效的定价和营销策略；销售过程中的资金流入决定了企业"造血"能力的强弱，取决于企业的信用政策及对应收账款的管理。下面通过奶昔市场调查的案例进行说明。

案例导入

奶昔的市场调查和定位

一家快餐连锁店想提高奶昔的销量和利润，于是市场部按照顾客的消费心态进行市场调查，实施市场细分，想找出哪些顾客最有可能购买奶昔。调查按照能够购买奶昔顾客的特征，开始探索奶昔是应该做得浓一点，还是巧克力多放一点，或者再便宜些，或者分量更足一些，分析让顾客更加满意的途径。在收集了顾客的需求之后，连锁店很快做出了改进。

另一批研究人员也参与到这个调查中，他们调查的起点是考虑顾客购买奶昔的原因或动机。研究人员在一家餐厅连续待了18小时，对购买奶昔的人进行详细记录，还对那些只在清晨购买一杯奶昔的顾客进行采访，了解他们购买奶昔的目的，同时询问他们在不购买奶昔的情况下会选择什么替代品。研究发现，将近一半的奶昔是在清晨被卖掉的，并且顾客经常只购买一杯奶昔，多半是打包带走，来应付接下来漫长、无聊的行车过程，通过一只手来完成充饥、消磨时光、补充能量这个任务，同时不影响另一只手把持方向盘，使车辆平稳行驶。研究人员还发现，在一天中的其他时间段，经常有一些父母来购买奶昔，作为孩子们正餐之外的辅食，以减少对孩子的拒绝，让孩子觉得他们还比较通情达理，因此，奶昔扮演了一个无害的、向孩子表达关怀和爱意的工具。在他们的研究结论中，买不买奶昔与其巧克力多少、分量大小并没有直接的相关关系，而是完全取决于和奶昔口味完全不相干的用途。

资料来源：克莱顿·克里斯坦森，迈克尔·雷纳. 创新者的解答. 北京：中信出版社，2013.

请思考：

1. 基于第一项调查结论对奶昔的品质进行改进，会对连锁店的销售收入产生什么样的影响？

2. 基于第二项调查的结论，连锁店可以对奶昔做出哪些改进？

一、市场调查、定位和营销

创业企业应在市场调查的基础上进行市场定位，明确顾客对相应市场的认同度，采取相应的市场营销策略。

(一) 市场调查

市场调查即调查市场状况、周边环境和消费者需求，通过收集、整理、分析有关市场营销的数据信息，了解市场现状和发展趋势的过程。通过市场调查，创业企业可以了解与市场相关的客观因素，如环境、政策、法规等方面的信息，以及与市场相关的主观因素，如消费者需求、竞争对手等信息。详尽的市场调查有助于创业企业做出准确的市场定位、更好的市场细分以及正确的营销决策，减少创业过程中的失误，增加创业成功的可能性。为了制定销售计划，也为了合理备货，创业企业的管理者需要熟悉市场需求调查的基本方法，并结合企业实际开展市场调查工作。

创业企业可通过实地观测/观察法、抽样调查、问卷调查、访问调查、座谈讨论、比较法、提问法、实验收集法等方法，对创业环境、竞争对手、消费者需求状况等方面展开市场调查，以便分析创业活动能够产生的营业额，再结合企业的信用政策来估计不同时间的现金流入量。

上述案例中，在连锁店根据第一项调查的结果很快做出改进后，经营效果并没有改善，销量或利润没有出现显著提高。因为该调查是从产品属性和客户属性进行的分类，所以得到了属性和结果的联系——奶昔的消费者是希望味道更浓一些还是分量更大一些，但并未考虑奶昔的消费情境。

基于第二项调查得出的结论，连锁店发现奶昔的竞争对手并不是其他连锁店，而是早上的无聊，以及其他用来消磨时光和充饥的点心等。于是按照两类顾客群的需求，连锁店可以在早晨售卖奶昔时采取以下措施：拌入小块的果粒，增加吸食奶昔的时间，还可以给顾客一些意外的惊喜，改善用户体验；或者将奶昔做得更浓稠，通过提高吸食的难度，延长喝完一杯奶昔的时间；在每家餐厅内设置自助服务机，让顾客自行刷卡、自助服务，加快购餐速度。而针对作为辅食的需求，则可以降低黏稠度，改变包装，让孩子们可以在有限的时间内，从其喜欢的造型有趣的容器中（叮当猫、奥特曼等）吃完能够传达父母的关怀和爱意的冷饮，还可以将其加在儿童套餐中，降低父母决策的难度。

因此，创业企业在开展市场调查工作之前，一定要明确调查对象和调查情境，以此确定调查目的，选择调查方法，增强调查数据的针对性和调查结果的有效性。

(二) 市场定位和营销

1. 市场定位

市场定位是指企业通过其产品及其品牌，基于顾客需求，将企业独特的个性、文化和良好形象，塑造于消费者心中，并占据一定位置。创业企业要在分析企业环境和消费者需求的基础上，从企业特色入手，为企业树立良好的形象和建立企业优势，从而使得企业获得社会及公众的接受和认可。

创业企业可以基于产品特色、企业文化、企业的杰出人物、公共关系手段等进行市场定位。

2. 市场营销

按照现代营销学之父菲利普·科特勒提出的定义，市场营销是个人和集体通过创造产品和价值，并同别人自由交换产品和价值，获得其所需所欲之物的一种社会和管理过程。市场营销的最终目标是满足需求和欲望。创业企业的市场营销可以采用产品导向或顾客/消费者需求导向等不同策略。

产品导向的营销理论从供给方角度考虑如何将产品或服务成功传递到客户群体，以实现产品或服务的价值，是四个基本策略的组合：产品（product）、价格（price）、渠道（place）、宣传（promotion）。由于这四个英文单词的首字母都是 P，再加上策略（strategy），简称为 4Ps。

以顾客/消费者需求为导向的营销理论强调企业应该把追求顾客满意放在第一位，产品必须满足顾客需求。该理论重新设定了市场营销组合的四个基本要素：顾客（customer）、成本（cost）、便利（convenience）、沟通（communication）。由于这四个英文单词的首字母都是 C，再加上策略（strategy），简称为 4Cs。

奶昔案例中的第一项调查是基于产品导向的理念展开的，因此营销策略也是基于产品本身的改进做出的；第二项调查则是从顾客需求出发，所以区分两类不同顾客对产品进行了改进，取得了较好效果。

二、产品定价

通过市场调查了解产品的大致需求之后，创业企业还需要为产品制定一个合理的价格，以便在增加销量的同时增加企业利润。一般来说，产品定价可以采用如下方法。

（一）成本加成定价法

成本加成定价法是在产品成本的基础上加上一定的预期报酬和销售税金作为产品预计销售价格的方法。对于商贸流通企业来说，产品成本是商品的进价，对于其他企业来说则是产品的生产成本。如一件产品的成本是 20 元，每件产品的毛利是 5 元，需要支付的综合税金是 1 元，则销售价格应定为每件 26 元。

（二）竞争定价法

在产品或服务定价时，除考虑其生产成本和消费者需求外，还需要根据市场竞争状况来确定具体的价格水平。以竞争为基础的定价策略以同类产品和服务的市场供应竞争状态为依据，以竞争对手的价格为基础，根据竞争对手的实力和自身产品或服务的质量，以及发展战略等因素的要求来确定价格水平。依上例，每件产品的成本是 20 元，若竞争对手大部分采用薄利多销策略，市场售价接近 22 元，则企业产品的定价也应在 22 元上下。

(三) 其他定价方法

1. 撇脂法和渗透法

撇脂法是以高价将产品投入市场，在初期获得高额利润，以后随产品销路扩大逐渐降价的策略。这种策略适用于市场上没有类似替代物，或其质量或者功能不宜量化的产品。渗透法是以低价将产品投入市场，尽快打开销路，夺取更大市场份额，以后再逐渐提高价格的策略。在产品市场规模大、竞争激烈、价格弹性大的情况下，采用渗透法，可以达到以廉取胜、薄利多销的目的。

苹果 iPod 是前些年最成功的消费类数码产品之一。第一款 iPod 零售价高达 399 美元，即使对于美国人来说，也属于高价位产品，但是有很多"苹果迷"既有钱又愿意花钱，纷纷购买；苹果公司认为还可以"撇到更多的脂"，于是不到半年又推出了一款容量更大的 iPod，定价 499 美元，仍然销路很好。苹果公司的撇脂定价大获成功。

小米的定位是为广大发烧友提供高性价比的产品，走低价格高配置路线，实现薄利多销，依托硬件为顾客提供更多的软件和互联网服务，坚持让更多人感受到科技进步带来的快乐与极致体验。事实证明小米手机采取的渗透定价策略在市场上卓有成效，为其赢得了较高的市场份额。在低端市场，小米一直保持其高性价比的鲜明烙印，从而获得大量价格敏感型用户的喜爱。

2. 尾数定价法和整数定价法

尾数定价法指企业针对消费者求廉的心理，在商品定价时有意采用非整数的定价形式，以达到引起消费者购买欲望，增加销量目的的定价方法。以这种方法制定的价格，其尾数以 8 和 9 居多，这样既能给消费者一个价格较低的印象，又能使消费者认为企业定价认真准确，从而产生一种信任感。但该方法一般仅适用于价值较小、销售量大、购买次数较多的商品。

整数定价法与尾数定价法相反，是以整数作为商品定价的一种方法。高档商品或耐用消费品在定价时宜采用本方法，给消费者一种商品质量好、可靠性强的印象，从而刺激其购买欲望。

3. 声望定价法和促销定价法

声望定价法是以商店或商品的声望为基础为商品定价的方法。这种定价方法根据消费者对某些产品的信任，以及消费者对名牌、高端产品的"价高必质优"的心理，把某些实际上价值不大的产品价格定得很高，以满足消费者的心理需求。

促销定价法是利用消费者求廉心理，有意将某一种或某些商品的价格定得很低，甚至以接近或低于成本的价格销售，以扩大其他商品销售的方法。

本节前述案例中奶昔的定价采用竞争定价法较好，在节假日可以适当做些促销活动。

品牌及公司的影响力、产品生命周期及市场竞争程度、技术先进性、企业议价能力等都会影响产品价格，所以，创业企业应注重品牌建设和技术研发，提高议价能力，争取在竞争中具有一定优势。

三、销售收入预测

预测销售收入是编制现金预算的核心，也是预计利润表的编制起点。

(一) 销售方式选择

创业企业产品销售可以采用现销、赊销、预付款销售、分期付款销售等形式，不同销售方式对资金流入的影响不同。

采用现金销售的方式最为简单，顾客一手交钱企业一手交货，能够在销售收入形成的同时收回现金，形成资金流入。这种方式在那些客户是最终消费者的企业采用最为普遍。此时，只要做好现金的日常收支管理工作即可。

采取预收货款方式销售货物，会先行收到货款再提供产品或服务。当企业的产品非常受欢迎，市场上比较紧俏时，可以采用这种方式进行销售。这种销售方式对于企业的资金流入管理最为有利，可以使创业企业免费使用客户资金。

采取赊销和分期收款方式销售货物，往往会事先签订书面合同，约定收款日期，这时会形成企业的应收账款。由于商品过剩时代的到来，以及市场竞争的日趋激烈，很多企业都采用赊销或分期收款的方式进行销售，这时需要做好应收账款管理。

委托其他纳税人代销货物时，在未收到代销货款前也需要做好应收资金的管理。

(二) 销售收入预测

1. 销售收入的计算

企业需要根据制定的营销策略预计不同价格水平下可能的销售数量，用数量乘以价格计算产品的销售收入，并根据制定的信用政策，确定当期能够收回的货款以及形成的应收账款金额。

预计销售收入＝预计销售量×产品单价

预计应收账款＝预计销售收入×赊销比例

2. 不同折扣的处理

企业采用商业折扣和现金折扣方式进行销售时，销售收入的计算方法有所不同。

商业折扣在销售行为发生时提供，企业的销售收入是不包含商业折扣的销售净额；现金折扣在销售之后发生，只是一种发生折扣的可能性，在销售行为发生时按照全部的销售收入确认。

例 5-1

创业企业乙公司针对不同产品制定了不同的销售策略，其销售单价及数量等信息如下。

要求：计算以下不相关情况下的销售收入及相应的现金流入。

(1) A 产品比较受欢迎，采用预收货款的方式销售。单价为 1 000 元/件，当期销售 500 件；

(2) B产品市场竞争较为激烈，采用提供商业折扣的方式进行促销。单价为800元/件，2件打九五折，3件打九折。某客户买了3件，已如数支付款项。

(3) C产品采用赊销的方式进行销售，单价为600元/件，信用期为25天，销售数量为1 000件，尚未收到货款。

(4) D产品采用赊销的方式进行销售，单价为1 200元/件，信用期为40天，为提前收回货款，提供"2/20，n/40"的现金折扣。某客户采购了50件，在第18天支付了货款。

(1) 采用预收货款的方式销售产品，产品发出时销售收入已全部收到现金。

销售收入＝1 000×500＝500 000(元)

(2) 客户买了3件，享受九折的商业折扣。

销售收入＝800×3×90％＝2 160(元)

这2 160元全部收到现金。

(3) C产品采用赊销的方式，销售收入均为应收账款。

销售收入＝600×1 000＝600 000(元)

(4) D产品的销售收入与收到的款项不同，分别计算如下：

销售收入＝1 200×50＝60 000(元)

款项已经收到，但是减去现金折扣后的金额为：

60 000×(1－2％)＝58 800(元)

四、应收账款管理

产品采用赊销或分期收款方式销售时需要做好应收账款管理，确保销售收入能够收回资金。

案例导入

甲建筑公司和某地方政府签订了一份项目工程合同，合同金额为1500万元。施工过程中的支出由公司先行垫付，工程验收合格后政府分3次等额支付货款，每次支付500万元。项目投入的人工成本和材料成本合计为1000万元左右，施工周期为1年。一年之后，项目完工，验收过程用了3个月，在公司的催促下，于验收结束后的第9个月收到第一笔款项，又用了半年时间终于收齐全部的项目建设资金。

请思考：

甲建筑公司在此项工程合同中的利润是500万元吗？为什么？

答案显然是否定的。因为项目建设资金由建筑公司垫付，完工后又经过了一年时间应收账款才全部收回。这期间该建筑公司发生了大量的机会成本。如果是和其他单位合作，可能会面临应收账款无法回收的风险。因此，创业企业应制定合理的信用政策，并加强对应收账款的日常管理。

（一）信用政策概述

信用政策是指企业为对应收账款进行规划与控制而确立的基本原则性行为规范，是企业财务政策的一个重要组成部分，包括信用标准、信用额度、信用期间、现金折扣等内容，主要作用是调节企业应收账款的水平和质量。

应收账款管理

制定信用政策，需要创业企业建立有效的应收账款管理体系，主要包括以下内容：进行行业付款习惯分析，了解所在行业的销售及收款习惯；在提供任何产品或服务之前对客户的信用进行调查和评估；确定合适的信用标准、信用期间和现金折扣等。

1. 信用标准

信用标准是指顾客获得企业的交易信用所应具备的条件。如果顾客达不到信用标准，便不能享受企业的信用或只能享受较低的信用优惠。

企业可以通过信用分析的方法确定客户是否满足企业的信用标准，通过"6C"系统评估客户赖账的可能性。"6C"系统是评估顾客信用品质的六个方面，即品质（character），指顾客的信誉，即履行偿债义务的可能性；能力（capacity），指顾客的偿债能力，用流动资产的数量与质量以及与流动负债的比例确定；资本（capital），指顾客的财务实力和财务状况，表明顾客可能偿还债务的背景；抵押（collateral），指顾客付款或无力支付款项时能被用作抵押的资产；条件（condition），指可能影响顾客付款能力的经济环境；可持续性（continuity），指客户持续经营的可能性。创业企业可以从客户的财务报表、客户开户银行的证明文件、其他与客户有来往企业出具的证明、关于客户的信用评级和信用报告等获得"6C"信息，评定其信用程度，做出是否赊销的决策。

2. 信用额度

信用额度是创业企业给予客户赊销的最大限额。企业需要基于自身的资金实力、客户的接受程度，并结合客户的信用等级、企业的信用期限等确定。

可以采用客户销售量法、客户回款额法等确定不同客户的信用额度。对于那些符合信用标准的客户，企业可以根据以往客户的订货量和订货周期确定其信用额度，如以客户的上季度订货量为基本数值，结合本企业的信用期限，以及客户的信用等级或以往付款情况进行调整计算；也可以根据客户最近半年的回款能力确定信用额度，如计算客户近半年来每个月回款额的加权平均值，结合本企业的信用期限，计算客户的信用额度。

另外，还可以采用客户稳定的月销售额乘以赊销比例来计算其信用额度；或者根据预测的客户未来利润额，以客户一定期间所能贡献的利润额作为信用额度；还可以以客户营运资金规模的大小确定客户信用额度；或者参照银行为客户授信的额度确定客户的信用额度等。

3. 信用期间

信用期间是企业允许顾客从购货到付款之间的时间，或者说是企业给予顾客的付款期间。如果创业企业允许顾客在购货后的 45 天内付款，则信用期间为 45 天。

信用期间过短，不足以吸引顾客，在竞争中会使销售额下降；信用期间放长，对销售额增加固然有利，但同时客户占用企业资金的数额也会增加，且会增加发生坏账（款项无法收回）的风险。因此，企业必须慎重研究，规定恰当的信用期。表 5-3 为部分行业的标准信用期限，可供参考。

表 5-3 部分行业的标准信用期限

行业	标准信用期限范围（天）	标准信用期限（天）
医药	60~120	90
快速消费品	30~45	30
信息技术	7~30	15
其他消费品	30~60	45
其他工业品	30~120	60

资料来源：根据穆迪、标准普尔等公开资料综合整理。

4. 现金折扣

现金折扣是销售企业为鼓励客户在规定期限内提前付款，而向债务人提供的一种按不同期间付款给予不同比例折扣的债务扣除。现金折扣的表示方式为：2/10，1/20，n/30（即 10 天内付款，货款折扣 2%；20 天内付款，货款折扣 1%；信用期间为 30 天）。现金折扣发生在销货之后，是一种筹资性质的理财费用，可以吸引顾客为享受优惠提前付款，缩短平均收现期；还可吸引一些视折扣为减价的顾客前来购货，扩大销售。例如，A 公司向 B 公司出售商品 30 000 元，付款条件为"2/10，n/60"，如果 B 公司在 10 日内付款，只需付 29 400 元；如果在 60 天内付款，必须付全额 30 000 元。

现金折扣看起来是销售方的一项支出，但是对于急需现金的创业企业来说，资金周转是最重要的问题，而且如果企业能将尽早收回的现金用于其他投资，获得比现金折扣更高的收益，则提供现金折扣不但缩短了企业资金的周转期，而且能给企业带来更多收益。

(二) 信用政策制定

对于很多企业来说，如果不进行赊销，就是"等死"；如果进行大规模赊销，管理不善，就是"找死"。所以，创业企业提供商业信用，采取赊销或分期收款的方式进行销售，会在一定程度上增加销售，但是由此形成的应收账款也会发生相应成本，需要在可能的收益和成本之间进行权衡，制定合理的信用政策。

应收账款的成本有机会成本、管理成本、坏账损失成本等。应收账款占用了企业可投资于其他项目的资金，形成一定的机会成本，对应收账款的管理会带来管理成本，如果应收账款因故不能收回发生损失，又会形成坏账损失成本。前面提到的甲建筑公司的利润之所以没有账面上看起来那么高，就在于还需要考虑其机会成本和管理成本。

制定信用政策时需要在提供商业信用带来的收益增加和由此引起的成本增加之间进行比较，选择净收益为正的信用政策。应收账款成本构成如图 5-4 所示。

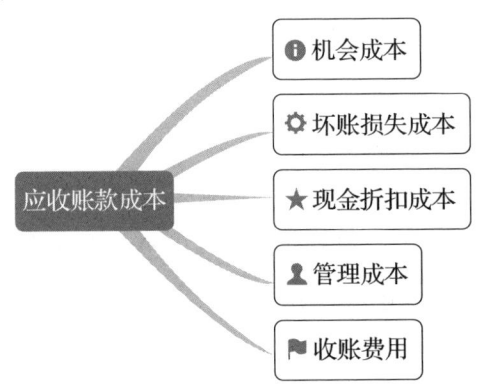

图 5-4　应收账款成本构成

> **例 5-2**
>
> 仍以甲建筑公司为例,假定其投资的平均报酬率为15%,对该笔应收账款的管理成本为1万元,不存在坏账发生的可能性。
>
> 要求:计算和该笔应收账款相对应的成本。
>
> 甲建筑公司收到的第一笔500万元的款项发生在第一年末,其机会成本为1年的利息;后面的1 000万元则在1年半之后收到,机会成本应为1.5年的利息。于是,该笔应收账款的机会成本为:
>
> 机会成本=500×15%+1 000×15%×1.5=300(万元)
>
> 因此,该笔应收账款的总成本为:
>
> 总成本=300+1=301(万元)

(三) 日常应收账款管理

不同行业由于竞争程度、客户谈判能力的差异,会有不同的应收款销售比例和收款周期,即使在同一行业,不同战略定位的企业在应收账款管理上也会有不同的效率水平。

创业企业应从理念、制度、方法、体系等各个方面着手,加强应收账款管理工作。交易前,要有意识、有能力判断客户的信用风险;交易中,要动态监控每一个客户的信用状况,并有针对性地采取预防措施;交易后,要有欠款催收、讨债、诉讼、保理等一系列的事后管理手段。

应收账款管理的基本原则应该是:谁负责签单,谁负责回款。应收账款的回收工作应该由销售人员(销售部)做,由法务部做,由保理商做,而不是直接由财务部负责。

日常管理中可以进行账龄分析,每周对逾期30天以上的客户账户过目并进行催收;通过采用合理的收账方式,减少客户对企业资金的免费占用,尽可能降低应收账款成本;对于那些采取正常收款手段依然无法收回的欠款,可以卖给保理公司等。

第三节　资金流出管理

创业企业经营者要具备底线思维意识，考虑企业的资源底线，将企业有限的资金和资源从企业战略出发，"好钢用在刀刃上"，做好采购、生产过程中资金流出的管理，以及结算环节应付款项的管理。

一、采购过程的资金管理

无论企业所处的行业和性质如何，采购都是经营活动的开端。企业可以采购有形商品，也可以采购无形商品；可以采购原材料，也可以采购半成品、产成品。本节以制造企业为例进行讲述。

（一）存货的构成和成本

存货是企业在正常生产经营过程中持有以备出售的产成品或商品，或仍然处于生产过程中的产品，或在生产过程或提供劳务过程中将要消耗的材料物资等。存货是企业流动资产中数量最多，也往往是占用资金最多的一项，尤其对于制造企业来说，50%的流动资金会占用在存货上，存货还是流动性较差的流动资产。

企业持有存货一方面是为了满足生产或销售的经营需要；另一方面是出自价格的考虑，零购物资的价格往往较高，而整批购买在价格上会有优惠。但是，存货过多要占用较多资金，并且会增加包括仓储费、保险费、维护费、管理人员工资在内的各项开支，因此，进行存货管理的目标就是尽力在各种成本与存货效益之间做出权衡，达到两者的最佳结合。

加强存货的采购管理需要了解存货成本的构成，如图 5-5 所示。存货成本除了包括其购置成本（单价×数量）外，还包括订货成本和储存成本。订货成本是企业在订购商品、材料过程中发生的处理和验收成本，如常设采购机构的管理费、采购人员的工资，以及采购需要支出的邮资、差旅费等；储存成本是存货在储存过程中发生的成本，如仓库折旧费、仓库职工工资，以及存货的保险费、残损和变质损失、存货占用资金的应计利息等。如果企业的存货过少，在销售或者消耗超出预期的情况下还可能发生短缺成本，使企业不得不停工待料或者丧失潜在的销售收益。因此，创业企业要在了解存货成本构成的基础上，在各种成本及存货的收益之间进行权衡，确定合理的存货采购数量，尽可能降低持有存货的总成本。

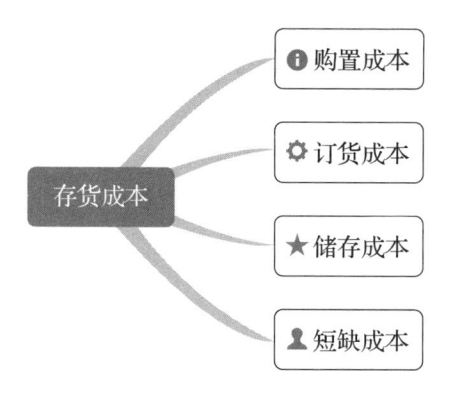

图 5-5　存货成本构成

（二）存货的经济订货批量

经济订货批量是使持有存货总成本最低的每次最佳订货的数量。根据假设不同，有不同的计算公式。

1. 基本经济订货批量

经济订货批量是在一定时期能够使存货的储存成本和订货成本总和最低的采购批量。从存货成本的构成可以看出，储存成本和订货成本与订货批量之间具有相反的关系。订货批量越大，企业储存的存货越多，储存成本越高；同时，订货次数越少，订货成本越低。相反则呈反向变化。图 5-6 对这两种成本与订货量之间的关系进行了描述。确定经济订货批量的目的就是寻找使这两种成本之和最小的订货批量，如图 5-6

中的 Q^* 点。

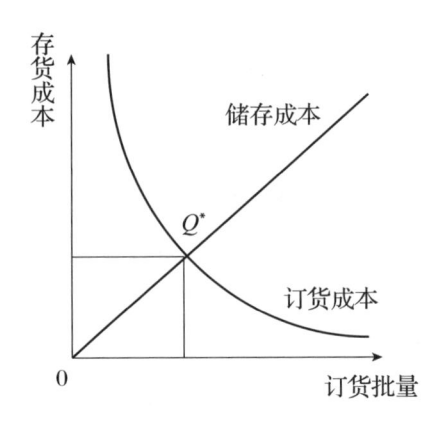

图 5-6 基本存货经济订货批量模型

基本的经济订货批量模型是在一系列假设之上确定使存货的相关总成本达到最低点的进货数量的模型。这一系列假设包括：存货能够随时补充，可以集中一次到达且均匀耗用，存货的市场供应充足且不存在缺货的情况，企业对于存货全年的需求稳定且能预测，存货的采购单价不变且无折扣，创业企业现金充足。

于是，存货的经济订货批量可以计算如下：

$$Q^* = \sqrt{\frac{2KD}{K_C}}$$

相应的总成本为：

$$TC = \sqrt{2KDK_C}$$

式中，Q^* 为经济订货批量；K 为每次订货的变动成本，如每次订货的邮资、差旅费、货物的运输费、保险费以及装卸费等；D 为存货的全年需要量；K_C 为单位储存成本；TC 为总成本。

经济订货批量模型是目前大多数企业最常采用的确定存货最佳采购数量的方式。除以上假设外，还包括在库存消耗至 0 时才发出订单的隐含假设。

2. 提前订货

如果存货不能够随时补充，企业就不能等到库存下降到 0 时才发出订单，而是应该在存货还有一定数量库存时发出订单。企业再次发出订单时尚有存货的库存量称为再订货点，用 R 表示。

$$R = L \times d$$

式中，d 是每日正常的存货消耗量；L 取决于企业发出订单以及供应商处理订单的时间，供应的时间间隔，在途、验收、整理准备等所需要的时间。提前订货时，每次订货批量、订货次数、订货的时间间隔不变，只是在库存数量达到 R 时发出订单。

3. 保险储备

如果存货的市场供应不充足，可能存在缺货的情况，则为了避免企业停工待料的局面出现，就需要设置一定的保险储备。

(三) 存货的日常管理

存货日常管理可以采用 ABC 法、JIT 法等不同的管理方法。ABC 法是依存货的价值来分类管理的方法。通常 A 类存货的价值最昂贵，管理上最为严格；C 类存货单价最低，管理上可以比较松散；B 类存货在管理上给予一般的重视即可。JIT 法（just in time）是一种适时生产系统，是要求根据销售情况倒推存货的购置数量，以销定产、以产定购，以期将存货维持在最低水平的一种方法。无论是哪种方法的日常控制，都需要以存货的相应数据作为支撑。因此，创业企业最好对存货实行永续盘存的制度，在存货的日常收发过程中，记录好存货的增减状况，不要为省事采用实地盘存的方法。①

创业企业可根据自身状况选择不同的存货日常管理方法。就目前

---

① 永续盘存制也称账面盘存制，就是通过设置存货明细账，对日常发生的存货增加或减少进行连续登记，随时在账面上结算各项存货的结存数并定期与实际盘存数对比，确定存货盘盈盘亏的一种制度。实地盘存制又称定期盘存制，是指期末通过实地盘点来确认库存存货数量，并据以计算期末存货成本，然后倒挤发出存货成本的方法。

情况来看，我国的很多企业依然在采用 ABC 法，采用 JIT 法的企业不多。但是随着网络技术和计算机技术日益发达，在企业销量比较容易预测、产品质量有保障的情况下，采用 JIT 法可以大大降低存货成本。

为加强存货管理，建立数据库、保存完整的会计记录就显得非常必要。创业企业可以借助软件包来增强信息的流动性，实现信息共享，帮助创业者进行财务控制和存货分析。

二、经营过程中的资金管理

经营过程中的资金流入管理主要是销售收入及其资金回收的管理，第二节已经讲过，此处不再赘述。

经营过程中的资金流出管理除采购过程中的资金流出外，主要是日常的成本费用管理，如职工薪酬和其他期间费用支出的管理等，成本费用的管理见第六章的讲解。

三、应付款项管理

商业信用的大量存在使得企业可以通过赊购的方式进行日常采购，形成应付账款；按照我国法律规定，职工薪酬和税金在支付之前形成企业的应付税费。创业企业应做好应付款项的管理，在维护企业信誉的情况下增加可以支配使用的资金。

（一）应付账款管理

应付账款是企业在赊购过程中形成的对供应商的欠款。尽管大多数创业企业希望在尽可能不损害供应商关系的前提下延迟付款，增加可供企业使用的现金流量，但延迟付款不一定总是好事。在企业拥有足够的现金或者能够取得更低利率的借款时，享受由供应商提供的付款折扣也许会大大降低企业的资金成本。

应付账款支付的技巧包括：熟悉放弃现金折扣成本的计算，正确做出是否享受现金折扣，以及是否推迟付款的决策等。

1. 放弃现金折扣成本的计算

在前面的应收账款管理中，曾提到作为销售方的创业企业是否提供现金折扣的问题。如果销售方提供了现金折扣，对于采购方来说就存在是否要享受现金折扣的问题。享受与否取决于创业企业对折扣成本的理解。现金折扣的成本表面上看起来不高，只有 1%～2%，但是在折扣期那么短时间内的 1%～2% 如果折算成年利率，一般会是一个很高的数字（按照商业惯例资金成本一般按年表示）。许多创业企业由于缺乏相应的财务知识，往往忽略对现金折扣的使用，无形中承担了不少机会成本。下面举例说明。

例 5-3

假定供应商甲提供的付款条件是"2/10，n/30"，则意味着如果购买方在 10 天内付款就可以享受 2% 的现金折扣，全部款项的信用期是 30 天。这时企业放弃现金折扣的成本为：

$$放弃现金折扣成本 = \frac{2\%}{1-2\%} \times \frac{360}{30-10} = 36.73\%$$

可见，看起来区区 2% 的现金折扣从年成本的角度看，竟然达到了 36.73%，基本上是所有外界筹资方式中最高的一种。因此，创业企业应在了解现金折扣计算方法的基础上，做出正确的支付决策。

2. 是否享受现金折扣的决策

是否享受现金折扣取决于企业放弃成本和可能取得的收益之间的比较。如果企业能够借到年利率低于 36.73% 的款项，则应该享受该笔现金折扣，降低筹资成本；如果企业放弃享受现金折扣，而用该笔资金进行投资所获得的投资报酬率高于 36.73%，则可以放弃现金折扣进行投资，提高整个企业的投资报酬，而且即便是放弃享受现金折扣，也要将付款期推迟到信用期的最后一天。

3. 应否展期的决策

应付账款的展期是对于尚未支付的应付账款,往后推延预定的支付日期或期限。创业企业在资金过度紧张,确实无法在信用期内支付款项的时候,可能会选择展期支付,需要做出是否展期的决策。因为展期付款会给企业带来损失,有可能导致企业信誉恶化,丧失供应商乃至其他贷款人的信用,或日后招致苛刻的信用条件,所以创业企业一定要仔细分析展期付款带来的损失和由此降低的放弃折扣成本之间的关系。非万不得已的情况下,尽可能不要展期,因为很多信誉恶化产生的隐性损失可能难以量化估计。

4. 不同现金折扣条件的选择

如果创业企业在进行采购时面对两家以上提供不同信用条件的卖方,则应通过衡量放弃折扣成本的大小,选择信用成本最小(或所获利益最大)的一家。

例 5-4

依例 5-3,假如供应商乙提供的现金折扣条件为"1/20,n/40",则其放弃现金折扣的成本计算为:

$$放弃现金折扣成本 = \frac{1\%}{1-1\%} \times \frac{360}{40-20} = 18.18\%$$

如果创业企业认为企业的资金足以享受现金折扣,比如能在 10 天内付款,则应选择供应商甲;如果企业可以在 20 天内筹集资金支付货款,则可以选择供应商乙;如果创业者认为 30 天内无法支付货款,即肯定要延期支付,则在其他条件相同时应该选择供应商乙,以降低展期成本。

(二) 应付税费管理

应付税费虽然是企业在生产经营过程中形成的自发负债,不需要支付资金成本,但是这种负债的时间较短,而且不可能展期,一旦不能按时支付还会违反相关法律法规，对企业的信誉产生较大影响。

按照《中华人民共和国劳动合同法》的相关规定，企业应该按期支付职工工资，未能及时足额支付劳动报酬的，劳动者可以解除劳动合同，此种情况下劳动者解除劳动合同时，用人单位应当向劳动者支付经济补偿。

如果企业未及时申报纳税，或申报后银行账户没有足够的资金，或者基于创业企业自身原因没有及时缴纳税款，则需要按日加收滞纳金，甚至会被处以罚款，列入纳税人黑名单，影响日常经营。

所以，创业企业要按照相关法律法规的规定，及时支付职工薪酬，按时缴纳企业税款，避免造成不应有的损失。

需要指出的是，不同行业对于资金的需求和日常管理的要求不尽相同，有各自的特点，如制造业创业利润较高，但是对于资金的需求较大；零售业或服务业净利润可能较低，对于资金的需求也较小。创业者要明确自己所创企业的行业特点，结合具体情况做好资金管理工作。如果是制造企业，就要在管理好企业利润的同时，不要累积过多的应收账款和存货，以免导致资金周转不灵的情况出现；如果是零售或服务企业，就要充分利用现金流，尽量提高资金周转的效率，通过少量资金的快速周转提高企业经营效率。

学习要点

资金管理的重要性表现在：可以降低企业风险，提高企业效益，促进企业发展。

资金管理的目标是企业资金的安全性、流动性和收益性。

资金管理的内容包括企业现金资产的管理以及现金流的管理。

创业企业可以采用日记账、预算管理等工具加强对日常资金的管理。

编制现金预算通常采用的方法是现金收支全额法。

现金预算表的基本结构可分为预期资金流入、预期资金流出、资金融通与调剂和期末现金余额四部分。

资金管理技巧包括保持合理的现金持有量，做好资金浮游量管理；开源节流，做好资金池管理；匹配资产负债结构；借助财务软件提高管理效率等。

为满足交易性需要、预防性需要和投机性需要，企业需要持有一定数量的现金。

现金持有量的计算方法有成本分析模式、存货模式和随机模式三种。

对于创业企业来说，由于其未来的现金流量状况较难预测，因此，随机模式是一种不错的确定最佳现金持有量的方法。

资金浮游量主要指企业和银行之间的未达账项。

创业企业可以采用成本加成定价法、竞争定价法、撇脂法和渗透法、尾数定价法和整数定价法、声望定价法和促销定价法等为其产品定价。

信用政策是指企业为对应收账款进行规划与控制而确立的基本原则性行为规范，是企业财务政策的一个重要组成部分，包括信用标准、信用期间、现金折扣等内容。

应收账款管理的基本原则应该是：谁负责签单，谁负责回款。

经济订货批量是使持有存货总成本最低的每次最佳订货的数量。

应付账款支付的技巧包括：熟悉放弃现金折扣成本的计算，正确做出是否享受现金折扣，以及是否推迟付款的决策等。

创业案例

连咖啡大量闭店，原因为何

连咖啡由航班管家的创始人王江在2014年创办，2014年1月获得钟鼎创投的A轮融资，2016年4月获得华策影视5 000万元的B轮融资，2018年3月获得1.58亿元的B+轮融资。

连咖啡自成立以来一直采用的是线上下单、线下配送的运营模式，与传统咖啡店相比既减少了线下门店的重投入，又能迅速占领市场份额，甚至开始实现盈利。连咖啡此前透露的数据显示，截至2018年7月，其营业点达到300多家，用户数量超过500万。

不过从市场反响来看，相比咖啡巨头星巴克、老对手瑞幸咖啡而言，连咖啡的品牌知名度仍不够高。正如连咖啡CMO张洪基表示，不少忠实用户普遍反映看不见连咖啡的品牌标识。而为了打响知名度，连咖啡也开始走向线下。于是，连咖啡2018年在北京望京SOHO落地了首家实体形象店，在此之后陆续在杭州开设了10家以上的新店。对于线下形象店的选址，当时连咖啡方面的负责人在接受媒体采访时表示，华东地区是咖啡重镇，而且杭州是新零售的咖啡重镇，因此选择一次性开设10家大型形象店。

2018年12月底，连咖啡还信心满满地宣布，2019年初将在北上广深等一、二线城市的核心区域开设全新形象店，线下形象店的规模约为50～60家。

但从2019年以来媒体针对连咖啡的一连串报道来看，2018年所立下的线下门店扩张计划似乎进展得并不顺利。据经济参考网援引内部人士消息，连咖啡2019年的发展战略被定位为"品牌瘦身"，减少实体店投入，增加网络营销和外送。

此外，该人士还表示，由于连咖啡前期发展太快，选址盲目，后期开的门店不仅没有增加营业额，反而拖累了老店的业绩，再加上人力成本增加，前期的融资也已经基本消耗殆尽。而据中国网2019年1月上旬的报道，由于销量下滑，营业收入下降，现金流紧张，连咖啡已拖欠咖啡豆等供应商欠款近半年。由此看来，连咖啡的种种迹象似乎都在彰显着这一步棋下得并不理想。

2019年3月，曾经大火的互联网咖啡品牌连咖啡被曝出大量关闭门店，更有媒体曝出，此时连咖啡在全国关店的比例超过30%。

其中店铺网点占比最高的上海仅剩 70 多家门店保持运营，值得一提的是，此前该地区门店运营数为 120 家。2020 年 6 月，连咖啡被曝接连撤店，公司正在运营调整。同年 9 月 3 日，连咖啡通过其官方微信发文宣布回归，但是再回归市场的连咖啡转向发力零售市场，产品方面除保留部分咖啡业务外，还将推出但不限于胶囊、浓缩液、冻干粉、冷萃液、瓶装咖啡等产品。

事实上，这并不是连咖啡首次被曝出关店潮，早在 2018 年底，连咖啡就被曝出资金链紧张，将在全国几个主要布局的城市开始大量关店的消息。不过彼时的连咖啡回应称，在春节前后完成了一轮店面调整，主要针对不盈利和早期不符合品牌要求的店面；优化目的很简单，就是保证公司重新回到盈利状态，做好过冬准备。

资料来源：连咖啡被爆大量关闭门店 咖啡巨头瑞幸或亏损上市.电商报，2019-03-06；新熵.连咖啡被曝大量关店，2019 年会是互联网咖啡品牌的生死之年吗？网易，2019-02-26；郭诗卉，郭缤璐.连咖啡又"活"了.北京商报，2020-09-03.

请思考：

1. 连咖啡关闭门店的原因有哪些？资金在其中起到了怎样的作用？

2. 重新活过来的连咖啡为什么会转向发力零售市场？

e 洗车倒闭

e 洗车倒闭，除了用户的消费习惯没有培养起来，同时遭遇资本寒冬之外，据一位知名汽车 O2O 联合创始人透露，最大的问题在于其盲目烧钱，仅用 2 个月就烧掉 2 000 万美元。在业务无法大量扩展的情况下，又遭遇资金紧张的危机，无法按合同约定与商户结算，遭遇商户大量投诉。大连微晒科技有限公司董事长张晓东创业初期做网站运营项目时，也由于资金不足，项目很快就走向破产的边缘。著名闪购网站 FAB 曾经只用 2 年多的时间便跻身独角兽公司，但在烧完3亿美元后轰然倒塌，投资者血本无归。

资料来源：李家华，王艳茹. 创业基础（微课版）. 上海：上海交通大学出版社，2018.

请思考：

现金流管理在企业创办和经营过程中的重要性表现在哪些方面？

扩展阅读

泡泡玛特的软营销

学习资源

（1）王艳茹. 创业财务. 北京：清华大学出版社，2017.

（2）王艳茹. 初创企业财税. 大连：东北财经大学出版社，2019.

（3）王艳茹. 创新创业教程. 北京：中国铁道出版社，2020.

（4）谢士杰. 财务高手进阶指南. 北京：人民邮电出版社，2020.

（5）张玉荣. 浅析小米手机的渗透定价策略. 商场现代化，2018（5）：42-43.

第五章 思维导图

Chapter Six 第六章

洞悉成本费用，提高管理效益

名人名言

每一个投资人都要搞清楚的是，能随着时间的流逝加深护城河的，才是"资产"，时间越久对生意越不利的，则是"费用"。

——高瓴资本创始人张磊

很多时候创业成功不是因为老大厉害，而是因为公司成本更低，资源配置更节约、更高效。

——裂变式创业开创者宗毅

成本意识只有从老板开始，才有可能贯彻全员。

——雷军

公司本身没有价值。价值取决于有效地分配资源，以及创造出的产品和服务大于投入的成本本身。

——马斯克

故事思考

假定你毕业后想在学校附近开设一家麻辣烫，为了能拥有先进的运营体系、优秀的管理团队、标准化的菜品和汤料配方，以及标准化的品牌形象等，你准备采用加盟的方式开始你的创业活动，创办一家××麻辣烫有限责任公司。据调查，所需的部分资金如表 6-1 所示。

表 6-1 资金支出项目及金额

品牌加盟费	一线及省会城市、直辖市为 19 800 元/年，其他区域为 10 000 元/年
履约保证金	10 000 元
首批设备/原料	50 000 元起
店面装修	北京、上海为 900 元/平方米，其他城市为 800 元/平方米

店面租金、人员工资等其他投入取决于你所在地的经济状况。

请思考：

1. 在创办和经营该餐馆的过程中还会发生哪些成本费用？
2. 这些成本费用中，哪些是经营成本？哪些是期间费用？

第一节 理解成本费用

企业创办和经营过程中的支出，一部分构成成本，在产品销售期间从销售收入中扣除；一部分构成费用，在发生的当期收回；一部分则形成投入，从未来的收入中逐步回收。从管理角度了解成本费用的概念和分类，有利于创业企业进行成本管理，提高成本利润率。

一、成本费用的概念和种类

熟悉成本费用的概念和分类，是正确计算和科学管理的基础。

（一）成本费用的概念

成本费用泛指企业在生产经营中所发生的各种资源耗费的货币表现。从狭义的角度来说，成本和费用有各自的概念和内涵，成本与企业业务有直接关系,而费用与企业业务有间接关系。但实际生活中人们往往并不对二者进行区分,而是使用广义的成本概念,将成本费用统称为成本,只在特定场合分别计算其金额。下面使用广义成本的概念对其进行分类。

(二) 成本费用的分类

成本费用可以分别按照经济用途和管理需要等进行分类。

1. 按经济用途分类

经济用途是指资源消耗的使用方向。成本按经济用途可分为制造成本和非制造成本,这是一种最基本的分类方法。其分类结果主要用来确定存货成本和期间损益,满足企业对外财务报告的需要。

(1) 制造成本。制造成本是指生产单位(如车间)在生产产品过程中所发生的各项费用,包括直接材料、直接人工和制造费用。制造成本通过多次分配或进入利润表(表现为已销售产成品的成本),或进入资产负债表(表现为未销售产成品、在制品、材料等的存货成本)。

直接材料是企业生产过程中直接用于产品生产,构成产品实体的原材料、辅助材料、外购半成品及有助于产品形成的其他材料等;直接人工是指企业在制造产品的过程中,为获得直接参加产品生产人员提供的服务而给予的各种形式的报酬以及其他相关支出。直接材料和直接人工统称为直接成本;制造费用是指企业为生产产品和提供劳务而发生的各项间接费用,包括车间管理人员的薪酬,机器设备和厂房的价值磨损以及修理费,车间的水电费、物料消耗、办公费、劳动保护费及其他制造费用。企业应当根据制造费用的性质,选择合理的制造费用分配方法,将其分配计入产品生产成本。制造费用的分配标准可以是生产工人职工薪酬的比例、工时比例、耗用原材料的数量或成本等。

(2) 非制造成本。非制造成本是指管理部门在组织和管理过程中所发生的各项费用，包括销售费用、管理费用、财务费用。非制造成本也称期间费用，在期末一次性记入当期利润表。

管理费用是行政管理部门为组织和管理企业生产经营所发生的各种费用；销售费用是指企业在销售商品、提供劳务过程中发生的各种费用；财务费用是企业为筹集和使用生产经营所需资金等而发生的筹资和用资费用，包括利息支出（减利息收入）、汇兑损益以及相关的手续费、企业发生的现金折扣或收到的现金折扣等。这些费用的共同点是其支出可以使企业整体受益，但难以描述该支出与特定产品之间的关系，因此作为期间成本直接计入当期损益。

成本按经济用途的分类如图6-1所示。

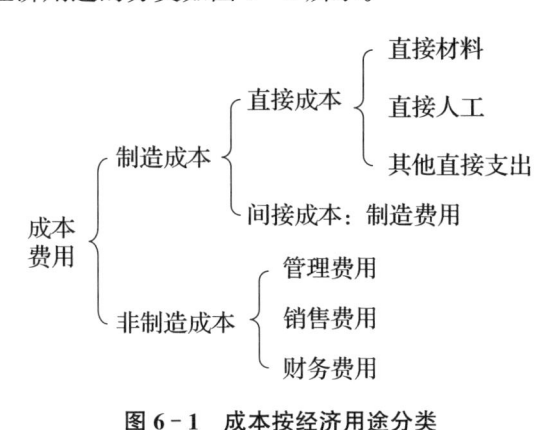

```
                          ┌ 直接材料
              ┌ 直接成本 ┤ 直接人工
              │          └ 其他直接支出
     ┌ 制造成本┤
成本 │         └ 间接成本：制造费用
费用 │
     │         ┌ 管理费用
     └ 非制造成本┤ 销售费用
                └ 财务费用
```

图6-1　成本按经济用途分类

2. 按与特定成本计算对象的关系分类

成本按与特定产品的关系分为直接成本和间接成本。直接成本是在成本发生时即可确认直接计入某产品成本的项目，是可追溯成本（如制造成本中的直接材料、直接人工）；间接成本是在成本发生时不能确认直接计入某产品成本而需要按照某种标准在几种产品之间分配的成本（如制造成本中的制造费用）。该种分类的目的是正确归集和分配费用，以便正确计算产品成本。因此，分配标准和分配方法的选择对于正确计算产品成本十分重要。

由于直接成本显而易见而且客观、较易衡量，经营者往往对直接成本的重视程度高于间接成本。所以，创业者在进行成本管理时应尽可能将间接成本直接化，让其在发生时可以直接匹配合适的成本对象，如产品、订单、项目、渠道等，像服装的设计费应尽可能计入生产服装的成本而不是计入管理费用。

3. 按与收入相配合的时间分类

成本按与收入相配合的时间可分为产品成本和期间费用，其分类结果主要用来满足对外财务报告的需要。

产品成本是与产品生产直接相关（如前述制造成本中的直接材料、直接人工和制造费用）的成本，该项成本随产品完工而表现为产成品成本（未完工部分表现为在产品成本），随产品销售而表现为销售成本（未销售部分表现为期末库存产品成本）；期间费用则是与一定会计期间相关（如前述非制造成本中的销售费用、管理费用和财务费用）而与产品生产无直接关系的成本，因此在财务会计上直接一次性计入当期损益。

例如，生产手机领用的原料成本、支付的人工成本以及磨损的设备成本会计入手机的生产成本，在手机完工时变成产成品。如果手机当期销售出去，则变为销售成本；如果当期未销售，则形成期末存货。但是，管理人员的工资、借款的利息支出等费用，无论当期是否有手机的销售收入均需要按期支付。

4. 按成本与业务量的关系分类

成本按照总额与业务量的关系分为变动成本和固定成本。

变动成本是在一定的时间和业务量范围（相关范围）内成本总额随着业务量变化而成正比例变化的成本（如直接材料费、产品包装费、按件计酬的工人薪金、推销佣金以及按加工量计算的固定资产折旧费等）。但是，在相关范围内单位变动成本保持不变，比如相同型号的一件衬衣使用的布料成本会保持不变。

固定成本是在相关范围内成本总额不随业务量变化而变化的成本（如行政管理人员的工资、办公费、财产保险费、固定资产折旧费、职工教育培训费等）。但是，相关范围内单位固定成本会随着业务量的提高而降低。如随着服装产量的增加，单位服装分摊的折旧费等会相应减少。

由于固定成本和变动成本的特性不同，企业在成本管理上的方法也应不同。工艺改进、产品结构改变或效率提高，比如机器人代替人工、长袖衬衣改为短袖衬衣等可能会降低直接人工或直接材料的成本，降低单位变动成本；固定成本却需要从充分利用生产能力的角度来管理，在有市场需求的情况下通过提高产量降低单位产品负担的固定成本。

水电费、通信费等既与业务量相关又不成正比例变化的成本是混合成本，混合成本可以按照一定方法分解为变动成本和固定成本两部分。请自行学习成本管理会计的内容。

5. 按管理需要分类

（1）沉没成本和机会成本。

沉没成本是指已经发生而且现在或未来的决策都不能改变的成本。从经济学的角度看，由于沉没成本是过去决策的结果，与现在或未来的决策无关，因此，在进行决策时一般不予考虑。如企业拟开发一种新产品——丁产品，20×1年曾广泛征求意见，并向一家咨询公司支付5 000元咨询费，但根据当时的市场状况做出了拒绝开发的决策；20×2年旧事重提，重新就是否开发丁产品展开论证，则在新产品开发决策中，20×1年的咨询费5 000元就是沉没成本，无论20×2年是否决定开发丁产品，在进行成本分析时均不应将20×1年的成本考虑在内，否则可能会做出错误的决策。

机会成本是指选择一个方案时放弃其他方案的潜在最大利益。对于任何一家创业企业来说，其所拥有的资源在任何时候都可以分别用于几个不同的方面，但不能同时在几个方面发挥作用。它用于某一方面可能取得的利益，是以放弃用于其他方面可能取得的利益为代价的。所以，机会成本并非企业的实际支出，但在决策时应作为一个现实因素加以考虑。例如，创业者将200 000元投资于创业企业，就不能再把这笔资金投资在一个年收益率为8%的理财产品上，则这笔资金投资于理财产品可能产生的 16 000 元的投资收益就构成了创业投资的机会成本。由此，创业者起码应该给企业设定一个理想的投资回报率，让企业在经过一定的努力后获得这个回报。当然，考虑到创业的高风险，理想的投资回报率一定要高于 8%，如 15%，其高出的 7% 部分为创业投资比理财产品高出的风险报酬。

（2）功能成本、质量成本和全生命周期成本。

功能成本是指为使产品或服务具有某项功能必须支付的成本。功能成本管理是将产品的功能（产品所担负的职能或所起的作用）与成本（为获得产品一定的功能必须支出的费用）对比，寻找优化产品成本的管理活动。国外有关资料表明，企业取得的成本降低数额中的 80% 来自产品设计阶段。因此，创业者应在保证产品质量的前提下改进产品设计结构，以最低的成本实现产品适当、必要的功能，以降低产品成本，提高企业经济效益。比如一款普通的衬衣就没必要具有防盗、太阳能发电、根据外界温度自动变色等功能。

质量成本是指企业为确保规定的产品质量水平和实施全面质量管理而支出的费用，以及因未达到规定的质量标准而发生的损失的总和。质量成本就其一般内容可以划分为五类：预防成本、检验成本、内部缺陷成本、外部缺陷成本和外部质量保证成本。质量的关键是适用性。质量必须给用户带来价值，明确产品的质量在于保证用户享用并使其满意的适用功能，不在超质量标准上多花一分钱。这就要求创业企业在进行研发时，不要忽略消费者的需求，盲目追求高精度、高性能，而是努力开发出令顾客满意的水平和服务即可。对于衬衣来说，偶尔有一点小的瑕疵，只要比率不高，不会影响顾客选购和企业信誉，就不一定非要做到 100% 的合格率。

全生命周期成本是质量成本的发展，强调质量成本管理应和产品生命周期相结合，将企业成本与顾客成本结合起来进行综合规划，从而将企业效益与顾客效益结合起来，提高社会效益。

（3）实际成本和目标成本。

实际成本是企业在取得各项资产时付出的采购成本、加工成本以及达到目前场所和状态所发生的其他成本。目标成本是企业在生产经营活动开始之前，预先为产品或服务制定的成本。它是根据产品或服务的性能、质量、价格和目标利润确定的企业在未来一定期间必须达到的成本水平。目标成本的表现形式很多，如计划成本、标准成本或定额成本等，一般情况下要比实际成本更加合理和科学。

目标成本分为两种：战略意义上的目标成本强调在不损害企业竞争地位的前提下寻找成本降低的途径，是与市场竞争要求相适应的成本控制。而战术意义上的目标成本强调在不损害产品功能和质量的前提下寻找成本降低的途径，是与企业盈利要求相适应的成本控制。

目标成本的制定往往采用倒算法，在制定目标成本时，需要首先确定企业的经营目标，从如何满足市场需求以及客户对产品性能、质量和价格的要求入手，确定目标销售收入，然后确定企业所期望的目标利润，最后由销售收入减去目标利润得到目标成本，即

目标成本＝目标销售收入－目标利润

如预计某款衬衣的出厂价为 850 元，企业的单位目标利润是 300 元，则衬衣的生产成本不应该高于 550 元。

案例导入

生鲜电商的成本

在进入生鲜电商时，鲁振旺曾认真调研过淘宝和天猫的生鲜电商，感觉农产品是电商唯一的蓝海，具有毛利率高、增速快和竞争相对宽松的特点。调研时烟台大樱桃行业平均毛利率为 30% 以上，阳山水蜜桃为 35%……他感觉自己的毛利率达到 25% 即可，低价有吸引力，只要规模够大还是有赚钱机会的。依靠鲁振旺自媒体营销的自带流量，抢先购的销量几个月内就冲到 60 万元。但是，经营 20 个月净亏损 170 万元之后，鲁振旺不得不选择放弃。那么，在毛利率如此高的行业，鲁振旺净亏损的原因是什么呢？这就不得不说到成本的分类和构成了。

> 一个生鲜电商负责人算了一笔账,以荔枝为例,进货价为10元/千克,网上售价为12元/千克,看似利润率达20%,但20%以上的货物在进货过程中就损耗掉了,加上人工、物流成本,利润率微乎其微,运送不到40元的一单货,快递费为20元,加上愈演愈烈的价格战,生鲜水果电商基本都会亏损。
>
> 资料来源:张志,乔辉.大学生创业指南——从零开始学创业.北京:人民日报出版社,2016.
>
> 请思考:
>
> 鲁振旺在进行调研时忽略了哪些成本?根据上述成本的分类,你会给创业者提出哪些建议?

二、成本费用计算的基本要求

企业应当遵循法律法规,结合生产经营特点和管理要求,确定成本核算对象,归集成本费用,计算产品的生产成本。

(一) 严格执行国家规定的成本开支范围和费用开支标准

企业严格遵守国家规定的成本开支范围和费用开支标准,既能保证产品成本的真实性,使同类企业以及企业本身不同时期之间的产品成本内容一致,具有分析对比的可能,又能正确计算企业利润并进行分配。在实际工作中,许多创业者错误地以为凡是耗费都可以计入产品成本,这种对成本概念的不正确认知会导致其在日常成本管理时无意中触犯法律法规。因此,创业企业应认真学习和成本管理相关的法律法规,做到科学管理守法经营。

财政部根据企业在生产过程中所发生生产费用的不同性质,明确规定了哪些成本可以列入生产经营成本,哪些成本不能列入生产经营成本。我国现行会计制度规定,与生产经营活动无关的耗费不能计入产品成本,如筹资活动和投资活动的耗费不能计入产品成本,而应当计入筹资成本和投资成本。

（二）满足经营管理的需要

为满足企业经营管理的需要，进行成本计算时不仅要按照国家的有关法规、制度计算产品或劳务成本和各项期间费用，还应该为不同管理目的提供不同的成本管理信息，如功能成本和质量成本、相关成本和无关成本、目标成本和机会成本等，以利于企业管理部门做出正确的经营管理决策。所以，企业的成本计算必须与其生产经营特点和管理要求相适应。

成本计算中可选择的方法有很多，如实际成本计算法、标准成本计算法、变动成本计算法等，就具体的成本计算对象而言，又可以按照产品的品种、批次、步骤等进行计算。企业究竟选择哪一种或哪几种核算方法，必须根据实际情况进行选择。企业会计人员必须在分析企业生产经营类型、生产工艺和技术流程特点的基础上，设计出适合本企业管理需要的成本计算程序和方法。

（三）加强对成本的审核和控制

产品成本计算虽然是对已发生的费用进行事后计算，以确定产品实际制造成本和归集期间费用，及时反映成本目标和成本计划的完成情况，但是为保证完成成本目标，降低产品成本，还必须对生产经营费用加强事先、事中的审核和控制，把损失和浪费杜绝在发生之前，将费用控制在预定的范围之内。

审核、控制的依据是国家有关的法规、制度，以及有关目标、计划、定额、标准等。对弄虚作假、虚列或多列费用开支的行为应坚决揭露；对不符合规定的发票不予报销；对不合法、不合理的费用开支应坚决抵制；对不应有的超支和浪费应加以制止；对脱离计划、定额而发生的差异应查明原因后加以修订。

（四）完善各项成本计算的基础工作

各项成本计算基础工作的完善是保证成本计算资料完整、准确的基础。因此，企业应建立健全各项原始记录，如材料计量、收发、领退和盘点等各方面的原始记录等，为进行成本预测、编制成本计划、进行成本计算和分析提供依据，保证企业生产经营活动的信息得以全面、准确、及时地反映。

（五）正确划分各种费用界限

1. 正确划分应计入产品成本和不应计入产品成本的费用界限

首先，企业的活动是多方面的，企业耗费和支出的用途也是多方面的，其中只有一部分费用可以计入产品成本。

其次，生产经营活动的成本分为正常成本和非正常成本，只有正常生产经营活动的耗费才能计入产品成本。灾害损失、盗窃损失等非正常损失，滞纳金、违约金、罚金等赔偿支出，坏账损失、存货跌价损失、长期股权投资减值损失等不能预期的原因引起的资产减值损失，以及债务重组损失等非正常的经营活动成本，不能计入产品成本。

最后，正常的经营活动成本又分为产品成本和期间费用。正常的生产成本计入产品成本，其他正常的生产经营成本计入期间费用。

2. 正确划分各个会计期间的费用界限

为分期考核成本计划或定额的完成情况，正确计算成本和损益，还应将计入生产费用的各项跨期支出按照一定标准在各个会计受益期间进行分配。以权责发生制原则为基础，正确核算长期待摊费用，除长期待摊费用以外的本期支付的各项费用和支出按会计准则的规定全部计入当期成本或费用。

3. 正确划分不同成本对象的费用界限

对应计入本月产品成本的费用还应在各种产品之间进行划分。凡是能分清应由某成本计算对象负担的直接费用，应直接计入该成本计算对象；属于共同发生、不易分清应由哪种成本计算对象负担的费用，则应采取合理的方法分配计入有关产品的成本。

4. 正确划分完工产品和在产品成本的界限

在划分不同成本对象费用界限的基础上归集的某成本计算对象应负

担的生产费用合计（包括期初在产品成本以及本期直接或间接计入该成本计算对象的生产费用），应在完工产品和期末在产品之间进行分配。月末计算产品成本时，如果某种产品全部完工，则将全部生产费用作为完工产品成本，然后根据完工产品数量计算每单位产品的成本；如果某种产品全部未完工，则将全部生产费用作为期末在产品成本；如果某种产品既有完工产品又有在产品，则将全部生产费用通过适当的方法在同一种产品的完工产品和期末在产品之间进行分配。

支出按受益期划分如图 6-2 所示。

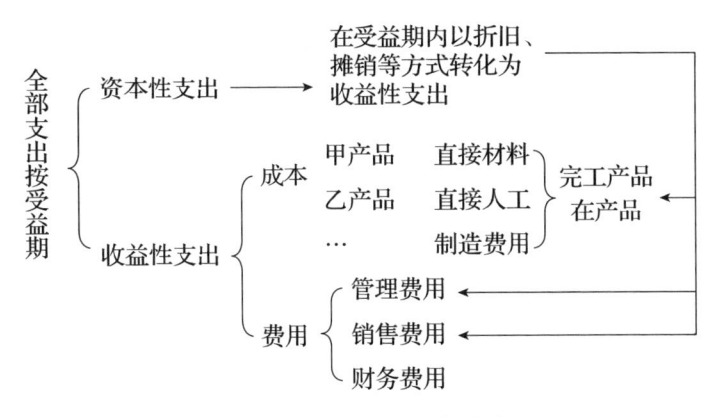

图 6-2 支出按受益期划分

三、不同行业企业的成本费用

创业企业所处的行业不同，提供的产品或服务的成本构成会有所差异，但均可以从料、工、费的角度来看待。如某公司代理销售某个品牌的服装，对这家公司来讲，成本指其从厂家购买服装的支出；假设某工厂生产制造服装，对这家工厂来讲，成本就是服装的制造成本，包括构成服装主体的材料、人工工资、制造费用三部分；某企业从事服装修改（如某知名改衣品牌），其成本包括改衣师用到的各种材料、改衣师的工资以及缝纫机等机器设备的折旧费用等。下面分别予以讲述。

(一) 制造企业的成本费用

制造企业一般按照商品的品种、批次、步骤等进行成本核算，将企业发生的支出分别计入生产成本和期间费用。生产成本包括直接材料、直接人工、制造费用。制造费用用来归集生产单位（如车间）在生产产品过程中的费用并通过分配分别进入资产负债表或利润表。期间费用包括销售费用、管理费用、研发费用和财务费用，归集管理部门在组织和管理过程中的费用，并在当期扣除，一次进入利润表。比如服装生产企业的布料是直接材料，计件工资是直接人工，缝纫机、锁边机、电熨斗等的折旧费是制造费用，这些都构成服装的成本；广告费用、门店租金等是销售费用，借款的利息支出是财务费用，制图费、办公费、后勤部门人员的工资等是管理费用。

(二) 其他类型企业的成本费用

批发零售企业一般按照商品的品种、批次、订单、类别等进行成本核算，将企业发生的支出分别计入进货成本、相关税费、采购费等成本项目。进货成本是指商品的采购价款；相关税费是指购买商品发生的进口关税、资源税和不能抵扣的增值税等；进货成本、相关税金直接计入成本核算对象；采购费是指运杂费、装卸费、保险费、仓储费、整理费、合理损耗以及其他可归属于商品采购成本的费用，发生的采购费可以结合经营管理特点，按照合理的方法分配计入成本核算对象，采购费金额较小的，也可以在发生时直接计入当期销售费用。企业可以根据实物流转方式、管理要求、实物性质等实际情况，采用先进先出法、加权平均法、个别计价法、毛利率法等结转产品成本。

信息传输企业一般按照基础电信业务、电信增值业务和其他信息传输业务等进行成本核算，将企业发生的支出分别计入直接人工、固定资产折旧、无形资产摊销、低值易耗品摊销、业务费、电路及网元租赁费等成本项目。直接人工是指直接从事信息传输服务的人员的职工薪酬；业务费是指支付通信生产的各种业务费用，包括频率占用费、卫星测控费、安全保卫费、码号资源费、设备耗用的外购电力费、自有电源设备耗用的燃料和润料费等；电路及网元租赁费是指支付给其他信息传输企业的电路及网元等传输系统及设备的租赁费等。企业可以根据经营特点和条件，利用现代信息技术，采用作业成本法等对产品成本进行归集和分配。

软件及信息技术服务企业的科研设计与软件开发等人工成本比重较高的，一般按照科研课题、承接的单项合同项目、开发项目、技术服务客户等进行成本核算，将企业发生的支出分别计入直接人工、外购软件与服务费、场地租赁费、固定资产折旧、无形资产摊销、差旅费、培训费、转包成本、水电费、办公费等成本项目。直接人工是指直接从事软件及信息技术服务的人员的职工薪酬；外购软件与服务费是指企业为开发特定项目必须从外部购进的辅助软件或服务所发生的费用；场地租赁费是指企业为开发软件或提供信息技术服务租赁场地支付的费用等；转包成本是指企业将有关项目部分分包给其他单位支付的费用。合同项目规模较大、开发期较长的，可以分段计算成本。

文化企业一般按照制作产品的种类、批次、印次、刊次等进行成本核算，将企业发生的支出分别计入开发成本和制作成本等成本项目。开发成本是指从选题策划开始到正式生产制作所经历的一系列过程，包括信息收集、策划、市场调研、选题论证、立项等阶段所发生的信息收集费、调研交通费、通信费、组稿费、专题会议费、参与开发的职工薪酬等；制作成本是指产品内容制作成本和物质形态的制作成本，包括稿费、审稿费、校对费、录入费、编辑加工费、直接材料费、印刷费、固定资产折旧、参与制作的职工薪酬等。电影企业的制作成本是指企业在影片制片、译制、洗印等生产过程所发生的各项费用，包括剧本费、演职员的薪酬、胶片及磁片磁带费、化妆费、道具费、布景费、场租费、剪接费、洗印费等。文化企业发生的有关成本项目费用，由某一成本核算对象负担的，应当直接计入成本核算对象成本；由几个成本核算对象共同负担的，应当选择人员比例、工时比例、材料耗用比例等合理的分配标准分配计入成本核算对象成本。

第二节 成本费用计算

成本费用计算既是确定利润、编制报表的基础，也是进行成本费用预测、加强管理的抓手。

一、研发过程的成本费用

对于企业发展所需要的技术、专利、商标权等无形资产，可以通过外购、合作开发和自主研发等途径获得，其中自主研发的方式最有利于企业核心竞争力的建立。

(一) 研发过程

创业企业自行研究开发项目，可以分研究阶段与开发阶段。和其他企业合作开发的情况在此一并阐述，不再单独讨论。

1. 研究阶段

研究是指为获取新的技术和知识等进行的有计划的调查。研究活动的例子包括：为获取知识而进行的替代品研究，以及新的或经改进的材料、设备、产品、工序、系统或服务的可能替代品的配制、设计、评价和最终选择。

2. 开发阶段

开发是指在进行商业性生产或使用前，将研究成果或其他知识应用于某项计划或设计，以生产出新的或具有实质性改进的材料、装置、产品等。开发活动的例子包括：生产前或使用前的原型和模型的设计、建造和测试，含新技术的工具、夹具、模具和冲模的设计，不具有商业性生产经济规模的试生产设施的设计、建造和运营，新的或改造的材料、设备、产品、工序、系统或服务所选定的替代品的设计、建造和测试等。

(二) 研发费用的分类和内容

研发费用是指企业在研究和开发新产品、新技术过程中所发生的各种费用，如研究和开发中的专用设备、研究用耗材、专利费、人员补贴等。研发费用对促进产品更新、技术升级、企业转型有积极贡献。

1. 自主研发的费用支出

自主研发无形资产，一般会有如下项目的支出。

人工费用。人工费用包括企业科技人员的工资薪金、基本养老保险费、基本医疗保险费、失业保险费、工伤保险费、生育保险费和住房公积金，以及外聘科技人员的劳务费用。

直接投入费用。直接投入费用指企业为实施研究开发活动而实际发生的相关支出，包括：直接消耗的材料、燃料和动力费用；用于中间试验和产品试制的模具、工艺装备开发及制造费，不构成固定资产的样品、样机及一般测试手段购置费，试制产品的检验费；用于研究开发活动的仪器、设备的运行维护、调整、检验、检测、维修等费用，以及通过经营租赁方式租入的用于研发活动的固定资产租赁费等。

折旧费用与长期待摊费用。折旧费用是指用于研究开发活动的仪器、设备和在用建筑物的折旧费。长期待摊费用是指研发设施的改建、改装、装修和修理过程中发生的长期待摊费用。

无形资产摊销费用。无形资产摊销费用指用于研究开发活动的软件、知识产权、非专利技术（专有技术、许可证、设计和计算方法等）的摊销费用。

设计费用。设计费用是为新产品和新工艺进行构思、开发和制造，进行工序、技术规范、规程制定、操作特性方面的设计等发生的费用，包括为获得创新性、创意性、突破性产品进行的创意设计活动发生的相关费用。

装备调试费用与试验费用。装备调试费用是指工装准备过程中研究开发活动所发生的费用，包括研制特殊、专用的生产机器，改变生产和质量控制程序，或制定新方法及标准等活动所发生的费用。试验费用包括新药研制的临床试验费、勘探开发技术的现场试验费、田间试验费等。

委托外部研究开发费用。委托外部研究开发费用指企业委托境内外其他机构或个人进行研究开发活动所发生的费用（研究开发活动成果为创业企业拥有，且与该企业的主要经营业务紧密相关）。

其他费用。其他费用指前述费用之外与研究开发活动直接相关的其他费用，包括技术图书资料费，资料翻译费，专家咨询费，高新科技研发保险费，研发成果的检索、论证、评审、鉴定、验收费用，知识产权的申请费、注册费、代理费，会议费，差旅费，通信费等。

2. 无形资产价值的确定

研究阶段发生的支出，在发生时全部计入当期费用。

开发阶段发生的支出，符合资本化条件的计入无形资产的价值，不符合资本化条件的，直接计入当期费用。

自行开发无形资产发生的支出，同时满足下列条件的，才能确认为无形资产：（1）完成该无形资产以使其能够使用或出售在技术上具有可行性；（2）具有完成该无形资产并使用或出售的意图；（3）能够证明运用该无形资产生产的产品存在市场或无形资产自身存在市场，无形资产将在内部使用的，应当证明其有用性；（4）有足够的技术、财务资源和其他资源支持，以完成该无形资产的开发，并有能力使用或出售该无形资产；（5）归属于该无形资产开发阶段的支出能够可靠地计量。

可见，自行开发无形资产的价值，由符合资本化条件后至达到预定用途前发生的支出构成，包括开发无形资产耗用的材料、使用固定资产的折旧费、参与开发人员的职工薪酬、使用无形资产的摊销、资本化的借款费用，以及无形资产达到预定用途前发生的其他直接相关支出（如注册费、律师费等）。

例 6-1

A创业公司20×2年初自主立项、自行研发一项新技术,项目名称为××研究,项目编号为RD1,为该年度唯一研发项目,当年的1—3月为新技术的研究阶段,4—12月为新技术的开发阶段,并于12月底申请到专利交付使用,且开发阶段支出均满足资本化条件。项目当年发生的支出如下:

支付在职直接从事研发的人员工资合计800 000元(其中研究阶段为200 000元),耗用原材料200 000元、燃料100 000元(其中研究阶段分别为80 000元和30 000元),研究阶段支付用于研发的设备运行维护费1 000元、模具制造费20 000元,租赁专用于研发的设备1台,每月租金为5 000元,租期为1年,用于RD1项目的无形资产摊销费合计60 000元,3月购买项目所需图书资料的费用为5 000元,资料翻译费为1 000元,研发试制产品的检验费为2 000元,RD1验收时支付评估验收费10 000元、专利注册费5 000元。

要求:计算RD1的研究开发费用,确定该项无形资产的价值。

RD1的研究开发费用需要区分研究阶段和开发阶段分别计算。

研究费用为研究阶段1—3月的支出:

200 000+80 000+30 000+1 000+20 000+5 000×3
+60 000/12×3+5 000+1 000=367 000(元)

开发费用为开发阶段的4—12月的支出,以及申请专利的花费:

600 000+120 000+70 000+5 000×9+60 000/12×9
+2 000+10 000+5 000=897 000(元)

二、人力资源的成本费用

人力资源的成本费用可以分招聘阶段、开发阶段、维持阶段分别计算。

（一）招聘阶段的成本费用

人力资源招聘过程中的成本主要有岗位需求分析、发布信息、甄选信息、面试、入职手续等几个方面的支出。

1. 发布和甄选信息的成本

发布信息的成本主要是资金成本，由广告费、摊位费、差旅费等构成。这部分费用主要是有形支出，比较容易计算，是创业企业最不能忽略的成本。

甄选信息的成本包括简历阅读、筛选，联系面试的通信支出等，更多地表现为一般的工作内容而不是专门经费支出。在信息甄选阶段，有的企业会采用职业测试的方式进行淘汰。从职业测试机构购买测试题目或者网络接口，成本可能会在3 000~5 000元/人，若是需要招聘总监，成本可能会达到数万元。

2. 面试和办理入职手续的成本

对于有人力资源部门的企业来说，面试的成本包括面试的一些材料支出（面试题目的印刷费、试题费）、场地费用支出（如果需要租赁场地）等。对于没有人力资源部门的初创企业，面试的成本构成比较复杂，请对方吃饭、喝茶、打球等支出都应当算作招聘支出，以及占比较大且难以确定的时间成本。

办理入职手续阶段的主要成本包括制作和发送录用信（或录用通知）的成本、拟入职人员的体检成本、工作前的培训成本和工作指导等，隐性成本还包括承诺薪酬与市场差异成本、试用期工作适应成本等。入职之后如果能够安全度过试用期，招聘期间的成本就此结束；如果试用期不合格，还会包括解除劳动合同成本和工作失误成本。如果委托中介机构或通过外部猎头进行招聘，还需要向其支付一定的成本费用。按照伦敦雇主品牌机构Link Humans的首席执行官Jörgen Sundberg 的说法，招聘、面试和新员工入职的成本可能高达 24 万美元。如果新员工不太合适，还会产生额外的费用，更糟糕的是企业还可能需要继续寻找替代者。

（二）开发阶段的成本费用

人力资源开发阶段的成本费用包括对员工进行培训的成本，以及股权激励成本等。

1. 员工培训成本

员工培训成本主要包括岗前培训成本、岗位培训成本和脱产培训成本三部分。具体而言，包括培训资料费、讲师费、场地费和差旅培训费用等。

员工培训可以提高企业的竞争力、凝聚力和战斗力，以及员工的就业力、内在竞争力、职业发展稳定性，甚至员工的收入，为员工提供更好的发展平台和职业前景，有利于留住人才。

2. 股权激励成本

创业企业可以采用股票期权、期股、员工出资购股、虚拟股票等方式，对激励对象进行期权激励。具体见第七章第一节的内容。

（三）维持阶段的成本费用

维持阶段的成本费用主要有使用成本、保障成本和离职成本。

1. 人力资源的使用成本

人力资源的使用成本包括日常支付给职工的工资薪金、职工福利费、工会经费、职工教育经费和调剂成本等。

工资薪金是企业每一纳税年度支付给在本企业任职或者受雇员工的所有现金形式或者非现金形式的劳动报酬，包括基本工资、奖金、津贴、补贴、年终加薪、加班工资，以及与员工任职或者受雇有关的其他支出。

职工福利费是企业按实际工资总额的一定比例列支的专门用于职工福利事业的支出，包括为职工卫生保健、生活、住房、交通等所发放的各项补贴和非货币性福利，以及丧葬补助费、抚恤费、安家费、探亲路费等。

工会经费是企业工会依法取得并开展正常活动所需的费用，主要用于为职工服务和工会活动。比如，工会为会员及其他职工开展体育、教育、文化宣传等活动的支出，用于维护职工权益的支出，工会组织的职工集体福利等方面的支出等。

职工教育经费主要是员工的培训成本，在人力资源开发阶段已经讲过。

调剂成本是企业为了保持稳定而付出的疗养、娱乐、公休等成本，包括职工疗养费用、职工娱乐及文体活动费用、职工业余社团开支、职工定期休假费用、节假日开支费用，以及改善企业工作环境的费用等。

2. 保障成本

人力资源保障成本是保障人力资源在暂时或长期丧失使用价值时的生存权而必须支付的费用，包括劳动事故保障、健康保障、退休养老保障、失业保障等。

劳动事故保障是企业承担的职工因工伤事故应给予的经济补偿费用，包括工伤职工的工资、医药费、残废补贴、丧葬费、遗属补贴、缺勤损失和最终补贴费等；健康保障是企业承担的职工由于工作以外的原因（如疾病、伤害、生育、死亡等）健康欠佳不能坚持工作而需给予的经济补偿费用，包括医药费、缺勤工资、产假工资及补贴、丧葬费等；退休养老保障是社会、企业及职工个人承担的保证退休人员老有所养和酬谢其辛勤劳动而给予的退休金和其他费用，包括养老金、养老医疗保险、死亡丧葬补贴，以及遗属补偿金等；失业保障是企业对有工作能力但由于客观原因暂时失去工作的职工给予的补偿费用，包括一定时期的失业救济金，主要是为了保障职工在重新就业前的基本生活需求。

为维护职工的合法权益，创业企业除了向职工支付上述使用成本外，还需要按照法律规定，为职工缴纳"五险一金"，即医疗保险费、养老保险费、失业保险费、工伤保险费和生育保险费、住房公积金等。

3. 离职成本

离职成本是指企业在员工离职时可能支付给员工的离职津贴、一定时期的生活费、离职交通费等费用，主要包括解聘、辞退费用及工作暂停造成的损失等。具体而言，主要包括离职补偿成本、离职前低效成本和空职成本等。

离职补偿成本是企业辞退职工或职工自动辞职时，企业所应补偿给职工的费用，包括离职时间应付职工的工资、一次性付给职工的离职金、必要的离职人员安置费支出等。

离职前低效成本是职工即将离开企业造成的工作或生产低效率所形成的损失费用。在职工离职前由于办理各种离职手续或移交本岗位的工作，其工作效率一般都会降低而造成离职前的低效率损失。这种成本不是支出形式的费用，而是其使用价值降低造成的收益减少，是一种机会成本。

空职成本是某职位空缺使某项工作或任务完成受到不良影响，从而给企业造成的损失，包括由职位空缺造成的该职位业绩下降、由空职影响其他职位工作引起企业整体效益降低所造成的相关业绩下降等，这也是一种隐性成本。

三、采购过程的成本费用

如第五章第三节所讲，采购过程包括材料物资等流动资产的采购和固定资产等非流动资产的采购。

(一) 材料物资采购的成本费用

材料物资的采购，对于制造企业来说主要指企业从上游供应商经过订货、运输、装卸到验收入库及支付价款的全过程，其实质是通过材料物资的采购，将企业的货币资金转换为存货资金。正常情况下企业外购材料物资的成本包括材料物资的价款和价外费用。其中，价外费用指采购时支付的运费、装卸费、途中保险费等运杂费，入库前的挑选整理费、途中的合理损耗、进口材料的佣金及关税、进口时发生的外汇价差等，但不包括支付的进项税额。若企业同时采购两种及以上的材料物资，需将价外费用按合理的方法在各种材料物资之间分配。分配的标准有重量、体积、材料价款等。

批发零售企业采购物资的采购成本包括进货成本和相关税费。进货成本是指商品的采购价款；相关税费是指购买商品发生的进口关税、资源税和不能抵扣的增值税等；采购过程中发生的运杂费、装卸费、保险费、仓储费、整理费、合理损耗以及其他可归属于商品采购成本的费用计入采购费用；对于发生的采购费，创业企业可以结合经营管理特点，按照合理的方法分配计入不同材料物资的采购成本，采购费金额较小的，也可以在发生时直接计入当期销售费用。

其他行业材料物资采购成本的计算类似，此处不再赘述。

例 6-2

A公司是增值税一般纳税人，20×2年3月9日收到增值税一般纳税人B公司发来的甲材料1 000千克，增值税专用发票上列明的价款是800 000元，增值税进项税额为104 000元；同时B公司代垫运费款3 000元，增值税专用发票上列明的进项税额为270元。款项均已支付。

要求：计算甲材料的采购成本。

甲材料的采购成本包括其买价和运费，增值税进项税额不构成采购成本。

甲材料采购成本＝800 000＋3 000＝803 000(元)

(二) 非流动资产采购的成本费用

1. 固定资产购建

固定资产的购建包括固定资产的购买和建造。购买固定资产是指企业以货币资金直接从供应商购入不需要安装的机器设备；固定资产建造是指企业通过自建或出包的方式建造生产经营用的设备、厂房等固定资产，或者从供应商购入需要安装才可投入使用的机器设备等。不论是购买还是建造固定资产,均是现金资产转化为非现金资产的过程。企业固定资产的取得,尽管还有融资租入和投资者投入等不同方式,但购建是最主要的方式。

按照《企业会计准则第4号——固定资产》,固定资产应当按照成本进行初始计量。外购固定资产的成本包括购买价款、相关税费、固定资产达到预定可使用状态前所发生的可归属于该项资产的运输费、装卸费、安装费和专业人员服务费等。若以一笔款项购入多项没有单独标价的固定资产,应当按照各项固定资产的公允价值占总价值的比例对总成本进行分配,分别确定各项固定资产的成本。购买固定资产的价款超过正常信用条件延期支付,实质上具有融资性质的,固定资产的成本以购买价款的现值为基础确定。自行建造的固定资产,由建造该项资产达到预定可使用状态前所发生的必要支出构成。

2. 无形资产采购

无形资产是企业为生产产品、提供劳务、出租或经营管理而持有的,没有实物形态的可辨认非货币性资产,主要包括土地使用权、专利权、商标权、著作权、非专利技术等。

外购无形资产的成本包括购买价款、相关税费和相关的其他支出(含相关的借款费用)。其中,相关税费指购买无形资产过程中发生的直接相关税费,如专利权的注册费等。其他支出指使用无形资产过程中发生的专业测试费、使用借款购买无形资产应负担的借款费用。相关的借款费用指企业在购买无形资产过程中使用了借款,因该借款发生的利息、手续费等相关支出。

例 6-3

20×2年3月15日,企业从增值税小规模纳税人购入设备1台,取得的增值税普通发票上注明的买价和税金共计80 000元,支付运杂费2 000元(含税),不需安装即可使用,设备已运达企业,款项通过银行转账支付。

要求：计算该设备的采购成本。

由于未取得增值税专用发票，相应的进项税额需要计入固定资产的采购成本；另外，相应的运杂费也应该计入固定资产的价值。所以，该项固定资产的采购成本为 82 000 元（80 000＋2 000）。

例 6-4

企业（增值税一般纳税人）20×2 年 3 月 19 日购入一项专利权，支付的价款为 100 000 元，另以银行存款支付增值税 6 000 元（经论证可以抵扣）。

要求：计算该项专利权的采购成本。

因为企业是增值税一般纳税人，在采购过程中支付的进项税额可以抵扣，所以，专利权的采购成本应该只包括其价款，为 100 000 元。

四、生产过程的成本费用

生产过程是指利用人工、机器设备或者办公设备，对原材料进行加工并制作出产品的过程，这个产品可以是有形的，也可以是无形的。不仅制造企业有生产过程，一些新兴行业，如网络游戏行业，也存在制作游戏内容的过程，比如制作文字、视频、音频等。再比如，百度制作一个搜索服务产品，腾讯制作微信这样的社交工具，同样伴随着制作的过程，甚至服务行业，提供服务的整个过程也可以看作一个生产过程，只是不会生产出具体可见的物品而已。所以，生产过程成本的计算对于所有行业来说都是必不可少的一环。

制造企业的生产过程最为复杂，仍以制造企业为例来进行说明。

如第一节成本分类中按经济用途的分类，制造企业的成本分为制造成本和非制造成本，下面举例说明制造成本的计算。

例 6-5

某创业企业生产甲、乙两种产品。20×2 年 3 月甲产品领用材料 37 800 元，乙产品领用材料 22 000 元，车间消耗材料 10 000 元；甲产品生产工人的薪酬为 40 000 元，乙产品生产工人的薪酬为 20 000 元，车间管理人员的职工薪酬为 8 000 元；计提本月厂房折旧 60 000 元、机器设备折旧 6 000 元，车间办公用品花费 1 200 元，水电费为 3 300 元。月末甲产品完工入库 6 000 件，乙产品完工入库 2 000 件。制造费用按职工薪酬进行分配，甲、乙产品均没有期初和期末在产品。

要求：计算 3 月产品的总成本和单位生产成本。

车间的一般耗用需要先计入制造费用，再分配转入产品的生产成本。

制造费用＝10 000＋8 000＋60 000＋6 000＋1 200＋3 300
　　　　＝88 500（元）
制造费用分配率＝88 500÷(40 000＋20 000)＝1.475
甲产品应负担的制造费用＝1.475×40 000＝59 000（元）
乙产品应负担的制造费用＝1.475×20 000＝29 500（元）

于是

甲产品的生产成本＝37 800＋40 000＋59 000
　　　　　　　　＝136 800（元）
乙产品的生产成本＝22 000＋20 000＋29 500＝71 500（元）
甲产品的单位成本＝136 800÷6 000＝22.8（元）
乙产品的单位成本＝71 500÷2 000＝35.75（元）

五、销售过程的成本费用

企业的销售过程是从销售商品、提供劳务开始，到取得销售收入直至收回货款为止的全过程。企业取得销售收入是以付出商品、提供劳务为代价的，按照配比原则，应该在销售收入确认的当期，确认与其相关的成本费用。

只有那些已经销售的产品的生产成本才能转入产品的销售成本，没有售出的产品构成企业的期末存货；销售过程中发生的运杂费、装卸费、包装费、保险费、产品维修费、预计产品质量保证损失以及为产品销售而支付的广告费，为销售本企业商品而专设的销售机构（含销售网点、售后服务网点等）的职工薪酬、业务费、折旧费、固定资产修理费用等经营费用，形成企业的销售费用。

> ⚛ **例 6-6**
>
> 依例 6-5，企业在 3 月销售甲产品 4 000 件、乙产品 1 000 件，销售过程中支付运费 2 000 元（未取得增值税专用发票）。
>
> 要求：计算产品的销售成本及销售费用。
>
> 产品的销售成本为：
>
> $$4\,000 \times 22.8 + 1\,000 \times 35.75 = 126\,950(元)$$
>
> 因为未取得增值税专用发票，所以支付的 2 000 元运费构成当期的销售费用。

服务类企业的销售费用和营业成本的区分可能不太明显。以饭店为例，其支付的租金需要分情况来看，饭店区域可能分为厨房、顾客用餐场所、行政办公场所。顾客用餐场所是用于销售的场所，这部分租金应该计入销售费用；行政办公场所的租金应该计入管理费用；厨房按面积所分摊的租金应该计入营业成本。

第三节 成本费用管理

企业的成本费用管理应与战略规划相结合，遵循一定的原则和技巧，做到该花费的绝不吝啬，该节约的绝不浪费。

一、企业发展战略与成本管理

初创企业的发展战略不同，采用的成本管理方法也会不同。一般来说，企业的发展战略可以分为差异化战略和成本领先战略。

（一）差异化战略与成本管理

差异化战略型成本管理系统适用于发展尚未成熟，因而企业在市场中的地位还没有完全定型的行业，这种行业中企业的竞争手段是多样的，竞争的目标是在产品、服务等方面形成与其他企业相比的独特性。这种成本管理系统还适用于产品技术更新速度很快的行业，例如电脑业，市场的竞争更多地表现为技术的竞争和新产品上市速度的竞争。

差异化战略型成本管理系统的成本管理战略是为实现企业在某方面的差异化而服务的，其中的成本控制不是单纯对成本本身的控制，而是通过成本控制，使产品同时具有独特性和成本优势，从而最终赢得市场竞争。差异化战略型成本管理系统的成本管理战略通常着重对产品全生命周期成本和新产品目标成本的管理；对包括研发成本、生产成本和消费成本在内的产品全生命周期成本的控制，往往需要考虑成本在行业价值链的分配情况，并通过行业价值链的整合达到总成本最低；对新产品目标成本的控制，则利用价值工程法进行，在保证新产品满足市场需求的同时，具有最低成本。

差异化战略型成本管理系统重视非成本因素在竞争中的作用，对日常成本信息的精度要求不高，只要成本信息能够大致反映产品成本情况即可，因此选择成本计算方法时更加注重成本效益原则。这种成本管理系统还对产品全生命周期成本和新产品目标成本进行计算。对前者计算的目的在于掌握生命周期各阶段成本所占的大致比重，以便找到降低成本的新领域；而对新产品目标成本计算的目的则是使新产品满足多样化需求的同时能够具有成本优势。目标成本是根据市场可接受价格和目标利润计算得到的，但是计算结果需要反复印证和分解才能确定。

差异化战略型成本管理系统的成本控制目标是保证差异化战略实现，并控制产品全生命周期成本。成本控制中较多地考虑生命周期中产品成本在企业上下游的分布情况，将研发成本、消费成本纳入成本控制范围。产品成本控制在保证产品满足市场多样化需求的基础上进行，将产品成本与功能综合考虑。采用的成本控制手段是多方位的，经济手段是基础，并广泛利用技术、组织等非经济手段。面向市场并且注重战略控制的现代成本控制方法，如作业成本法和成本企划法，在差异化战略型成本管理系统中可以充分发挥作用。

（二）成本领先战略与成本管理

成本领先战略型成本管理系统适用于发展比较成熟的行业，这种行业的市场一般供大于求，竞争比较激烈，市场竞争较多地表现为价格竞争，例如钢铁业、家电业。

成本领先战略型成本管理系统的成本管理战略定位于追求最大限度的成本降低。无论是绝对成本降低还是相对成本降低，无论是通过价值链整合还是通过控制某项成本动因实现的成本降低，都必须最终导致企业内部资金消耗的绝对降低，否则就是失败的成本管理系统。

成本领先战略型成本管理系统要求成本信息比较准确，能够真实反映成本发生情况，通常倾向于选用能够准确计算成本的方法，例如产品成熟的零部件装配企业一般适用标准成本法，而在间接费用占比较大的情况下，企业愿意采用作业成本法而不是传统的制造成本法。

成本领先战略型成本管理系统的成本控制目标是最大限度地降低成本，以赢得价格竞争。成本控制主要通过强化成本动因的途径实现，如扩大经营规模以实现规模经济，采用技术革新降低产品单位消耗的材料或人工。通过实际成本与标准成本间的差异分析来控制成本的传统成本控制方法一般就可满足需要，采用的方法多是标准成本制度、定额成本法、预算法、责任会计等。

二、成本管理的原则和技巧

企业获得盈利的途径是开源和节流，在创业初期收入难以快速增长的时候，成本管理就变得更加重要，因为生存时间越长创业企业就越接近成功。节流是摆在每一个创业者面前不可回避的话题，也是非常重要的管理内容。科学节流需要了解成本管理的基本原则和技巧。

成本费用管理

（一）成本管理原则

成本管理需要遵循成本效益原则、相关性原则、重要性原则和例外性原则等。

1. 成本效益原则

成本控制的效益性原则要求成本控制指标的确定、成本控制方法的选择、成本控制组织体系的建立，都要以提高经济效益为出发点。但提高经济效益，不能仅依靠绝对成本节约，更重要的是实现相对节约。如果一项巨额的广告支出能够带来可观的收入增长，则应该支持该预算，但是，即便是小额的浪费如果不能产生效益，也应该果断予以杜绝。如步步高的广告费支出：1996 年，段永平在央视黄金时段广告的竞标会上出价 8 123.456 789 万元，拿下了天气预报后 5 秒的广告时间，之后几年又多次拿下央视标王。于是，仅用 3 年左右的时间，步步高就打败市场上的全部 VCD 品类，独占鳌头，甚至将 VCD 卖到了国外市场。

2. 相关性原则

相关性也称有用性，是指企业提供的成本核算信息应当与会计报告使用者的成本管理决策需要相关，有助于会计报告使用者对企业过去、现在或者未来的成本情况做出评价或者预测。成本核算信息质量的相关性原则要求企业在确认、计量和报告成本核算信息的过程中，充分考虑使用者的决策模式和信息需要，全面并及时提供满足信息使用者成本管理决策的会计信息，以迅速做出生产经营决策，纠正成本管理工作中的失误和不足，果断采取进一步加强成本管理的措施。

3. 重要性和例外性原则

重要性原则指企业在进行成本核算时，应视其内容和对象的重要程度，采用不同的成本核算方法。在成本核算中采用重要性原则，能够使企业在全面、完整反映企业生产经营状况和成本水平的基础上，加强对那些对企业成本管理决策有重大影响的关键成本内容和对象的核算，既节约人力、物力、财力，又取得事半功倍的效果。

为提高成本控制工作的效率，企业管理人员对控制标准以内的问题，不必事无巨细、不分大小地逐项控制，而应将控制重点集中在不正常、不符合常规的例外差异上。所谓例外差异，一般有以下几种：一是较大的成本差异事项；二是经常出现的成本差异；三是可避免原因引起的性质严重的差异事项；四是影响企业决策的差异事项。成本控制人员应把工作重点放在那些不正常和不符合常规的关键差异上，分析其产生的原因，采取有效措施加以解决。成本控制遵循例外性原则，有利于将管理人员从烦琐的日常事务中解脱出来，集中力量抓显著、突出的问题，从而提高控制效率。

(二) 成本管理技巧

创业企业可以通过将更多间接成本变为直接成本，树立正确成本理念，以及激励全体员工参与成本管理等方法加强成本管理。

1. 将间接成本变为直接成本

按传统成本计算方法计算产品成本时，间接费用的界定及其分配方法选择是导致成本失真的主要原因。对于高科技企业来说，机器设备的价值较高，其按直线法等方法计算的折旧费用在产品成本中占有较大比重，但是，将产品工时（或人工工资等，以下同）作为基数分配间接费用，会导致产量低、生产过程复杂、耗用工时较少的产品承担较少费用，而产量高、生产工艺简单、耗用工时较多的产品承担较多费用，引起产品成本错误计量，进而影响产品定价，最终影响企业利润。

对于初创企业来说，从一开始就建立一套先进的成本核算方法（如采用作业成本法，对其的详细描述超出了本书范畴，感兴趣的读者可查阅成本管理会计相关书籍），尽可能降低间接成本比重，提高直接成本数量，选择多样的分配标准。这样有利于成本的准确计量和管理，提高企业在市场上的竞争能力。

2. 树立正确成本理念

如前所述，企业的成本按照不同标准可以进行不同分类，有些成本概念是传统成本核算中使用的概念，有些则是成本管理过程中用到的成本理念。加强成本管理要求初创企业重视寿命周期成本的管理而非仅仅着眼于制造成本，更多关注目标成本，并合理界定和分配责任成本，将功能和质量控制在客户需求的范围之内，合理安排成本支出。同时，应充分利用各种固定成本，想方设法降低变动成本的金额。

3. 激励全体员工参与成本管理

当被管理者参与到管理工作中时，管理效率会大大提高。通过培养员工的积极心态和工作能力，利用考核来激励员工参与是成本管理的有效途径。

人是各项成本的最基本驱动因素。员工的行为和心态会决定成本的发生与否以及成本发生的方法，特别是作业成本，它是取决于员工的成本，它体现在员工工作态度的积极性，工作品质的高低、速度快慢，所使用的企业软硬件是否有效上。所以，企业应通过提高员工整体素质，避免巨大的失败成本、无效成本以及试错成本的发生，并通过对成本控制的考核，将成本与员工挂钩，将员工降低成本的一部分转化为员工收入，这会大大提高员工主动降低成本的积极性。

学习要点

成本费用泛指企业在生产经营中所发生的各种资源耗费的货币表现。

成本按经济用途可分为制造成本和非制造成本，这是一种最基本的分类方法。

制造成本是指生产单位（如车间）在生产产品过程中所发生的各项费用，包括直接材料、直接人工和制造费用。

非制造成本是指管理部门在组织和管理过程中所发生的各项费用，包括销售费用、管理费用、财务费用。

成本按与收入相配合的时间可分为产品成本和期间费用，其分类结果主要用来满足对外财务报告的需要。

成本按照其总额与业务量的关系分为变动成本、固定成本。

质量的关键是适用性。

企业计算成本费用时应严格执行国家规定的成本开支范围和费用开支标准，满足经营管理的需要，加强对成本的审核和控制，完善各项成本计算的基础工作，正确划分各种费用界限。

制造企业一般按照商品的品种、批次、步骤等进行成本核算。

批发零售企业一般按照商品的品种、批次、订单、类别等进行成本核算。

研发费用是指企业在研究和开发新产品、新技术过程中所发生的各种费用，如研究和开发中的专用设备、研究用耗材、专利费、人员补贴等。

研究阶段发生的支出，在发生时全部计入当期费用；开发阶段发生的支出，符合资本化条件的计入无形资产的价值，不符合资本化条件的直接计入当期费用。

人力资源的成本费用可以分招聘阶段、开发阶段、维持阶段分别计算。

制造企业外购材料物资的成本包括材料物资的价款和价外费用。批发零售企业的采购费用可根据实际情况计入采购成本或当期销售费用。

外购非流动资产的成本包括购买价款、相关税费和相关的其他支出。

只有那些已经销售的产品的生产成本才能转入产品的销售成本，

没有售出的产品构成企业的期末存货。

根据企业的发展战略,成本管理可以分为差异化战略型成本管理系统和成本领先战略型成本管理系统。

成本管理需要遵循成本效益原则、相关性原则、重要性原则和例外性原则等。

创业企业可以通过将更多间接成本变为直接成本,树立正确成本理念,以及激励全体员工参与成本管理等方法加强成本管理。

创业案例

乐信的低成本运营

2019年7月25日,由《亚洲银行家》举办的2019年中国未来金融峰会和中国奖项颁奖典礼在北京举行。乐信凭借在信贷技术方面的卓越创新,荣获《亚洲银行家》中国最佳信贷技术项目大奖。在颁奖典礼上,《亚洲银行家》也特别肯定了乐信的人工智能与大数据科技大幅降低金融服务成本,从而取得良好商业价值和社会价值的成果。

得益于业界领先的金融科技能力,乐信最早实现了人工智能在各个业务链条上的全面商用,平台交易额从2013年的300万元增长到2018年的661亿元,实现了指数级增长。在商品推荐、风控和运营方面,乐信运用大数据、人工智能等前沿信息技术全面提升了效率,降低了风险成本,也让超过5000万用户享受到更低信贷利率、更流畅便捷的金融服务,有力推动了消费升级,服务实体经济。

《亚洲银行家》指出,乐信自主研发的鹰眼智能风控引擎(见图6-3),借助7500多个风控模型数据变量对用户的还款能力、还款意愿、稳定性等做出评估,实现98%的订单秒级智能审核;海量小微金融资产处理技术平台"虫洞",将不同状况的资产进行分级、定价,并按照不同资金方的要求进行撮合,实现秒级匹配且成功率达到93%。

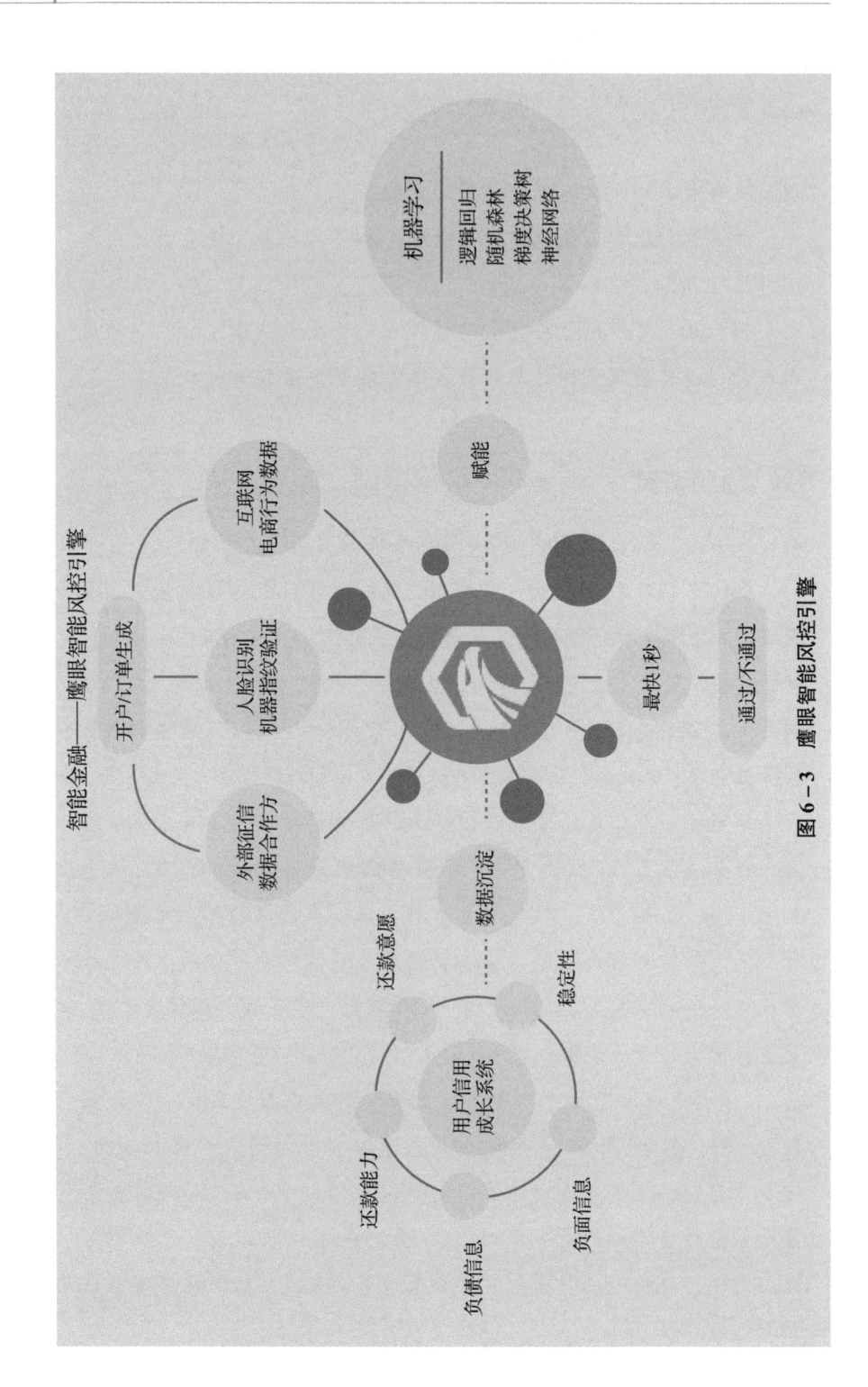

图6-3 鹰眼智能风控引擎

由于效率大幅提升，乐信的运营支出占平均在贷余额的比重，从2015年的17.3%降至2019年第一季度的4.5%。与此同时，在极致效率下，乐信也做到极致安全，其90天以上的逾期不良率仅为1.42%，处于行业领先水平。

在反欺诈领域，乐信采用的多项先进人工智能技术备受《亚洲银行家》认可。乐信的复杂网络，LBS信息聚类分析，用户行为序列分析、舆情分析、语音质检等多项反欺诈应用，可以精准识别欺诈团伙的聚类特征与行为规律，并在海量大数据支持下通过机器学习，判断用户行为是否存在潜在被欺诈危险。

人工智能技术加持下，乐信的反欺诈体系将传统反欺诈的被动防治，转变为提前预防和主动拦截。2018年，乐信总计破获300多起欺诈案件，月均成功拦截欺诈订单近4 000万个，平均每天帮助用户避免约100万元损失。

2020年以来，乐信发力To B科技服务，从重资本担保风险助贷模式，转向不承担风险的科技助贷模式，通过技术为金融机构提供高效运营服务，充分发挥获客、系统搭建、运营管理等科技能力，使业务稳定性增强，成长预期更加明朗。第三季度持续发力新消费，收入结构更优化，来自平台服务及科技收入达11.3亿元，占收入比重达36%。其中，无风险To B科技收入为6.14亿元，同比增长159%。新增交易额中，无风险、纯科技服务模式的部分，占比扩大至40%，进入10月以来，占比已超过50%，显示增长质量越来越优；截至2020年9月30日，90天以上的拖欠率为2.60%。

资料来源：一本财经.这家公司如何将运营成本从17.3%，降到4.5%？新浪财经，2019-07-25；雷建平.乐信季报图解：营收32亿 金融业务转向科技服务模式.新浪财经，2020-11-25.

请思考：

乐信低成本运营的核心是什么？

苹果手机空运案

权威 IT 研究与顾问咨询公司高德纳（Gartner）每年度都会公布供应链 25 强的榜单。早在 2013 年，苹果公司曾经连续 6 年夺冠。

从美国到中国，海运需要 30 天，空运只需要 15 小时。

有人计算过，选择空运，苹果公司的运输成本是海运的将近 50 倍。

为降低运输成本，苹果公司想尽一切办法将 iPhone 的包装盒做到更薄。据苹果官网介绍，新 iPhone 的包装盒比前几年的老版成本减少了 28% 之多。然后通过把充电插头的体积变小，使苹果公司每个空运集装箱多运输了高达 60% 的苹果手机。

可是，毕竟空运的成本相比海运高了太多，所以，空运仍然备受争议。

请思考：

苹果手机空运成本是提高还是降低了？为什么？

扩展阅读

蓝月亮的战略性亏损

企业发展中最容易被忽略的隐性成本揭秘

初创企业如何节省开支

学习资源

（1）王艳茹．初创企业财税．大连：东北财经大学出版社，2019．

（2）张磊．价值：我对投资的思考．杭州：浙江教育出版社，2020．

（3）张志，乔辉．大学生创业指南．北京：人民日报出版社，2016．

（4）王艳茹，等．成本管理会计．4版．大连：东北财经大学出版社，2021．

（5）微信公众号：一本财经．

（6）微信公众号：精益创业营．

第六章 思维导图

Chapter Seven 第七章

优化企业基因,科学合理估值

名人名言

凡是触及股权的,就是触及灵魂。这是一生的事业,一生的财富,以及一个群体的财富和一个群体事业的重大命题。利益的重新分配,必然带来权力格局的变化,表面上是风平浪静,暗地里"玩命"。

——和君咨询

如果把公司比喻成一个人,股权结构就是人的基因。

——《创业家》

绝对估值提供的是一个全景式的画面,它可以让你更好地了解企业或股票背后的价值,而相对估值会让你对价值有一个更贴近现实的预计。

——阿斯沃斯·达摩达兰

时间是价值的称重器,钱是事情做对的副产品。

——加华资本宋向前

故事思考

Papi 酱的估值和股权结构

"一个集美貌与才华于一身的女子",从一个中央戏剧学院的研究生，到身价上亿元的短视频创作者，Papi酱用了不到半年的时间。

2016年开年起，Papi酱凭借40多条原创短视频，在短短几个月内刷爆社交媒体，成为2016年当仁不让的第一网红。微信图文发布后阅读量很容易达到10万以上，2月开始均值近百万，她的短视频在腾讯、优酷、Bilibili等各个平台累计播放量过亿，发布当天必上热门。但是Papi酱自身好像并没有迫切地寻求变现，除了微信和微博的打赏外，没有尝试过其他变现方式。

2016年3月，真格基金联合罗辑思维、光源资本和星图资本分别投资500万元、100万元、100万元和100万元，占股分别为5%，5%，1%和1%，Papi酱团队持股88%，Papi酱获得共计1200万元融资。

资料来源：李静. Papi酱获1200万投资，新一代网红如何变现？虎嗅网，2016-03-20；Papi酱首次直播 揭秘"史上第一网红"是怎样炼成的？央广网，2016-07-13.

请思考：

1. Papi酱的股权结构是否合理？为什么相同金额的投资所占股权比例会有所不同？

2. 1200万元投资所占的股权比例是如何计算的？Papi酱的估值是多少？

第一节　股权设计和激励

合理配置股权是企业健康成长的基因，恰当的股权激励可能影响到企业未来的可持续发展。

一、创业企业股权设计

创业者要充分关注创业团队成员的股权比例，既合理调动团队成员的积极性，又可以使大家分享企业

股权结构设计

日后成长带来的巨大收益。

(一) 股权设计概述

1. 股权的种类

创业企业的股权一般来说需要分成资金股和人力股两大类，而且随企业类型不同，其比例构成不同。关于这一点，可以通过表 7-1 的例子予以说明。

表 7-1　市值与投资额

市值排名	1	2	3
公司名称	阿里巴巴	腾讯	中国工商银行
成立时间	1999 年	1998 年	1984 年
投资额	50 万元	50 万元	208 亿元
2019 年市值	39 695 亿元	32 139 亿元	20 957 亿元

通过表 7-1 可以看出，对于资源驱动型的企业来说，资金等物质资源应该占大股，人力资本占小股；而对于人力驱动型的企业来说，人力资本应该占大股，资金等物质资源占小股。这样才能突出企业特点，充分肯定战略性资源的价值。

2. 股权架构的种类

创业企业的股权架构按照创始人所占的股份比例不同，可以分为以下几种类型，如图 7-1 所示。

绝对控股型	相对控股型
安全控股型	其他类型

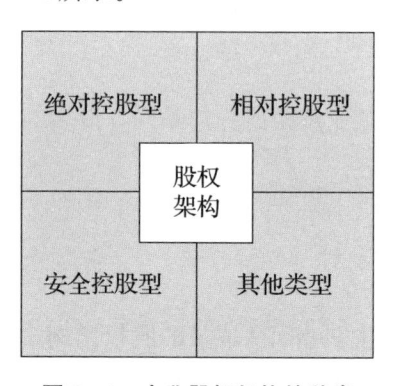

（中心：股权架构）

图 7-1　企业股权架构的种类

由图 7-1 可以看出，典型的企业股权架构可以分为绝对控股型、相对控股型、安全控股型和其他类型。

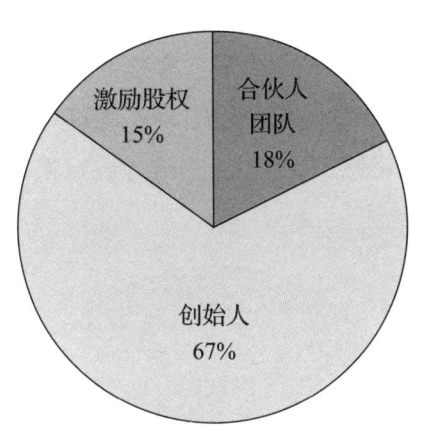

（1）绝对控股型的股权架构。绝对控股型的股权架构中，创始人拥有企业 67% 的股权，在企业中占有绝对控制地位；合伙人团队占 18% 左右的股权；激励股权的比例在 15% 左右，如图 7-2 所示。这种股权架构适用于创始人全职投入，既出钱又出力，且出得最多、贡献最大的情况。

对公司制企业来说，创始人除了做出日常生产经营决策之外，还可以做出修改公司章程、增加或者减少注册资本的决议，以及公司合并、分立、解散或者变更公司形式的决议。

图 7-2 绝对控股型的股权架构

（2）相对控股型的股权架构。相对控股型的股权架构中，创始人拥有企业 51% 的股权，直接拥有股东会上过半数的表决权，在企业中占有相对控制地位；合伙人团队拥有 34% 左右的股权；员工的激励股权依然在 15% 左右，如图 7-3 所示。在这种股权架构中，创始人基本可以保持对股权的绝对优势，对于那些需要半数以上投资者同意的事项可以直接做出决定。

相对控股型的股权架构适用于公司有一个"主心骨"，创业能力相对比较集中的企业。

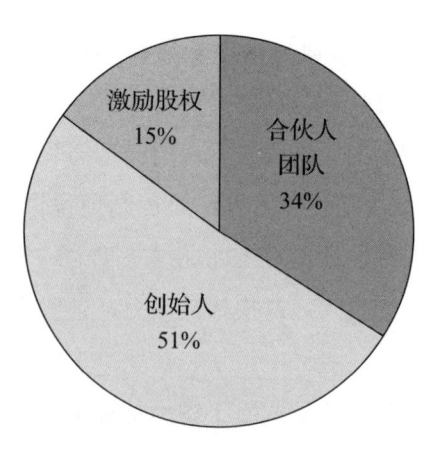

图 7-3 相对控股型的股权架构

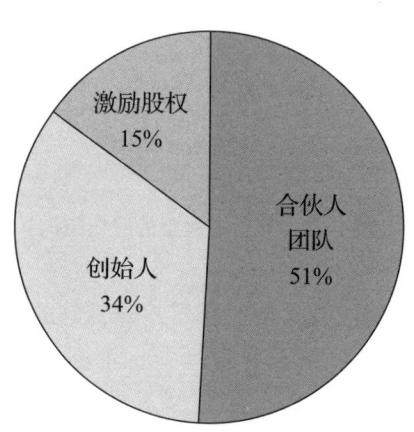

(3) 安全控股型的股权架构。安全控股型的股权架构中,创始人拥有企业 34% 的股权,拥有对公司重大核心事项的一票否决权,在企业中拥有安全控制权;合伙人团队持有 51% 左右的股权;激励股权比例保留在 15% 左右,如图 7-4 所示。在这种股权架构中,创始人既不绝对控制,也不相对控制。

图 7-4 安全控股型的股权架构

其他类型指所有不属于以上三种股权结构的类型。

(4) 创新创业企业股权分配的框架。根据对硅谷以及中国赴美上市的互联网公司的股权架构的实证分析,得到的创新创业企业股权分配框架如图 7-5 所示。每个发起人的股权比例取决于四个因素:创始人身份、发起人身份、出资额和岗位贡献。创始人身份占 25% 的股权比例，发起人身份占 10% 的比例，出资额占 20% 的比例，岗位贡献占 45% 的比例。

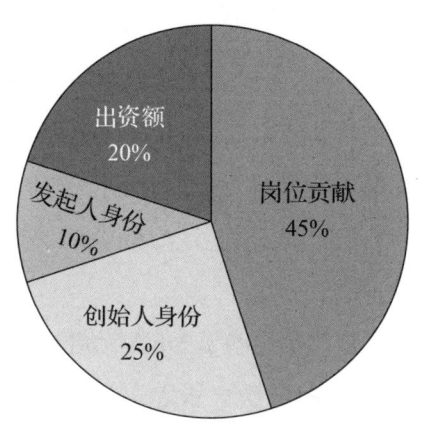

图 7-5 创新创业企业的股权架构

从这个股权架构中可以看出，创新创业企业中人力资本更为重要，发起人身份、创始人身份和岗位贡献的比例合计达到了 80% 左右，可以为种子或天使阶段的创业企业股权架构设计提供参考。

3. 股权设计的六条生命线

创业企业股权的六条生命线指的是会影响到创业企业命运的六个股权比例，分别是 67%、51%、34%、10%、3% 和 1%，下面分别予以说明。

67%、51% 和 34% 的股权比例在企业的重要性已经在前面股权架构的种类中进行说明，此处不再赘述，下面只陈述后 3 个比例在创业企业中的意义。①

10% 代表临时会议权。单独或者合计持有公司全部股东表决权 10% 以上的股东，可提请召开临时会议，提出质询、调查、起诉、清算和解散公司。这是提议召开股东（大）会、董事会的最低比例。

如果公司经营不善使得股东利益受损，通过其他途径无法解决，持

---

① 商业智慧树. 股权九大生命线详解！（老板必知）. 搜狐网，2019-01-19.

有公司 10% 以上股份 1 年时间的股东，就可以请求人民法院解散公司。

3% 意味着临时提案权。股份有限公司单独或者合计持有公司 3% 以上股份的股东，可以在股东大会召开 10 日前提出临时提案并书面提交召集人。

1% 为代位诉讼权，也称派生诉讼权，是股份有限公司的股东拥有的可以间接调查和起诉的权利，是公司利益受损、大股东不行权时，股东委托董事或监事维权，甚至以个人身份对高管提起诉讼的最低比例。

腾讯在创立之初，5 个人共凑了 50 万元启动资金。其中马化腾出资 23.75 万元，占 47.5% 的股份；张志东出资 10 万元，占 20% 的股份；曾李青出资 6.25 万元，占 12.5% 的股份；其他两人各出资 5 万元，占 10% 的股份。后来，马化腾在接受多家媒体采访时承认，他最开始考虑过和张志东、曾李青三个人均分股份的办法，但最后还是采取了 5 人的创业团队，根据分工占据不同股份比例的策略。①

（二）股权设计的原则

案例导入

罗辑思维是传统媒体人罗振宇和独立新媒创始人申音于 2012 年打造的知识型视频脱口秀，口号是"有种、有趣、有料"，是新时期的知识社群，它满足了信息泛滥时代人们对可信知识源和可靠知识的需求。

从上线起，罗辑思维就坚持每天早上 6 时在微信公众平台发布罗振宇的 60 秒语音，全年无休，风雨无阻。另外，每周五还在优酷网发布高质量的视频节目，每期 50 分钟，每年 48 期，这些内容都是免费的。

---

① 张志，乔辉. 大学生创业指南. 北京：人民日报出版社，2016.

2013年推出的付费会员制是罗辑思维初步试水商业化，尝试将知识产品变现，效果显著。2014年开始，罗辑思维相继推出微信自媒体电商平台、得道App以及独立电商平台生活作风网站，罗辑思维估值超过1亿美元。

2014年5月，罗辑思维两大合伙人正式"分手"，申音退出，罗振宇继续操盘这个项目。

罗辑思维两大股东之所以散伙，主要是由于股权结构设计上的本末倒置。尽管在公众面前罗辑思维基本上等同于罗振宇，但罗振宇只是个小股东，占股比例不足18%，而幕后的合伙人申音才是大股东，持股比例超过82%。[①] 由于出力的罗振宇只占小股，久而久之，自然会心理不平衡，达到临界点，矛盾就会出现，于是合伙人分崩离析，还好没有影响到公司的后续发展。

以上案例进一步支持了本章开始的观点，创业企业的股权应该分成资金股和人力股两部分，资金股的比例在非资金驱动型的企业中不应过高。比如有专家建议在初创企业启动资金不超过30万元时，资金股不应超过10%；启动资金不超过50万元时，资金股不应超过15%；启动资金不超过100万元时，资金股不应超过20%。[②] 具体来说，股权架构在设计时可以遵循如下原则。

1. 科学设定股权比例结构

股权分配背后对应的是如何搭建架构，因此，在划分股权比例时，可以参照典型股权架构的模式，也可以按照实际情况设定，但最好不要在创始人之间均分股份（平股），而且最好有大股东（半数以上投票权）；同时，要合理分配股权。

举例如下。[③]

[①] 余玥. "罗辑思维"分家：自媒体的分水岭？南方都市报，转引自搜狐科技，2014-05-23.

[②] 冯珊珊. 创业公司的"股权架构师". 首席财务官，2016 (6)：72-75.

[③] 王艳茹. 创业财务. 北京：清华大学出版社，2017.

(1) 如果是3人一起创业，可以采用5∶3∶2或6∶3∶1的股权比例，这样看起来既有大股东的存在，中小股东的股权比例也比较适当，有利于企业日后的生产经营决策。

(2) 如果是4人一起创业，不建议采用10∶8∶1∶1的比例，因为这样的股权架构会使得公司的决策权飘忽不定，5%的持股者的支持将会成为持股50%和40%的股东的拉拢对象，不利于公司决定权的稳定性；如果40%的持股者是投资人，一旦出现决策与创业者不同，其股权占比超过了1/3，有可能使创业者无法推进任何公司重大决策。4人创业可采用10∶5∶3∶2的比例，这样设定使企业创始人股权较大，投资人和其他创始人的股份比例相对比较小，有利于决策权的稳定。

创始人持有多少股权才算是合理区间呢？初创企业可以在一定程度上参考比较成功的企业的做法。2015年的一份报告表明，互联网领域成功的企业中马云是7.8%，马化腾是14.43%，周鸿祎是18.46%，刘强东是20.468%，李彦宏是22.9%。谷歌的佩奇与布林是14.01%与14.05%，脸书的扎克伯格是23.55%。因此，很多律师认为20%上下算是常态。[①]

2. 明确界定投资者权利

创业者需要明白持股比例和控制权比例并不一定对等，同股不一定同权。所以，进行股权设计时应约定好股权代表的权利，比如有的股权可以只享有分红权，有的可以享有分红和股份增值权，有的享有除决策权之外的其他权利等。

另外，为保障股权结构的稳定性，最好设置股权池，采用股权成熟机制。在进行股权架构设计时，创始人应充分考虑控制权保护条款，创业团队的实力不同，预留的股权池大小也会不同，用奇虎公司董事长周鸿祎的话来说，不管你的团队强弱，都不要把股票分完，再强的团队，也要留个15%~20%的池子，团队弱一些的，你要懂得大方地留下40%甚至50%的池子才行。这样的好处在于一开始大家利益均沾也无

---

① 创业合伙人的股权该怎么分？360图书馆，2015－05－30。

所谓，不过当日后有更强的人进入团队，或是创业团队成员的贡献与股权不一致时，总可以从"大锅饭"里给牛人添点。毕竟再从别人口袋里掏钱这事儿太悬。①

股权成熟机制也称股权绑定，在做股权分割的时候最好约定任何人都必须在公司做够起码一年才可持有股份（包括创始人）。好的股份绑定计划一般是第一年给25%，接下来每个月落实2%。

例如，A，B，C三人合伙做项目，A是首席执行官，B是首席技术官，C是首席运营官，股权比例为5∶3∶2，约定所持有的股权分4年成熟，每年成熟25%。如在4年内，任一合伙人退出，则未成熟股权由其他合伙人回购（也可以约定公司回购，但建议尽量约定合伙人回购，因为公司回购涉及减资，程序相对麻烦）。假定项目启动后刚好满一年，作为首席运营官的C要退出。那么，C成熟的股权为20%×1/4=5%，余下15%的股权属于未成熟的股权，即C离职后，仍可以持有5%的股权，未成熟股权由A，B合伙人按股权比例回购。如此，一方面可以承认C对于公司的贡献，另一方面可以用回购的未成熟股权吸收替代的新首席运营官合伙人。实践中，有约定按项目进展进度，比如产品测试、正式推出、迭代、推广、总用户数和日活用户数等阶段分期成熟的，也有按融资阶段分期成熟的，还有按项目运营业绩递增情况分期成熟的。

3. 选择适合的保护控制权的法律条款

如果企业创始人不控股，可以采用以下方法实现对企业的控制权：一是投票权委托制度；二是一致行动人制度；三是持股平台制度；四是双重股权结构。

投票权委托即公司部分股东通过相关协议约定，将手中持有的股票投票权委托给特定股东（通常是创始人），以增加特定股东的投票权重，增加其投票权比率。根据京东商城的招股书，在该公司上市前，就有包括老虎基金、高瓴资本、今日资本以及腾讯在内的11家投资机构将投

---

① http://tech.163.com/10/0125/07/5TS03JP3000915BF.html.

票权委托给了刘强东行使，使其拥有了超过半数的投票权。

　　一致行动人制度指通过协议约定，当股东之间意见不一致时，某些股东就特定事项跟随一致行动人投票，采取一致行动的制度。一致行动协议内容通常体现为一致行动人同意在其作为公司股东期间，在行使提案权、表决权等股东权利时做出相同的意思表示，以其中某方意见作为一致行动的意见，以巩固该方在公司中的控制地位。当公司无控股大股东，也没有实际控制人时，公司创始人就可以和其他股东签署一致行动人协议，以确保在股东意见不一致时，某些股东能够跟随自己采取统一行动，保证自己对公司的控制力。一致行动协议在境内外上市公司中都很常见，境内上市公司如网宿科技、中元华电、海兰信等也均有涉及，而境外上市公司如腾讯及阿里巴巴也同样存在。[①]

　　持股平台指自然人并不是直接持股主体公司，而是通过一个平台间接持有主体公司的股权，这个用于间接持股的平台就是持股平台。常见的持股平台模式有有限合伙、公司制（有限责任公司或股份有限公司）。华为正是通过持股平台制度把公司的长远发展和员工的个人贡献有机结合在一起，形成了长远的共同奋斗和分享机制，让更多的员工有机会享受员工和股东的双向回报。华为投资控股有限公司工会委员会（以下简称华为工会）是华为的员工持股平台。

　　双重股权结构也称为AB股制、二元股权结构，是一种通过分离现金流和控制权对公司实行有效控制的手段，区别于同股同权的制度。在双重股权结构中，股份通常被划分为高、低两种投票权。高投票权的股票拥有更多决策权，但不会赋予投资者太大的话语权。谷歌在上市时采用的就是AB股模式，佩吉、布林、施密特等公司创始人和高管持有B类股票，每股表决权等于A类股票10股的表决权。2012年，谷歌又增加了不含投票权的C类股用于增发新股。这样，即使总股本继续扩大，同时创始人减持股票，他们也不会丧失对公司的控制力。脸书上市时同

　　[①] 简法帮. 以京东、腾讯、阿里为例，深度分析创业者要如何避免痛失公司控制权. 钛媒体，2016-07-11.

样使用了投票权1∶10的AB股模式，这样扎克伯格一人就拥有28.2%的表决权。此外，扎克伯格还与主要股东签订了表决权代理协议，在特定情况下，扎克伯格可代表这些股东行使表决权，这意味着他掌握了56.9%的表决权。比较典型的国内企业有京东、陌陌和聚美优品。京东的刘强东及管理层持有的每股股份代表20份投票权，陌陌的唐岩及聚美优品的陈欧持有的每股股份代表10份投票权，其他股东持有的每股股份只能代表1份投票权。

阿里巴巴的"双层股权＋有限合伙人"制度也是创业者可以借鉴的案例。通过双层股权、董事提名权和投票权等的约定，持股比例分别为4.8%和1.6%的马云、蔡崇信可以将公司紧紧抓牢在自己手中。[①]

4. 谨慎选择初创股权分配的参与者

并非所有参与创业的人都可以分得企业股权，创业企业在进行股份分配时应谨慎选择。对于那些不能保证持续保有的资源提供者、兼职者、专家顾问，不认同合伙事业发展理念、不能长期坚持、不能同舟共济的人最好不要让其分享企业股权，而是以顾问形式，支付与其提供资源价值相对应的报酬；更不要以小比例股折抵工资，减少工资支出的方式留住早期员工，因为早期的股权非常珍贵，但在员工眼里，并不值钱，起不到激励作用。

5. 妥善处理风险投资和创业者的关系

风险投资的投资目的是获取高额财务利益，创业者创业的目的是实现自己的理想，理念不同，对于资本和股权的看法也会有所不同。创业投资的逻辑是投资人投大钱、占小股，用真金白银买股权；创业合伙人投小钱、占大股，通过长期全职服务公司赚取股权。简言之，风险投资只出钱，不出力；创始人既出钱（少量钱），又出力。因此，风险投资购买股票的价格应当比合伙人高，不应当按照合伙人标准低价获取股权。如果在日后融资过程中，外部投资者持股比例过高，可以借鉴阿里

---

① 证券时报. 阿里股权曝光：马云持股降至4.8% 蒋凡被除名合伙人. 凤凰网财经，2020-07-11.

巴巴的模式采用有限合伙制的方法，保证创业者对企业生产经营的决策权。

> **温馨提示**
>
> （1）尽量避免出现一人有限责任公司。按照《公司法》第六十三条的规定，一人有限责任公司的股东不能证明公司财产独立于股东自己的财产的，应当对公司债务承担连带责任。由此，许多律师建议，创业者可以通过将少部分股权，如1‰的股权授予自己信赖的亲属的方式规避无限责任的履行，降低创业风险。
>
> （2）对不拿工资的投资者，可以给工资欠条，而不是增加其股权比例。对于不拿工资的创始人，最好在企业的账上做工资欠条记录，当公司有了足够现金时，根据工资欠条补发工资；并且可以在接下来的几年中，当公司现金收入逐步增加，或者当完成第一轮风险投资后，给每一位创始人补发工资，以确保每一位创始人都可从公司得到完全相同的工资收入。
>
> （3）获得控制权的非持股途径。除了从持股权上控制企业外，创始人还可以通过以下方式获得企业控制权。第一，在股东会层面维持创始人的控制权，创始人要实现达到控制比例的表决权，主要有三种办法。一是归集表决权，即通过投票权的委托、一致行动协议、持股实体（有限合伙企业）等归集其他合伙人或者部分投资人的投票权来实现；二是设置多倍表决权，即在公司章程中约定，创始人每百分之一股权，拥有多倍于其他股东的表决权；三是设计创始人否决权，即通过章程或协议约定，创始人对重大事项（合并、分立、增资或上市）享有否决权。第二，在董事会层面维持创始人的控制权，也有三个方法：一是约定创始人有委派或提名多数董事的权利；二是创始人董事拥有多倍的表决权；三是采用阿里巴巴的合伙人制度。

（4）股权结构设计的核心是找对人。合适的合伙人对于创业成功起着至关重要的作用，不仅因为创业团队符合成员之间彼此信任、相互补充、目标一致、便于沟通等优秀团队的特征，还在于其更容易进行科学的股权设计。如果采用"创始人＋创始人"的团队组织架构，就好比"曹操＋刘备＋孙权"合伙创业，公司没有清晰明确的主心骨，股权很难分配，但是，如果采用"创始人＋合伙人"的团队组织架构，就好比"刘备＋诸葛亮＋关羽＋张飞"合伙创业，股权结构设计就会容易很多。

（三）股权设计案例

阿里巴巴的有限合伙人制度通过巧妙运用股权设计技巧，将企业的生产经营控制权牢牢把握在合伙人手中，避免了被资本绑架；土豆网上市前引发的股权纠纷给了我们另一个启示，产生了业界所谓的土豆条款。下面分别予以介绍。

1. 阿里巴巴的有限合伙人制度

在阿里巴巴工作5年以上，具备优秀的领导能力，高度认同公司文化，并且对公司发展有积极贡献，愿意为公司文化和使命传承竭尽全力的人，具有成为合伙人的资格。

合伙人提名不需要经过股东大会，而是由现有合伙人向合伙人委员会提名即可，现有合伙人根据一人一票原则对候选人进行投票，获得75％的投票便获得通过。合伙人来自管理层，一旦离职，就意味着退出合伙人关系。

2010年，有限合伙人制度在阿里巴巴内部运行；2014年，阿里巴巴首次对外公布其27位合伙人；2019年6月6日，阿里巴巴提交上市公司年报。年报中，阿里巴巴公布了最新的38位合伙人名单。

阿里巴巴"十八罗汉"中，加入阿里巴巴时间最早的是1999年（即从公司成立便任职）的，包括马云、蔡崇信、戴珊、彭蕾、吴泳铭、蒋芳。其他"十八罗汉"中，有的已经退休，有的已经离职。比如阿里巴巴集团前副首席技术官姜鹏、阿里巴巴集团前资深副总裁金建杭、阿里巴巴前首席执行官陆兆禧等。

阿里巴巴章程规定，阿里巴巴合伙人享有提名过半数董事会成员的专属权。被提名的董事必须在每年的股东大会上得到半数以上投票，如果合伙人提名的董事未能赢得股东大会选举，或者由于其他原因离开了董事会，合伙人有权任命临时董事以填补空缺，直至下一年度股东大会。当董事会成员中阿里巴巴合伙人成员不足半数时，合伙人有权任命额外董事以确保董事会成员中的合伙人在半数以上。

阿里巴巴的合伙人机制保障了企业控制权牢牢掌握在核心管理成员的手中，避免企业为资本所控，维护企业文化的传承和长远发展。

阿里巴巴不仅在内部设立合伙人制度，还与主要的股东软银、雅虎达成一整套表决权拘束协议，进一步巩固合伙人对公司的控制权。阿里巴巴的表决权拘束协议约定，软银在股东大会上投票支持阿里巴巴合伙人提名的董事当选，未经马云、蔡崇信同意，软银不会投票反对阿里巴巴合伙人的董事提名。

2. 土豆条款：由来、启发及探讨

2010年，王微与前妻杨女士的婚姻关系正式结束，2010年11月10日，土豆首次递交IPO申请的次日，杨女士向当地法院提出婚姻财产诉讼。《每日经济新闻》曾独家披露，其前妻诉讼保全请求为王微名下公司38%的股权，其中就包括上海全土豆网络科技有限公司，上海全土豆网络科技有限公司是集团在中国地区的重要利润中心，持有土豆网的增值电信业务经营许可证和信息网络传播视听节目许可证，将对土豆网上市起到巨大作用，王微持有其95%的控股股权，其中76%涉及夫妻共同财产问题。

土豆网的上市进程因此搁置半年有余，直到2011年4月末才重新向美国证券交易委员会递交了IPO申请，上市地点为美国纳斯达克。前提是王微付出总计700万美元的现金补偿，其中430万美元需待土豆网上市成功后兑现。

不过有观点认为，土豆网可能已错过上市的黄金时间。在土豆网首席执行官离婚财产纠纷的空档期，其主要竞争对手优酷网已在2010年12月先行上市。

提交首次IPO申请9个月后的2011年8月17日，土豆网（Nasdaq：TUDO）终于在美国纳斯达克上市。但上市首日股价下跌12%，市值仅有7.1亿美元。

与土豆网上市类似的还有赶集网计划赴美上市前夕由于同样面对婚变的财产分割诉讼，失去上市机会，在距离赶集网对外宣称的独立上市时间还有2个月时被收购的案例。

于是投资界就有了土豆条款这一说法。

投资人将企业高管婚姻稳定与否列入其尽职调查的一部分。今日资本的徐新甚至规定，对准备投资的公司，凡是老板已婚的，要访谈其妻子。

关于土豆条款的效力问题，可以从以下两个角度来说明：我国《民法典》婚姻家庭编的第一章规定了婚姻自由，故婚姻自由可谓是我国《民法典》婚姻家庭编的基本原则。这样看来土豆条款无疑是通过合同约定限制了股东的婚姻自由，违背了我国《民法典》婚姻家庭编的基本原则。

另一种观点认为并不违背《民法典》的规定，理由如下：

《民法典》允许夫妻对其名下的财产进行约定，实行夫妻财产共同所有、各自所有、部分各自所有、部分共同所有的制度。

对于已婚股东，可以在股东协议中加入创始人股东配偶条款，即创始人股东配偶同意股权的财产性权益属于夫妻共同财产，股权的管理性权益归创始人股东，同时创始人股东配偶承诺不因夫妻关系变化要求股东资格或者同意获得股东资格的前提是其他所有公司股东认可。

对于夫妻二人均为股东的情况，夫妻二人的股权可以通过股东协议对婚姻问题做出明确约定，即公司股权作为夫妻共同财产已经做出分配，将来婚姻关系的变化不存在公司股权的重新分割。

对于未婚的创始人股东，股权属于创始人婚前个人财产，即使创始人股东日后发生婚变情况，一般也不影响公司控制权。

（四）再融资的股权设计

外部股权融资时的股权设计不仅会影响到外部股权融资的难易程度，而且会影响企业的可持续发展。因为股权不仅涉及分红比例，而且涉及掌权比例，它涉及人类最敏感的两个话题：财富与权利。

创业企业的发展阶段可以分为种子期、初创期、发展期、成长期和成熟期五个阶段，相对应就会有种子轮、A轮、B轮、C轮及C轮以后的不同轮次的融资。

1. 种子轮融资

种子轮融资主要适用于种子期和初创期的企业。种子轮的融资主要来源于创始团队成员、亲朋好友、天使投资人或天使投资机构。资金用途主要是支付管理团队工资、支持产品研发、实现产品概念、开发原型产品与测试等。种子轮的融资数额较少，对企业的估值较低，对创始人股权的稀释效应较大。

早期风险投资机构会参与初创期的投资，这一阶段企业完成了产品的初步开发，有了产品原型，并制定了商业计划，准备将产品或服务推向市场。

2. A轮融资

A轮融资主要适用于发展期的企业。此阶段的企业完成了产品开发，产品得到了市场的逐步认可，市场开拓对象由最早的试用者向早期大众过渡，企业仍未达到盈亏平衡点。由于尚未实现大规模销售，银行贷款难度较大，股权众筹又难以满足较大的资金需求量。

这一阶段的融资主要面向风险投资机构。资金主要用来帮助企业实现产品生产的规划、培育市场、建立销售队伍和产品的深入开发。

3. B轮及以后轮次的融资

对大部分创业企业来说，B轮及以后的融资应该会发生在盈利以后，不属于创业融资的范畴，此处不再赘述。

4. 再融资注意事项

控股权对于创业团队来说非常重要，很多创业企业在筹集资金时由于股权比例的原因无法及时筹到资金，但是，控股权的重要性是以企业存续为前提的，如果因为不愿意分散股权，资金筹集不足，出现资金断流，使企业走向破产清算，再高的股权比例也会失去意义。下面的案例说明了企业再融资时应该关注控股权的重要性。[①]

> **案例导入**
>
> **假设王志东与丁磊一样保守，故事会重新书写**
>
> 丁磊在股权控制上比较保守，创业之初的网易为其个人全资拥有，创业伙伴并未拥有股权。直到谋划上市，重新搭建公司架构之时，丁磊才开始向外转让股份。除了向风险投资机构转让外，他先后几次向包括高管在内的公司员工转让了数量不等的股权，尽管如此，他仍持有50%以上的网易股份，处于绝对控股地位。2001年，由于涉嫌财务造假，丁磊不再担任具体管理职务，只保留了首席架构设计师的头衔，但在公司发展战略规划上，依然保持着足够的影响力。
>
> 王志东则在创立新浪之初便引入了风险投资，此后又经历多次融资，在新浪上市之后，其个人所持股份仅占6%左右。2001年6月，在网络泡沫破裂之后，王志东由于与华尔街资本大鳄的意见分歧，从新浪黯然离职，这与其在资本层面并无实质性控制力有重要关系。假设他在股权控制上与丁磊一样保守，故事就会重新书写。

---

① 王艳茹. 创业基础如何教：原理、方法与技巧. 北京：清华大学出版社，2017.

二、创业企业股权激励

股权激励

案例导入

某家创业刚满两年的公司对总经理、财务总监、营销总监这3名核心人员进行了股权激励。按照规定,如果当年公司能够完成年度目标,各个部门也能够完成部门目标,公司会拿出总股本中5%的股份对他们进行激励。最终,在大家的共同努力下,公司和部门不但顺利完成了目标和任务,甚至某些指标还超额完成。于是,公司非常爽快地兑现了承诺,给他们3人分配了股份:总经理获赠2%,财务总监和营销总监各获赠1.5%。由于用于激励的股份属于注册股份,是实股,这3位骨干瞬间就成为公司的注册股东。

但是,令公司意想不到的是,在获取股份后,营销总监就经常以股东身份要求财务部门向他提供公司的财务报表。同时,他也经常以股东的身份影响和干扰公司决策,使公司有时处于被动局面。

点评:当初在进行股权激励的时候,公司并没有完全明确激励对象获取股份后的权利,造成了核心骨干在签署股份赠与合同后,就完全拥有了国家规定的合法股东的全部权利。如果当初公司在授予股份时,明确规定激励对象在获取股权后,第一年只拥有分红权而没有其他任何权利,第二年起根据实际情况再规定赋予其他权利(如表决权、建议权、转让权等),这类情况就完全可以避免。

资料来源:华一世纪.股权持有者的权利有哪些.豆瓣网,2018-04-12.

现在越来越多的企业开始采用股权激励的方式，将员工变成合伙人，谋求企业更好的发展。但由前述案例可以看出，进行股权激励时如果激励合同设计不合理，激励股权的权利不明晰，可能会对企业未来发展造成不利影响。

(一) 股权激励概述

股权激励是通过获得股权形式给予公司经营者一定的经济权利，使他们能够以股东身份参与公司决策、分享利润、承担风险，从而勤勉尽责地为公司长期发展服务的长期激励机制。

目前，一些中小公司特别是科技型公司成立时，出于引进一些掌握核心技术或拥有特殊资源人员的需要，公司股东往往会给这些员工一定比例的股权或者期权奖励，承诺给予一定的分红，或者在公司发展到一定阶段或上市时以回购的方式予以高额补偿，即给予员工股权激励。创业企业一般可以拿出股权总额中5%～20%的份额对公司管理人员进行股权激励。

1. 股权激励步骤

(1) 确定股权激励目的。在开展股权激励前，应先弄清楚公司整体战略目标，以及拟赋予股权激励计划的使命；确定实现企业战略目标需要的人才种类，拟授予激励对象的股权比例和业绩考核方法，以使股权激励措施切实发挥作用。

公司应根据实际情况制定合理的战略目标，常见的3～5年战略目标有：销售额或利润达到某一数值、重大业务转型、新产品（技术）或新市场突破、IPO等。

(2) 制定股权激励策略。这包括确定激励对象、设定激励的业绩指标、确定激励时机和激励的三个时段。

首先，确定激励对象。激励对象需根据公司特征和激励对象自身特征的不同进行选择。根据公司特征确定激励对象时，基本的评价原则是特定对象对企业未来发展的重要程度，即激励对象未来对企业的贡献；

根据激励对象自身特征确定激励对象时，应主要考察其培养的周期成本、可替代性等员工能力因素，并结合员工的职位、工龄业绩等历史贡献因素做出选择，如表7-2和表7-3所示。

表7-2 根据公司不同特征的激励对象选择

项目	初创公司	成熟公司
技术含量高	技术骨干、核心高管	核心高管、技术骨干
技术含量低	核心高管、业务和销售骨干	核心高管、分支机构负责人

表7-3 根据激励对象自身特征的选择

项目	培养周期长	培养周期短
可替代性强	结合企业因素考虑	非重点
可替代性弱	重点	结合企业因素考虑

其次，设定激励的业绩指标。见股权激励原则部分。

最后，确定激励时机和激励的三个时段。创业企业可以在股权融资前、并购重组时、公司转型或遭遇发展瓶颈时进行股权激励。在股权融资前实施股权激励，能借以快速提升企业业绩，优化股权结构，提升公司治理水平，提高融资时的估值；在并购重组时实施股权激励，可以快速融合新老团队；在公司转型或遭遇发展瓶颈时实施股权激励，可以让团队重振信心、团结一致、谋求出路，寻求企业健康快速发展的对策。

激励的三个时段分别是有效期、考核期和禁售期。股权激励的有效期应与完成公司战略目标所需的时间基本一致，通常在3~5年；考核期一般以1年作为1个考核期；禁售期一般与有效期的时长成正比，以将激励对象与公司的利益更久地捆绑在一起。

（3）选择激励模式。这包括股权形式、来源形式、回报形式及出资形式等，如表7-4所示。

表 7－4　激励模式

股权形式	实股、虚股、先虚后实
来源形式	大股东转让、增资扩股、小股东转让
回报形式	上市交易、增值卖出、增值持有、分红
出资形式	赠送、一次付清、分红偿还、公司或大股东借款

（4）确定激励数量。根据公司达成整体战略后的估值确定股权激励总量，结合特定对象的心理预期确定个量基准，并结合其他因素进行调整。

首先，测算公司达成整体战略目标后的估值；其次，确定进行股权激励的总量（比如不超过 20%）；再次，测算特定对象承担特定业绩指标的心理预期收益，以此确定个量的基准数；最后，结合股权形式、回报方式、出资方式以及竞争对手行为等因素进行相应调整，其中的关键是公司估值和激励对象心理预期收益的确定。

（5）决定激励规则。这包括激励数量的确定规则、退出规则、合同调整规则等。激励数量的确定如表 7－5 所示。

表 7－5　激励数量确定

类别	考核结果	当期授予系数
业绩指标	完成 90% 以上 完成 80%～90% 完成 60%～80% 完成度小于 60%	1 0.8 0.7 0
其他一票否决指标	发生违法行为 违纪超过公司的规定次数	0 0

退出规则见本节股权激励技巧部分。

对于中小企业而言，在公司送转或现金分红后，原定的股权激励的股份数量和行权价格可能偏离其原定价值，因此需要对相应的调整规则进行约定。其基本原则是股权数量折算比例在送转前后不变，行权价格则应减去每股的现金分红。

2. 股权激励作用

股权激励对于企业员工、高管和企业自身发展都有积极的影响。

（1）股权激励对员工的作用。员工持有所在企业股权，首先有利于培养员工的主人翁意识，调动他们的工作积极性；其次，赋予员工双重身份，使其在遵循职责实现工作目标、完成考核的同时，努力追求全体股东的最大投资回报；再次，可以让普通员工享受到公司的业绩和资本增值，增加收入；最后，员工持有公司的股份，将会更加关注公司的经营情况，提高员工参与经营管理的意识。

华为正是通过员工持股的方式实现了高速增长。下面分享华为员工持股的案例。

首先，员工持股资格的确定。华为从才能、责任、贡献、工作态度、风险承担等方面来确定持股员工名单，从而使得持有华为股权的员工限定在历史的贡献者、现在的奋斗者、未来的优秀者、潜在的卓越者、紧密的合作者层面，真正对企业长远发展有利。

其次，每年新增持股来源的解决。华为通过增发股份、高管让出股份、员工离职时的股份回购、持股员工自动放弃，以及被取消配股资格员工的股份收回等渠道解决。

再次，员工持股的发展历程。华为的股权激励从1990年开始实施，经历了内部持股计划、虚拟受限股、饱和配股和时间单位计划（TUP）4次重要的股权激励变革。到2018年末，华为有两个股东，一个是持有公司1.41%股份的任正非；另一个是华为员工组成的华为工会，占有公司98.99%的股份，其中包含任正非所持的0.4%部分。2013年，华为将股权激励模式升级调整为TUP模式，该模式明确了员工股权的5年激励期：第一年按条件进行配股，但是没有股份分红；第二年开始有股份分红，每年分红为1/3额度；继续工作持续5年，第五年基本可以拿到饱和股分红；第五年结束，股权激励归零，依以上逻辑重复。这种方式解决了华为发展到一定程度之后，创始团队的部分人员"躺"在股票利益上混日子，不思进取，甚至阻碍企业发展的现象。

最后，财务绩效。随着华为 TUP 模式的推出，2013 年度销售收入达到 2 390 亿元，净利润超过 210 亿元；2014 年度销售收入为 2 882 亿元，净利润达 278 亿元；之后几年收益均稳定增长；截至 2018 年末，公司销售收入达 7 212 亿元，净利润达 593 亿元，员工人数达 18.8 万人。可见华为在成熟期实施的 TUP 模式，取得的效果更为显著，使公司在国际市场上大放异彩，收益颇丰。

（2）股权激励对高管的作用。高管持股首先可以让高层管理者的个人利益和公司利益相结合，委托人和委托代理人之间利益相结合；其次，通过这种方式将高层管理者的薪酬和业绩挂钩，保证高层管理者对公司忠诚，吸引优秀人才；最后，能够保证高层管理者薪酬的动态性。欧美企业高管薪酬主要包括：基本年薪、短期激励如奖金、长期激励如股票期权等。欧洲企业首席执行官薪酬中固定薪酬仅占 1/3，美国则仅占 1/10 左右，其余为绩效薪酬和股份薪酬。[1]

芬尼克兹正是通过高管持股的方式，借助裂变式创业的手段实现了高速发展。2016 年，组建了裂变学院，形成培训加投资的模式，大大提高了创业的成功率，到 2020 年 4 月共做了十几个项目，仅有 1 个失败，成功率高达 90%。[2]

（3）股权激励对企业的作用。通过股权激励首先可以吸引和稳定人才，使拥有股权激励的员工与上市公司员工享有同等甚至未来收益将超过上市公司员工的待遇，激发他们对公司的归属感和工作热情，进而形成人才竞争力；其次，能够完善公司薪酬结构，将员工自身发展和公司整体发展联系在一起，减少员工辞职现象，进一步减少公司重新招聘人员和进行人员培训等发生的成本，控制成本费用，提高公司经营效率，提升公司价值；最后，有利于得到资本市场的关注和认可，增强外部投资者对公司的信任，提高公司融资成功概率。

---

[1] https://finance.qq.com/original/caijingguancha/f1252.html.
[2] 宗毅. 制度创新——裂变式创业. 中国建筑金属结构，2020（4）：60-63.

美的集团通过不同股权激励计划的实施,大大提高了企业的经营绩效。[①] 在2013年9月18日上市后,美的集团仅用4个月便推出了针对2位高管和693位中基层管理人员的期权计划,之后每年滚动推出期权激励。2015年至2018年底,美的集团又实施了2期限制性股票激励及4期核心管理团队持股计划,多次捆绑使股权激励不断强化。通过以上多期的激励计划,构建了经营层与全体股东利益一致的股权架构及长短期激励与约束相统一的激励体系,多年探索形成了极具美的特色的多层次激励生态圈。这使其短期偿债能力提升,闲置资金利用率提高,外部资金能力增强,营运能力提升,存货周转率较高,盈利能力也呈上升趋势。

(二) 股权激励方式

创业企业可以采用股份期权、期股、员工出资购股、虚拟性质的股权、限制性股份、业绩股份等方式,对激励对象进行股权激励,如图7-6所示。

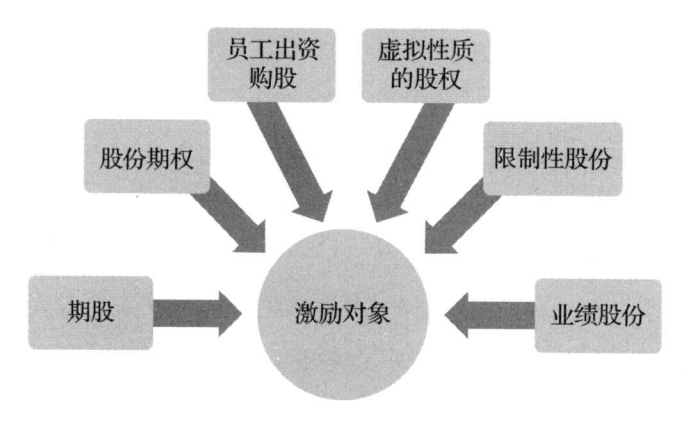

图7-6 股权激励方式

1. 股份期权

股份期权是由企业向特定的个人(一般为高级管理者、技术核心人

[①] 和君咨询. 美的集团:上市公司不同层级核心员工的股权激励模式组合. 新浪财经, 2019-07-11.

员或突出贡献者）授予的、在未来一定时期内按照约定价格购买公司一定数量股份的权利。这种方式又包括股份期权、员工持股、管理层收购等。当企业有较高的可以被员工感知到的成长性时，通过股权激励，可以使其更加努力工作，通过提高企业业绩增加行使权利的可能性及其权利的价值。

> **例 7-1**
>
> 　　甲公司董事会和总经理李女士约定，3 年后若公司业绩达到考核标准，李女士就可以选择用签约时公司的每股价格（10 元/股）购买 20 万股公司股份。李女士努力工作 3 年后，公司价值得到大幅提升，公司股份的价格上涨到 20 元/股。若李女士选择行权，以 10 元/股的价格购入公司股份 20 万股，就相当于以 200 万元的现金购入了价值 400 万元的公司股份；如果全部套现，她就可以获得 200 万元的税前利润。

2. 期股

期股是企业所有者向经营者提供激励的一种报酬制度，其实行的前提条件是经营者必须购买本企业的相应股份。企业可以通过向员工提供贷款、允许员工分期返还的方式，或者提供购买股份的折扣，或者给予相应的股份红利等措施鼓励员工购买期股。"年薪＋期股"的激励模式被众多企业认可，并逐渐成为年薪制之后对经营者实施长期激励的有效措施。

> **例 7-2**
>
> 　　乙公司是一家互联网企业，拥有员工近 500 人，年销售收入达到 10 亿元，利润达到 2 亿元。公司拥有自主开发的商业模式和高科技产品，盈利能力强，总体发展势头好。公司计划拿出 3% 的股份对 4 名核心管理人员做期股激励。于是邀请第三方评估机构对企业价值进行评估，估值为 8 亿元。公司将股份划分为 8 亿股，每股

为1元，这4人共计需要拿出400万元资金投入企业作为购股资金，其中总经理出资200万元，副总经理出资100万元，其他两位总监每人出资50万元。出资后，激励对象除了已经拥有的实股外，还可以获得相当于实股5倍的期股（相当于总经理获得额外的1000万股期股，副总经理获得额外的500万股期股，其他两位总监每人获得额外的250万股期股）。

具体实施办法为：被激励人员需要先行拿出购买实股的款项，并享有所有股份的分红权；期股的购股款在以后5年内分期等额支付，支付方式为优先用以后年度分得的利润支付，不足部分用现金补足。下面以总经理为例进行说明。

实施方案通过后，总经理拿出200万元投入企业，即拥有200万股的实股，同时拥有1000万股期股。这相当于企业借给这位总经理1000万元购买期股，这样总经理每年有1200万股的股份可以参与分红。不过，总经理不能以现金形式领取股份分红，而要把红利资金放在企业，偿还当初购买期股的资金，转化期为5年。这也意味着总经理这1000万股的期股，需要每年获得200万元的分红，才能全部转化。假设企业用60%的利润进行分红。按照激励当年净利润计算，总经理可以分得180万元（总经理占股1.5%），其余的20万元购股款需要以现金的方式支付或者从工资或奖金中扣除。

如果企业实现利润增长，如下一年度净利润为2.5亿元，分红比例为70%，总经理可得分红262.5万元，多出的62.5万元分红，一般不能领取现金红利，而是转化为期股来年需要偿还的资金。经过这样少补多转的方式，5年后，如果总经理的1000万股期股顺利完成转化，总经理就拥有企业1200万股的实股。再经过1年的审计，如果确认他在5年任期内没有重大决策失误和弄虚作假等违法行为，他所拥有的1200万股将变成注册股。

> 该总经理持有的股份可以转让给别人,或由企业赎回,抑或仍留在企业参与分红,由该总经理选择。但是,若总经理转让股份,公司享有优先购买权,同时公司没有回购其股份的义务。

3. 员工出资购股

员工出资购股是内部员工通过支付一定的现金购买公司股份的期权激励方式。让员工花钱买股进行股权激励,使用较多的方式是期股和股份期权。在实际操作过程中,要加入一些约束性条件,如业绩目标和业绩考核,设计相应的退出机制、行权约束条款等。

4. 虚拟性质的股权

虚拟性质的股权是企业授予激励对象的一种虚拟的股份,激励对象可以据此享受一定数量的分红权和股价的升值收益。

华为一直采用这种方式激励员工,98.99%的股权全部为华为工会持有,在员工离开企业时,股份只能由华为工会收回。

虚拟性质的股权没有真正的所有权和表决权,只拥有部分收益权或名义上的表决权,包括分红权、增值权;不能继承、转让或代持。一般持有者离开公司,所持有的虚拟股权会被公司注销。虚拟性质的股权激励可以采用分红股、虚拟股份、股份增值权等形式。不同形式的虚拟股权对应的权利不同,如图7-7所示。

分红股	虚拟股份	股份增值权
又称干股、技术股、贡献股等,获得者只享有股份的分红权,无所有权和增值收益权	是一种虚拟的持股计划,持有者只享有股份的分红权和增值收益权,无所有权和表决权	是一种虚拟的持股计划,持有者只享有股份的增值收益权,无所有权、分红权和表决权

图7-7 不同形式的虚拟股权对应的权利

对于激励对象来说，分红股不用缴纳资金去购买股份，只需要完成公司设定的目标，在公司的规章制度范围内，就可以获得更多收益，因此，这在一定程度上对激励对象是非常有利的。为了保障激励效果，分红股在设计时，要有相应的约束性制度，如目标机制、绩效机制、管控机制和退出机制。一般来说，激励对象离职，取消分红；激励对象降级，分红股数量会减少。分红股的分红金额最好在高管原有年薪的30%～100%之间，这样既能保障激励效果，又能避免激励过度给公司带来成本压力。

虚拟股份指公司激励对象名义上享有股份，而实际上没有表决权和所有权，不能转让，仅享有持有这些股份的分红权、增值收益权等权益。虚拟股份将公司收益权和所有权进行了剥离，不需要激励对象花钱买股；它不是真正意义上的股份，因此，持有虚拟股份的人也没有表决权，股份不能随意转让。华为采用的即是这种虚拟股份。

股份增值权是创业企业给予股权激励对象的一种权利。激励对象可以不通过实际买卖股份，仅通过模拟股份认股权的方式取得。企业在授予持有人股份增值权时，以授予时公司评估的价值作为行权价格，以在规定时段内其持有的股份增值权份额所对应的股份价值增值的部分作为由公司支付的行权收入。持有股份增值权的激励对象，在通过努力提升公司价值后，会获得更多收益；相反，如果行业不景气或经营不利，公司业绩下滑，就会导致企业整体价值下降，激励对象就失去了增值收益。

分红股、虚拟股份和股份增值权的股权权利特征如表7-6所示。

表7-6 分红股、虚拟股份和股份增值权的权利特征

项目	分红权	增值收益权	所有权
分红股	有	无	无
虚拟股份	有	有	无
股份增值权	无	有	无

5. 限制性股份

限制性股份是指公司按照预先确定的条件授予激励对象的一定数量的本公司股份，但激励对象不得随意处置股份，只有在规定的服务期限后或完成特定业绩目标时，才可出售限制性股份并从中获益，否则，公司有权将免费赠与的限制性股份收回或以激励对象购买时的价格回购。也就是说，公司将一定数量的限制性股份无偿赠与或以较低价格售予公司高管人员，但对其出售这种股份的权利进行限制。

限制性股份对于核心元老的退出是一个很好的激励方式，它在保障核心元老利益的同时，又为新人晋升创造了条件。

6. 业绩股份

业绩股份是指公司用普通股作为长期激励性报酬支付给经营者，股权转移由经营者是否达到事先规定的业绩指标来决定的股份。

在年初，公司可以确定一个较为合理的业绩目标，如果激励对象到年末达到预定目标，公司就可以将其一定数量的股份授予激励对象。

业绩股份的流通变现通常有时间和数量限制。激励对象在以后的若干年内经业绩考核通过后，可以获准兑现规定比例的业绩股份；如果未能通过业绩考核或出现有损公司的行为、非正常离任等情况，其未兑现部分的业绩股份将被取消。

以上六种激励方式的对比如表7-7所示。

表7-7 股权激励方式比较

种类	对象	取得方式	限制	激励模式
限制性股份	高级管理者	免费/低价	服务期限、业绩目标	限制性股份
股份期权	高级管理者、技术核心人员、突出贡献者	执行情况	无	股份期权、员工持股、MBO
虚拟性质的股权	不限	免费	分红股有约束性制度	分红股、虚拟股份、股份增值权

续表

种类	对象	取得方式	限制	激励模式
业绩股份	经营者	免费	时间、数量限制	普通股
期股	经营者、员工	折扣或资金支持	必须购买	期股
员工出资购股	员工	现金购买	业绩目标/考核	期股和股份期权

(三) 股权激励原则和技巧

原则是实施激励的基础，技巧是实现激励效果的催化剂，创始人一定要对这些做到心中有数。

1. 股权激励原则

(1) 做好顶层设计。企业需将股权激励提升到战略层面考虑，在实施股权激励方案前结合企业的发展目标和阶段进行总体规划，计划好激励的总数量、激励人员、激励时间等。伴随着股权激励的施行，社会资本进入，公司在发展过程中，创始人股份会不断被稀释，这时要防范公司治理结构带来的风险，把控好股权释放的节奏，在对部分激励对象实施股权激励时，不要过早释放实股，在不同发展时期设计不同的股权激励方案。

(2) 建立好控制权防火墙。企业可以通过设计内部持股平台的方式，将公司的股权激励对象纳入持股平台，以保障创始人的控制权，防范控制权风险。内部持股平台可以考虑采用有限合伙企业的性质进行设计，将有限合伙企业设计成一个法人股东；持股主体公司、创始人股东和员工股东被放入有限合伙企业，签订有限合伙协议。将创始人变成普通合伙人（general partner，GP），享有企业经营管理权；将员工变成有限合伙人（limited partner，LP），不参与经营决策，而只是以投资性质的形式存在，分享收益，这样可以保障创始人的控制权。

(3) 制定好股权退出机制。在实施股权激励机制时预先设定股权期权的丧失条件，要求相关人员出具承诺书，承诺书主要包括约定表决权、股权回购、离职期限、竞业限制、违约责任等内容，并约定退出条款。股权退出分责任型退出和非责任型退出两类。第一，责任型退出。其退出原因由激励对象有意造成，或由其行为给公司带来客观损失形成，如激励对象辞职，或违法受到制裁。此时，已授予部分一般应由公司收回或原价购回，或者按照现在净资产的价格进行回购，未授予部分作废处理。第二，非责任型退出。这是激励对象的退出由激励对象无意造成，或由公司原因造成，例如激励对象退休、丧失劳动力或去世、岗位变动，公司裁员等。已授予部分股票继续有效，未授予部分作废。已授予部分可以按照退出时的净资产和购股成本孰高的原则购回，给他人最大的利益。对于轻资产类的互联网公司，如果近期有融资记录，可以参照最近融资估值的价格，打一个折扣；也可以按照初始投资加一定的报酬率作为退出时的股权定价。

对于合伙人离婚或去世的特殊情况，宜采用特殊方式应对。第一，离婚。见前面股权设计案例中土豆条款部分。第二，继承。公司股权属于遗产，依我国《继承法》《公司法》规定，可以由其有权继承人继承其股东资格和股权财产权益。但由于创业项目"人合"的特殊性，由继承人继承合伙人的股东资格显然不利于项目发展。《公司法》未一概规定股东资格必须被继承，因此，公司章程可以约定合伙人的有权继承人不能继承股东资格，只能继承股权财产权益。[①]

2. 股权激励技巧

（1）巧妙选择激励对象、股权比例和激励期限。在激励对象选择上，初创企业可以遵循伞形变化规律，将激励对象范围逐渐扩大，按企业规模变化和发展时间，将激励对象由高管慢慢扩展至普通员工。初期的激励对象适合选择以下三类人员。第一，功臣，即企业过去需要的人。对功臣的激励是对历史的认可和尊重，也可以起到稳定现在的能臣

---

① http://www.cyzone.cn/a/20150423/272786.html.

的作用。第二，骨干，即企业现在需要的人。通过期权激励的方式既给其现在的收益，也给其对未来的预期。第三，苗子，即企业未来需要的人。通过激励机制的设计，对那些对企业未来发展有利的苗子，通过将其与骨干之间期权的差距作为激励措施，可以起到更好的激励效果。

用于激励员工的股权比例严格来说没有统一规定，创始人可以根据企业的性质、发展状况以及员工的表现酌情确定。在前述典型的股权架构中，员工激励的股权比例一般为10%~25%之间，并认为15%左右是一个合理的比例。

股权激励有效期限设定过短，会使员工弄虚作假追求短期效益，期限过长则会导致员工与企业之间信任度降低，加大风险。而且有效期越长，行权期就越长，企业所要付出的成本也就越大，这对于缺少流动资金的成长期企业，尤其是新三板中小企业来说是一项重大财务负担。所以，合适的股权激励期限可以选择5年左右。

（2）制定切合实际的业绩激励指标。实施股权激励时应设定相应的业绩激励指标，可以基于市场、盈利能力、产品研发、生产力、资金利用和人力资源等不同维度来设定。市场方面如主营业务收入增长率、目标市场占有率等；盈利能力如净利率、毛利率或净利润的净增长或增长率等；产品研发角度如产品研发投入、开发周期、产品销售额等；生产力方面如投入产出比率或单位产品成本、人均生产量、存货周转率等；资金利用方面可以是现金流量、流动资本量、应收账款周转率等；人力资源维度可采用缺勤率、迟到率、流动率、培训次数等。

（3）科学确定激励成本。期权激励中，有一些是免费的，有一些是需要支付成本的。原则上说，有付出时会更加珍惜，付出越多就越珍惜，加上初创企业一般资金比较紧张，因此，建议在进行期权激励时让被激励者付出一定的成本。期权的行权成本按照律大大联合创始人杨学均的建议，对于尚未对外融资的企业来说，可以采用以下两种方式：一是按照原始股价等价购买，即按照创始人创业时的每股价格等价购买；二是按照激励时的每股净资产购买，也可以在此基础上给予一定折扣。

易趣创始人邵亦波和有律创业创始人王英军的建议是，对于已经有过外部股权融资的企业，可以以上一轮优先股股价的1/10作为期权的行权价格，但可以根据激励对象工作时间以及贡献的不同，在购买成本上给予一定折扣。

（4）把握好激励的艺术。在进行股权激励时，把握以下技巧可以起到很好的激励效果。第一，全员保密。对于不同激励对象明确规定不同职位可以购买的股份数量上限，但是每个人实际购入的数量一定要求全员保密。第二，"先小人后君子"。制定严格的规章制度，激励对象违反其中的任何一条，企业都可以按规定处理，比如未遵循保密原则，则泄密者的股权将被收回。第三，规定完善的期权收回制度。第四，与基础激励相结合。在进行股权激励前，最好先将薪酬激励、晋升激励、目标激励、文化激励、竞争激励等常规的激励方式导入企业，完善企业内部管理与激励系统，这样在导入股权激励时才会产生事半功倍的效果。

（四）股权激励的法律风险及其防范

1. 股权激励风险

（1）合同风险。股权激励方案落地要注意签订书面合同，不能仅仅公布实施方案及与激励对象口头约定，或以劳动合同替代股权激励合同，否则易引起合同纠纷风险。

（2）创新成果知识产权纠纷。我国知识产权制度不够完善，缺乏明确的权利保护界限，导致企业股权激励中知识产权纠纷发生频率较高，这不仅影响了企业稳定发展，而且严重打击了企业股权激励对象的积极性。

（3）激励对象退出风险。一方面，若相关企业已开展融资谈判活动，披露股权激励计划、股权激励方式、融资比例等因素，会影响企业融资效果，甚至会导致企业股权激励与融资行为冲突加剧，增加企业创始股东违约风险；另一方面，若企业实施股权激励期间，股权激励对象离职，则会导致企业股权外流，影响企业创始股东利益。

（4）激励方式选择风险。若股权激励方式为实股激励，则股权激励对象可实际成为企业股东，与创始股东具有同等法律地位，享有企业股东权利，此时若企业创始股东不按期履行出资义务，则会产生分红收益、股权出资额、期权等法律纠纷问题。同时，实股激励方式也涉及股权激励对象是否需要向企业或者创始股东支付股权对价以及股权对价如何核定的问题。如果股权激励对象不需要支付股权对价或者股权对价核定不合理，容易引发利益失衡的风险。

2. 解决对策

（1）明确激励股权的种类和权利。针对现阶段企业股权、分红收益权概念混淆导致的法律纠纷，企业创始股东可在保证自身控制权的基础上，综合考虑人员价值、资源价值间的差异，设置不同的权利类型，如利润分红收益权、转让权、继承权、公司事项表决决策权、股份出资所有权等。

例如，为避免实施股权激励制度导致企业股权分散对企业创始股东控制权的影响，企业可明确设置股权激励对象可享有股权份额利润分红收益权标准；而对于企业核心技术人才，可在股权份额利润分红收益权的基础上，赋予其表决权、决策权、转让权、继承权等权利。同时为避免企业工商登记变更对企业发展的不利影响，企业可与股权激励对象约定设立企业员工持股平台的方式持股，保障创始股东表决权，避免员工直接在企业持股；或通过股权代持方式避免股权分散和我国《公司法》对股东人数的限制。

（2）及时办理工商登记变更手续。如果给予股权激励对象的是实股，则在激励结束后应及时办理工商变更登记。一般员工对我国《公司法》等法律不甚了解，认为双方签订协议就认可了自己的股东身份，其实不然。我国法律以工商登记资料中的记载为确认股东出资人地位的法定依据，如果工商登记资料中没有记载则不认可其所谓的股东地位。此时，如果发生纠纷，需要提出股权确认诉讼，由法院认可出资股东地位。这类诉讼需要提供原公司其他股东认可出资的证据，难度较大。如果无法确认股东地位，只能以收益分红权来要求给予补偿。

（3）严格设置融资谈判协议。若公司已经进行融资或正在进行融资谈判，建议进行以下四个方面的检视或披露：首先，需对拟投资人披露股权激励计划；其次，检查当时签订的融资协议，是否对股权激励的比例有所限制；再次，查看融资协议对股权激励方式（如增资、代持转让等）是否有限制；最后，若融资协议对激励方式没有限制，如采用增资形式，增资的对价不得低于投资人的对价，除非融资协议对股权激励有除外规定（一般融资协议都要求后一轮的融资价格不得低于前一轮）。

（4）完善企业产业技术创新联盟模式和知识产权保护。为保证企业产业技术创新联盟发展的效益，企业可鼓励内部人员以技术入股的方式，参与企业股权激励计划。同时从定性、定量两个方面，评估企业股权激励对象的技术价值，为其提供创新成果的利润回报，最大限度避免企业发展后期技术成果流失的问题。此外，企业可以法律形式，明确分配内部人员技术创新成果。如针对重大创新技术成果，企业可在法律层面明确自身所有权；而对于理论研究成果，企业可将其归属于对应科研人员或机构。

另外，为避免干股转让对企业产品技术创新联盟带来的税收压力，企业可根据股权转让对象，设置一定的管理条例，明确激励股权的取得方式。若知识产权人为员工个人，需以激励为契机，与员工签订知识产权许可协议，约定专利等技术由员工许可公司实施；还要签订保密协议（或者在激励协议里约定保密条款），因为激励实施后，激励对象可能对公司财务账册、经营数据享有一定的知情权，这需要员工承担保密义务。

（五）股权激励案例

案例导入

富安娜股权激励纠纷

深圳市富安娜家居用品股份有限公司（简称富安娜）成立于1994年8月，是一家集研发、设计、生产、营销和物流于一体的综合型家纺企业。以"创造美好睡眠生活，打造百年家居品牌"为经营理念，拥有国内外资深专业设计师近百人，创立了富安娜、馨而乐、维莎、圣之花、酷奇智等五大主打品牌。

2007年6月，富安娜以定向增发的方式，向公司高管和主要业务骨干发行了700万股限制性股票，约定激励对象可以以1.45元每股的优惠价格购买。

2008年3月，为配合公司的IPO进程，富安娜宣布将所有限制性股票转换为无限制性的普通股。同时，与获得股权激励的余松恩、周西川、陈瑾、吴滔、曹琳等高管协商签署了承诺函，承诺函中约定，持有原始股的员工自承诺函签署日至公司上市之日起3年内，不以书面的形式向公司提出辞职，不连续旷工超过7日，不发生侵占公司资产并导致公司利益受损的行为，若违反上述承诺，自愿承担对公司的违约责任并向公司支付违约金。

2008年7月至2009年9月，余松恩、周西川等部分获得公司原始股激励的非创业股东在持有富安娜原始股的情况下，先后辞职，跳槽到富安娜的主要竞争对手水星家纺。

2012年12月26日，已在深圳上市近3年的富安娜，针对余松恩、周西川、陈瑾、吴滔、曹琳等26名自然人股东违反承诺函一事，导致公司股权激励目标难以实现，向法院提起民事诉讼，要求26名被告赔偿公司违约金共计8 121.67万元。

2013年12月，南山区法院经讨论，判决被告曹琳于判决生效之日起10日内向原告富安娜支付违约金189.89万元及利息，此次案件诉讼费用由被告曹琳全额承担。

在此后的数年间，26名被告被一审再审。2015年1月19日，这起企业股权激励引发的索赔案终于结案，深圳市中级人民法院做出了终审判决，判定16名离职骨干员工赔偿富安娜32 305 205.4元及相应的利息。

富安娜顿时一案成名，为雇主维权树立了积极的榜样，同时为那些得到股权激励而背叛公司的员工敲响了警钟。

资料来源：全联军. 股权一本通. 北京：清华大学出版社，2018.

请思考：

创业企业在进行股权激励时应如何避免法律风险？

第二节　估值方法和评价

案例导入

柯炳辉2007年毕业于浙江大学，获得软件工程硕士学位，从事电子商务、新零售行业10多年，先后经历支付宝、淘宝、嗨淘等公司的成长与发展，于2014年8月成立深圳市厚米科技有限公司，致力于打造国内最专业的中小餐厅一站式采购服务平台，努力构建让餐厅生意简单一点的新批发互联网平台，做中国的西斯科公司（Sysco）。截至2020年12月，公司业务覆盖杭州、宁波、台州、温州等多个城市，拥有6个直营仓储、150多辆新能源物流车、全职员工400多人、平台商家10万多家，单月交易额为4 000万元。在2020网易CITC创业大赛中斩获全国冠军。

资料来源：https://mp.weixin.qq.com/s/ibh2Ueuaz2oCjs9FMxDylQ.

请思考：

如果你是风险投资公司的负责人，拟对深圳市厚米科技有限公司进行投资，你觉得企业的价值应该是多少？为什么？

创业企业在发展过程中，尤其是创业初期，往往会通过吸收外部股权的方式筹集资金，这时就需要对企业的价值进行评估，以合理确定风险投资机构的股权比例。

一、企业估值概述

通过价值评估所得到的价值是企业的内在价值，它既不同于账面价值，也不同于市场价值和清算价值，如图 7-8 所示。

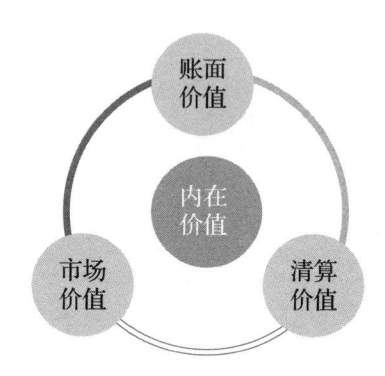

图 7-8　企业的内在价值

(一) 内在价值的内涵

内在价值是一个经济概念，是对所有影响价值的因素都正确估价后得到的企业自身所具有的价值，是一种客观存在的价值。创业企业和投资者对同一家企业内在价值的估计可能会存在差异。

账面价值是企业资产负债表中所有者权益代表的价值，是由历史形成的资产和负债价值决定的数额，是可以验证的数据。账面价值会受到企业采用的会计方法的影响。

市场价值是投资者愿意为企业一定数量的股票或股权所支付的价格。在创业企业吸引外部股权投资时，往往需要就创业者对企业的估值和投资者愿意支付的价格进行讨价还价，最终确定一个双方均可以接受的价格。

清算价值是一种拍卖价格，是企业由于破产和其他原因，被要求在一定期限内将特定资产快速变现的价格。

（二）创业企业估值的特殊性

创业企业的价值评估与在位企业相比，存在较大困难。其原因主要有折现率和现金流量难以确定、团队影响因素较大、难以从市场中找到可比数据等。

首先，采用现金流量折现法进行价值评估时难以选择合适的折现系数和增长率。初创企业的经营状况往往具有很大的不确定性，风险较高，加上外部环境不确定，对创业企业的估值难以选择合适的折现系数。另外，企业初创期往往意味着高增长的可能性，但是考虑企业自身和外部环境的风险，这种成长的可能性又难以预测，增长率不易确定，对未来现金流量的预测非常困难。

其次，可比企业少且数据不公开。创业企业都会具有一定程度的创新性，甚至可能面临尚未开拓的二级市场，难以找到真正的可比企业进行比较估值。即使有一些可比企业得到了私募股权投资，但此类交易一般不会公开，这也使得相对估值模型的应用受到限制。

最后，创业团队对企业价值影响巨大。高素质的创业者及其团队可以把二流的项目做到优秀，但是二流的团队可能会把一流的项目经营失败，而且同样的项目只有少数团队可以成功实施。所以，对于创业者团队的考核成为投资者最关注的要素，也是最难以评估的因素。

（三）创业企业估值的方法

创业企业估值可以采用收益法和市场法等不同的方法。收益法也称为绝对估值法，市场法也称为相对估值法。绝对估值提供的是一个全景式画面，可以更好地了解企业或股票背后的价值；相对估值则会让使用者对价值有一个更贴近现实的预计。两者并无优劣之分，在估值时可以同时使用。

二、市场法

市场法是将评估对象与可参考企业或者在市场上已有交易案例的企

业、股东权益、证券等权益性资产进行对比,以确定评估对象价值的方法。这是一种相对估值的方法,可以分为两大类——可比公司法和可比交易法。

(一) 可比公司法

可比公司法也称相对价值法,是利用类似公司的市场定价来确定目标企业价值的估价方法。这种方法首先要选择同行业可比或可参照的上市公司,以同类公司的估价与财务数据为依据,计算出主要的财务比率,然后用这些财务比率作为市场价格乘数来推断目标企业的价值。

$$企业价值 = 价值驱动因素 \times 乘数$$

根据价值驱动因素的不同,可比公司法可分为市盈率法、市净率法、市销率法、公司价值倍数法和市现率法等。

1. 市盈率法

市盈率法(P/E 法)是以可比公司市盈率来估计目标公司价值的方法。市盈率是指每股市价与每股盈余的比率(或者公司市值与净利润的比率)。常用的上市公司市盈率有两种:

$$历史市盈率 = 当前市值 \div 公司上一财务年度的净利润$$
$$预测市盈率 = 当前市值 \div 公司当前财务年度的净利润$$

于是,目标企业的价值可以基于可比公司的市盈率进行评估。

$$目标企业价值 = 可比公司市盈率 \times 目标企业未来 12 个月的净利润$$

投资人投资的是企业的未来,要对企业未来经营能力做出评价,所以预测市盈率更为常用。

目标企业未来 12 个月的利润可以通过企业的财务预测进行估计。因此,估值的关键问题是如何确定预测市盈率。一般来说,预测市盈率是历史市盈率的折扣。如假设美国纳斯达克市场某个行业的平均历史市盈率是 40 倍,预测市盈率是 30 倍;对于同行业、同等规模的非上市公司来说，参考的市盈率需要再打个折扣，比如 15～20 倍；同行业且规模较小的初创企业的首轮融资中，投资后的估值大约是原来的 7～10 倍，这是国内主要的风险投资机构对企业估值使用的市盈率倍数，因此，采用市盈率法对创业企业进行估值时可以采用 7～10 倍的市盈率，不过这个倍数对不同行业的企业和不同发展阶段的企业有所不同。

> **例 7-3**
>
> 　　如果某初创企业 20×2 年度预测的净利润是 500 000 元，同行业可比公司的平均历史市盈率是 40 倍，该企业拟进行首轮对外股权融资，则企业的估值为：
>
> 　　企业估值＝500 000×7(或 10)
> 　　　　　　＝3 500 000(或 5 000 000)(元)
>
> 　　如果投资者投入 700 000 元，则创业企业需要出让的股份就是 14%～20%（700 000/14%＝5 000 000）。

　　以后其他轮次的融资中，市盈率倍数会有所不同。一般应采用企业所在细分行业的平均市盈率。每股收益则选用预测的未来这家公司能够保持稳定的每股收益（可选用券商研报中给出的每股收益预测值）。

　　计算市盈率的数据容易取得，市盈率因为把价格和收益联系起来，可以客观地反映投入与产出的关系，而且涵盖了风险补偿率、增长率和股利支付率的影响，有很高的综合性。但是，如果初创企业没有盈利，则无法使用，而且会影响周期性强的行业的企业估值。所以，市盈率法主要适用于有形资产较少，主要依靠人才、技术和商业模式盈利的行业，以及医药、快消品等弱周期的行业。

　　用市盈率估值的另一个局限性就是其数值可能过高，不太容易理解。市盈率代表股票收回投资成本所需要的时间，市盈率等于 10 倍表示这只股票的投资回收期是 10 年。但有的股票的市盈率可达百倍以上，再用市盈率估值就不合适了，这时可以采用市盈增长比率估值法

（PEG 法），将市盈率和公司业绩成长性进行对比，通过计算可比公司市盈率相对于利润增长的比例，对目标企业价值进行评估。

其计算公式为：

$$PEG = P/E \div G$$

$$= 市盈率 \div \frac{未来3年净利润复合增长率}{（每股收益复合增长率）}$$

$$\frac{目标公司}{价值} = \frac{可比公司}{PEG} \times \frac{目标公司未来3年的}{净利润复合增长率}$$

该法的关键是对公司未来业绩的预估，可使用券商研报中企业未来3年每股收益的预测数值。

2. 市净率法

市净率法是以可比公司市净率估计目标公司价值的方法。市净率（P/B）是每股市价与每股净资产的比率（或者公司市值与所有者权益的比率）。与市盈率相同，市净率也可以计算本期市净率和预期市净率。具体计算方法与市盈率法类似，此处不再赘述。

市净率法采用净资产的账面数据，容易取得和理解，可以规避经济周期波动的影响，可以衡量起步发展阶段的企业。但是，市净率受企业会计政策选择的影响，对于服务型企业和高科技企业等固定资产少的企业来说相关度不高，也不能反映企业人力资本、企业家才能等无法用货币计量的资产的价值。

这种方法主要适用于依赖有形资产的资本密集型企业的估值。

3. 市销率法

市销率法是以可比公司市销率估计目标公司价值的方法。市销率（P/S）也称收入乘数，是每股市价与每股销售收入的比率（或者公司市值与收入总额的比率）。与市盈率相同，市销率也可以计算本期市销率和预期市销率。具体计算方法与市盈率法类似，此处不再赘述。

收入乘数不会出现负值，对于亏损企业和资不抵债的企业，也可以计算出一个有意义的价值乘数；比较稳定、可靠，不容易被操纵；对价格政策和企业战略变化敏感，可以反映这种变化的后果。但是，其不能反映成本的变化。

这种方法主要适用于销售成本率较低的服务型企业，或销售成本率趋同的传统行业企业。

4. 公司价值倍数法

公司价值倍数法是以可比公司的公司价值倍数来估计目标公司价值的方法。公司价值倍数（$EV/EBITDA$）是公司价值（EV）与息税折旧摊销前利润（$EBITDA$）的比率。

$$公司价值倍数 = EV/EBITDA$$

式中

$$EV = 公司市值 + 公司债务净额$$
$$= 公司市值 + 负债 - 现金及现金等价物$$
$$EBITDA = 息税前营业利润 + 折旧费用 + 摊销费用$$

$$目标公司价值 = 可比公司的公司价值倍数 \times 目标企业的 EBITDA$$

该比率不受所得税税率的影响，不同国家和市场的公司估值更具有可比性；并且该方法排除了折旧、摊销等受会计政策选择的非现金成本的影响，可以更准确地反映公司估值。

5. 市现率法

市现率法是以可比公司的市现率来估计目标公司价值的方法。市现率是每股股价与每股自由现金流量的比率（或者公司市值与自由现金流量总额的比率）。

其计算公式为：

$$市现率 = 每股股价 \div 每股自由现金流量$$

市现率表明投资者愿意为每股自由现金流量付出的价格。

$$目标公司价值 = 可比公司的市现率 \times 目标企业的每股自由现金流量$$

自由现金流量可分为企业整体自由现金流量和企业股权自由现金流量。整体自由现金流量是指企业扣除所有经营支出、投资需要和税收之后，在清偿债务之前的剩余现金流量；股权自由现金流量是指扣除所有开支、税收支付、投资需要以及还本付息支出之后的剩余现金流量。

整体自由现金流量用于计算企业整体价值，包括股权价值和债务价值；股权自由现金流量用于计算企业的股权价值。整体自由现金流量的计算公式见收益法部分的介绍。

（二）可比交易法

可比交易法是指通过选择与初创企业同行业，且在前段时间被投资或被并购的公司为参考，以其融资或并购交易的定价为依据，在进行一定调整后对初创企业进行估值的方法。

例7-4

甲公司与乙公司处于同一行业，20×2年下半年甲公司刚通过出让20%股权的方式获得1 000 000元的风险投资。假定甲公司的经营规模比乙公司大一倍，发展阶段接近，则乙公司的估值应该为：

甲公司的估值＝1 000 000÷20%＝5 000 000(元)
乙公司的估值＝5 000 000÷2＝2 500 000(元)

可比交易法不对市场价值进行分析，只是统计同类公司融资并购价格的平均溢价水平，再用这个溢价水平来计算目标企业的价值。这种方法也是我国风险投资界经常采用的估值方法。

摩拜单车和OFO两家公司在经营期间均获得超过7轮的融资，企业的风险投资者在对两家企业进行估值的时候就可以相互参考其他人对另一家企业的估价。表7-8是两家企业的融资记录。

表 7-8 摩拜和 OFO 的融资及估值

轮次	公司	时间	金额
天使轮	OFO	2015 年 3 月	数百万元人民币
Pre-A 轮	OFO	2016 年 4 月	900 万元人民币
A 轮	OFO	2016 年 9 月	2 500 万元人民币
	摩拜单车	2015 年 10 月	数百万美元
B 轮	OFO	2016 年 9 月	数千万美元
	摩拜单车	2016 年 8 月	数千万美元
B+ 轮	OFO	2016 年 9 月	数千万美元
	摩拜单车	2016 年 8 月	数千万美元
C 轮	OFO	2016 年 10 月	1.3 亿美元
	摩拜单车	2016 年 9 月	超过 1 亿美元
C+ 轮	摩拜单车	2016 年 10 月	未透露金额
D 轮	OFO	2017 年 3 月	4.5 亿美元
	摩拜单车	2017 年 1—2 月	3 亿美元
E 轮	OFO	2017 年 7 月	7 亿美元
	摩拜单车	2017 年 6 月	6 亿美元
E2-1 轮	OFO	2018 年 3 月	8.66 亿美元
出售	摩拜单车	2018 年 4 月	37 亿美元出售给美团

资料来源：根据百度百科和 OFO 官网整理。

三、收益法

收益法是将被评估企业预期收益资本化或折现至某特定日期以确定评估对象价值的方法，是一种绝对估值法，主要采用现金流量折现模型。

其计算公式如下：

$$企业价值 = \sum_{t=1}^{n} \frac{企业自由现金流量}{(1 + 企业加权平均资金成本)^t}$$

$$企业自由现金流量 = 经营净现金流量 - 资本支出$$

$$= \begin{pmatrix} 息税前 \\ 利润 \end{pmatrix} - 所得税 + \begin{pmatrix} 折旧 \\ 与摊销 \end{pmatrix} - \begin{pmatrix} 营运资本 \\ 增加 \end{pmatrix} - \begin{pmatrix} 资本 \\ 支出 \end{pmatrix}$$

$$= \begin{pmatrix} 税后净 \\ 营业利润 \end{pmatrix} + \begin{pmatrix} 折旧 \\ 与摊销 \end{pmatrix} - \begin{pmatrix} 营运资本 \\ 增加 \end{pmatrix} + \begin{pmatrix} 资本 \\ 支出 \end{pmatrix}$$

式中

营运资本＝流动资产－流动负债

营运资本增加＝期末营运资本－期初营运资本

资本支出＝长期资产增加＋折旧与摊销

＝期末长期资产－期初长期资产＋折旧与摊销

需要说明的是，初创企业的现金流量有很大的不确定性，因此，其贴现率要比成熟的在位企业高很多。对于寻求种子资本的初创企业来说，其资本成本可能高达 50%～100%，早期创业企业的资本成本为 40%～60%，更加成熟的有丰富经营记录的公司的资本成本一般为 10%～25%。

这种方法一般适用于较为成熟、偏后期的创业企业或上市公司。

四、其他估值方法

（一）成本法

成本法是在创业企业资产负债表的基础上，通过合理评估企业各项资产价值和负债价值确定评估对象价值的方法。其理论基础在于任何一个理性人对某项资产的支付价格将不会高于重置或者购买相同用途替代品的价格。成本法的主要做法是计算被评估企业各项资产重置成本的合计，以此为基础对企业价值进行评估。

（二）实物期权法

实物期权法是在充分考虑实物期权的基础上，对目标公司价值进行评估的方法。本书第二章讲过实物期权的概念和分类，并通过京东的案例和例题简单介绍了实物期权的计算及其对项目投资的重要性，说明了期权分析对企业成长机会的估价非常重要，企业内许多实物资产可以视为看涨期权。

实物期权法充分考虑了未来不确定性因素给企业发展带来的影响，适用于评估成长快但风险高、未来发展不确定的企业或实物投资项目。

(三) 博克斯法

博克斯法是指对一个企业发展所应具备的关键因素进行定价，按照标的公司所具备的因素计算估值总额的方法。初创企业可能仅仅有一个想法或一个计划，也许还没有营业收入；营业历史很短，还没有产生利润。但是，初创企业存在能够带来未来利润的无形资产价值，其预测收入及利润会大幅增长，可以给投资者带来丰厚的利润回报。因此，美国硅谷的一些风险投资机构会用较为简易的方法对好的创意、销售收入、优秀的管理团队及董事会等因素分别进行估值，再据此计算创业企业的价值。

博克斯法对初创期企业进行价值评估，就是对所投企业根据下面因素来估值：一个好的创意为100万元，一个好的盈利模式为100万元，优秀的管理团队为100万~200万元，优秀的董事会为100万元，良好的产品前景为100万元。经过加总，一家初创企业的价值为100万~600万元。

这种方法的好处是将初创企业的价值与各种无形资产的联系清楚展现出来，比较简单易行，通过这种方法得出的企业价值一般比较合理。

(四) 风险资本法

风险资本法也称风险投资家专用评估法。在很多国家，尤其是美国，该方法被认为是可以为面向未来的有着高度不确定性的投资提供粗略估值的最好方法。

1. 风险资本法的内涵

风险资本法综合了乘数法与现金流量贴现法两者的特点，并进行改进，将投资与回报、定价与股权份额融入估值，更贴近高风险、中长期的风险投资。这种方法站在投资者的角度，而不是像传统方法那样依赖被评估企业的运营。

风险投资把对企业的估值分为投资前估值和投资后估值。

投资后估值＝投资前估值＋投资额

投资者所占股份＝投资额÷投资后估值

2. 风险资本法的步骤

一般情况下，在不考虑其他因素（如多轮投资股权稀释、期权池、联合投资等）时，风险资本法往往基于以下步骤。

（1）估计被投资公司价值的终值 V_1。这里的终值是投资机构投资 t 年后退出时预估的公司价值。

（2）将公司价值终值折现成现值 V_0。一般使用目标回报率 r 作为折现率。目标回报率是风险投资机构认为特定投资的风险和投入所对应的必要回报率。

$$V_0 = V_1/(1+r)^t$$

（3）计算投资者的股份比例。用拟投资金额除以经折现的终值 V_0，以确定风险投资机构为获得要求的回报率应获得的股份比例 F。

$$F = 投资额/V_0$$

（4）计算投资者股份数量与股价。根据公司被投资前的股份数量 X 和投资者所占股份比例 F，确定向投资者新增发的股份数量 Y，并最终确定每股价格 PS。

$$Y = XF$$

$$PS = 投资额/Y$$

例 7-5

某风险投资机构认为初创企业 A 公司 5 年后的价值为 2 500 万元，其要求的目标回报率为 50%，拟投资 10 万元，A 公司被投资前的股份数量为 200 万股，则相应计算为：

$$V_1 = 2\,500(万元)$$
$$V_0 = 2\,500 \div (1+50\%)^5 = 2\,500 \div 7.593\,75$$
$$= 329.218\,1(万元)$$
$$F = 10 \div 329.218\,1 = 3\%$$
$$Y = 2\,000\,000 \times 3\% = 60\,000(股)$$
$$PS = 100\,000 \div 60\,000 = 1.67(元/股)$$

五、互联网企业估值法

互联网企业的估值除前面讲到的方法之外，基于互联网行业本身的特性，还有其他一些常用方法，如 P/GMV（市值/交易流水）、P/DAU（市值/日活数）、P/MAU（市值/月活数），以及基于互联网特征指标的估值模型等。

（一）日活数估值法

活跃用户是指那些会时常浏览网站并为网站带来价值的用户，是相对于流失用户的一个概念。流失用户是指那些曾经访问过网站或注册过的用户，但由于对网站渐渐失去兴趣逐渐远离网站，进而彻底脱离网站的用户。活跃用户用于衡量网站的运营现状，而流失用户则用于分析网站是否存在被淘汰的风险，以及网站是否有能力留住新用户。

用日活跃用户（day active users，DAU）对公司价值进行评估的计算公式如下：

公司价值＝日活跃用户×单日活价值

日活跃用户的统计标准有日活跃角色数和日活跃账号数等。一般比较多见的是日活跃账号数，因此可以将其作为日活跃用户数的衡量指标。DAU 是投资者所看重的显示企业硬实力的指标，与 MAU（month active users）一起表征着互联网业务的活跃度，因此，上市公司、待融资项目比较乐于公开该指标。下面以微博的估值为例进行说明。

微博的估值可以比照日活跃用户的价值进行。目前推特每个日活跃用户的市值大约为 90 美元,而脸书则超过 300 美元,考虑到脸书拥有的用户地位牢固性不是微博所能比的,推特更具有可比性。如果算上潜在的被收购价值,推特每个用户的价值可能会超过 140 美元。所以,可以尝试给予微博每个日活跃用户 90~110 美元的相对保守的估值,按照微博日活跃用户 1.26 亿计算,微博对应的公司估值为 110 亿~140 亿美元。①

交易流水估值法和月活数估值法的应用与日活数估值法类似,不再赘述。

(二)梅特卡夫法则

梅特卡夫法则(Metcalfe's law)是指网络价值以用户数量的平方的速度增长。隐含的理论基础为网络外部性及其产生的正反馈性,可用于对互联网企业进行估值。

该法则认为一个企业要实现未来盈利水平的保障,需要明确用户乃至潜在用户是企业关键的资源,也是企业价值增值的根本所在。企业应在充分利用和深入发掘用户资源的基础上进一步实现用户规模增长,继而带来更大的利润。

该法则具体内容是:一个网络的价值 V 与该网络用户数 N 的平方成正比,计算公式如下:

$$V = k \times N^2$$

式中,k 为价值系数;N 为网络用户数。

根据互联网企业的特点及行业特殊性,k 值可以看成一个综合性较强的系数,它的大小会受到多种因素的影响,如表 7-9 所示。

---

① 刘安妮. 微博月活 2.82 亿美元,估值冲百亿美元,是虚高泡沫还是价值重现?世界经理人,2016-08-15.

表 7-9　k 值的影响因素

影响因素	具体含义
用户活跃度和用户黏性	网络平台的差异会导致对用户的吸引力的差异，互联网企业价值与用户活跃度和用户黏性呈正向关系
溢价率系数	互联网的马太效应极其突出，且互联网行业的先发优势尤为明显，因此一个企业的市场份额或者市场占有率应包含其中
企业的变现能力	企业的变现能力越强，其价值就越高

(三) 国泰君安估值模型

国泰君安估值模型由国泰君安证券研究所首席策略分析师乔永远等提出，认为在尚且看不到投入资金变现前景的情况下投资者愿意给予互联网企业很高估值并投入大量资金，可能受以下三个因素的影响，使互联网企业变得极有价值：用户规模、市场占有率和节点距离。

企业拥有大量的用户或者潜在用户会使企业价值提高；企业在互联网细分领域的行业前端，只有不断扩张发展才能占据先发优势（较大的市场占有率），摆脱可能被吞并或者不得不倒闭的命运；从整体网络结构特征来看，网络中高质量节点越多，说明网络连通度越高，节点之间距离越短，信息传播速度越快。

于是，当企业变现能力增强，企业价值也随之增加，两者呈正相关关系；当企业的市场占有率提升，企业价值也会增加，两者呈正相关关系；随着网络节点之间距离下降，企业价值也会加速增加。估值模型应该为：

$$V = K \times P \times N^2 / R^2$$

式中，K 为变现因子；P 为溢价率系数（市场占有率）；N 为用户规模；R 为节点距离。

该模型的贡献在于将价值系数 k 细分为企业溢价率系数 P 和变现因子 K 两个部分，在一定程度上提高了企业价值评估的精确性，并考虑了网络节点距离对企业价值的影响。

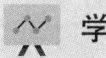

学习要点

创业企业的股权一般来说需要分成资金股和人力股两大类。

典型的企业股权架构可以分为绝对控股型、相对控股型、安全控股型和其他类型。

创新创业企业发起人的股权比例取决于创始人身份、发起人身份、出资额、岗位贡献四个因素。

激励对象需根据公司特征和激励对象自身特征的不同进行选择。

股权激励的业绩指标可以基于市场、盈利能力、产品研发、生产力、资金利用和人力资源等不同维度设定。

激励的三个时段分别是有效期、考核期和禁售期。

股权激励对于企业员工、高管和企业自身发展都有积极的影响。

股权激励会面临合同风险、创新成果知识产权纠纷、激励对象退出和激励方式选择不当等风险。

通过价值评估所得到的价值是企业的内在价值。

内在价值是一个经济概念，是对所有影响价值的因素都正确估价后得到的企业自身所具有的价值，是一种客观存在的价值。

创业企业估值可以采用收益法和市场法等不同的方法。

可比公司法也称相对价值法，是利用类似公司的市场定价来确定目标企业价值的估价方法。

根据价值驱动因素的不同，可比公司法可分为市盈率法、市净率法、市销率法、公司价值倍数法和市现率法等。

可比交易法是指通过选择与初创企业同行业，且在前段时间被投资或被并购的公司为参考，以其融资或并购交易的定价为依据，在进行一定调整后对初创企业进行估值的方法。

收益法是通过将被评估企业预期收益资本化或折现至某特定日期确定评估对象价值的方法，是一种绝对估值法，主要采用现金流量折现模型。

博克斯法是指对一个企业发展所应具备的关键因素进行定价，按照标的公司所具备的因素计算估值总额的方法。

创业案例

庞康的"酱油人生"

1988年，国有企业推行承包经营责任制，庞康凭借自己的智慧，获得了企业发展的主导权。1994年，伴随着国有企业改革的进一步深化，厂子从国营体制变成民营公司，庞康延续使用当年的海天名号，成立了佛山市海天调味食品有限公司（简称海天），被推举成为公司的"一把手"。他在履职第一天就把海天70%的股份转让给员工，迈出海天崛起的第一步。

虽然当时公司体制得到改革，提振了员工工作的积极性，但由于仍处在传统作坊式的生产阶段，产品产量有限，始终无法向全国拓展。而且在当时的市场环境下，各调味品公司除了品牌不同之外，技术都很相似，产品质量方面的差异也不大，谁能先将效率、产量与工艺提升，势必会先人一步占领市场，客户一旦先用到这个产品，价格划算，味道又好，就会形成食用习惯。因此，提升效率和工艺就非常关键。于是，他又做了一个决定，拿出3 000万元家底，引进国外先进生产线，扩大生产规模，提高员工生产效率。到了2005年，他斥资10亿元建设了100万吨的生产基地，后来又斥资建起150万吨的生产基地，确保海天产量的主导地位。

虽然庞康是董事长、企业家，但他坚持内外两手抓，亲自制定、精心构建海天的渠道网络、经销商管理制度等，特别是他当年建起的5 000家经销商中层网络、33万个终端营销网点，让经销商之间形成既相互竞争又相互制约的"分封制"。在这个制度内，对于超额完成任务的经销商，庞康愿意拿出更多红利分配给大家，按月结付，从不拖欠，还会定期给予额外奖励，比如宝马和奔驰汽车，他的激励制度让经销商和海天建立起一种难以割舍的友谊，有些经销商更是只卖海天的产品。数据显示，进入2010年后，海天的年营收一路攀升，净利润也几近翻倍。

在创新方面，庞康也做了一些改变，比如他在佛山总部建立工业旅游项目，向游客介绍海天的历史、文化、生产等方面的故事。此外，他继续扩大产品品类，向耗油、调味酱、醋、鸡精、小调味等9个领域延伸，建立起一个庞大的调味品版图。

在营销上，庞康继续展现自己的才华，并提出"海天调味酱，我们不一样"的经典营销口号，进行疯狂的洗脑式宣传，让品牌深入人心。

他还打起情怀牌，试图影响不经常做饭、对调味品不感兴趣的90后人群，用一组感人动画在地铁、电梯、网络、电视等渠道影响90后人群。后来，他又在各电视剧中大批植入海天广告，希望能影响到年轻人。

近几年，海天开始在电商发力，通过线上、线下相结合，尽可能提升用户体验。

资料来源：投资家. 他把70%股份分给员工，靠"打酱油"换来2 110亿，成就34位亿万富豪. 搜狐网，2019-03-19.

请思考：

海天的股权结构对于企业发展有什么影响？

扩展阅读

柔宇科技公司的估值

学习资源

（1）谭长春. "向华为学管理"系列（七） 华为法则：分好钱、分好权. 企业管理，2020（4）：36-37.

(2) 杨莉. 华为公司股权激励的演进与启示. 广西质量监督导报, 2020 (1)：106-107.

(3) 吕静妮. 非上市公司实施股权激励的几点问题浅析. 商讯, 2020 (8)：75-76.

(4) 杨佳薇. 公司股权激励效应案例研究：以美的集团为例. 中国管理信息化, 2020 (5)：20-21.

(5) 饶勇军. 股权思维：打造价值百亿的准上市公司. 北京：机械工业出版社, 2018.

(6) 杨金元, 程琳. 股权激励的误区与风险防范. 现代企业, 2016 (4)：62-63.

(7) 全联军. 股权一本通. 北京：清华大学出版社, 2018.

(8) 孙继伟, 白敏敏. 中小企业股权激励五连环. 企业管理, 2017 (9)：90-93.

(9) 赵先祥. 股权激励中存在的法律风险及对策. 法制博览, 2020 (1)：140-141.

(10) 邹宇. 股权激励计划的法律风险及其防范. 中国工会财会, 2017 (7)：46-47.

(11) 娄朝晖, 江利君, 俞春晓. 互联网企业估值方法：一个综述. 中共杭州市委党校学报, 2020 (2)：88-96.

(12) 生鲜榜. 食材配送春天来了！受腾讯青睐，彩食鲜再获10亿投资. 搜狐网, 2020-12-11.

第七章 思维导图

Chapter Eight 第八章

向核算要效益，加强核算管理

🍁 名人名言

学习财务知识，需要带着看企业的目的，而不能陷入会计数字，将数字与它所描述的企业割裂开来。

——肖星

中国中小企业的生命周期普遍较短……究其原因，企业的兴衰固然受客观经济环境的影响，但是，缺乏专业的财务主管来为企业的经营命脉把关才是使得企业走向衰败的主要原因之一。

——何维克

🔍 故事思考

小杨是一家管理咨询公司的总经理，企业已顺利经营几年，并开始盈利。2015年，他的一个大学同学小李博士毕业，在读博期间做了一个国家社科基金项目，结项成果是一套针对双创教育的评估体系。鉴于是国家社科基金项目的结项成果，加上目前的双创热，小杨就想把这套评价体系用起来，于是和小李合伙成立了一家教育研究院（合伙企业），小李以技术入股占40%，不参与企业的任何经营活动。截至2017年上半年，评估体系卖出了2套，小李感觉小杨的推广力度不够，要求退股。此时企业账上有25万元的利润，在办理变更手续的时候小杨才了解到，需要按照40%的比例分给小李并缴纳所得税。

复盘整个经营过程，小杨发现：第一，评估体系主要销售给了其经营咨询公司的老客户，由于是对老客户营销，因此，整个营销过程中的支出都没有记入教育研究院的账，很多就是小杨自己请客户吃饭，当作对客户关系的维护，没有开过发票报销；第二，因为小杨同时是管理咨询公司的总经理，教育研究院创办2年多来他没有领过1分钱的工资；第三，日常参加国内一些会议或培训的支出也是小杨自掏腰包，没有向教育研究院报销过；第四，因为购买评价体系的学校是通过支票支付的款项，小杨找税务部门代开了销售发票。

请思考：

1. 教育研究院是否应专门进行会计核算？谁来负责这项工作呢？
2. 教育研究院在目前的管理过程中存在哪些问题？应该如何改进？

第一节　核算基础

从本章的开篇故事可以看出，小杨的教育研究院没有进行成本核算，没有专门的市场营销，对于企业的财务问题基本没有进行管理，由此引发了朋友间的分歧。实际工作中，创业企业需要遵循法律法规的要求进行会计核算，定期申报纳税，出具财务报表。

一、核算规范

企业的核算规范包括财务会计的法律规范和职业道德两个层面。

（一）财务会计法律规范

财务会计法律规范是国家立法机构为管理财务会计工作按照立法程序制定和颁布的规范性文件，包括由执法机构制定和颁发的有关条例、制度和规定，以及具有法律效力的案例和惯例等。

1. 财务会计法律

财务会计法律是由国家最高权力机关——全国人民代表大会及其常务委员会制定的会计法律规范。《中华人民共和国会计法》（简称《会计法》）1985 年颁布实施，2017 年 11 月 4 日修正。修正后的《会计法》共 7 章 52 条，涉及我国会计工作的各个领域，对会计核算、会计监督、会计机构和会计人员、法律责任等做出了规定，是会计法规体系中权威性最高、最具法律效力的法律规范，是制定其他各层次会计法规的依据，是会计工作的基本大法。

除《会计法》外，我国《证券法》《公司法》以及各种税收法律等对我国的财务会计工作也有直接的指导意义。

2. 财务会计行政法规

财务会计行政法规是由国家最高行政机关——国务院依据《会计法》制定或发布的行政法规，主要包括《总会计师条例》和《企业财务会计报告条例》等。《总会计师条例》主要对总会计师的职责、权限、任免与奖惩等做出规定；《企业财务会计报告条例》主要对企业财务会计报告的构成、编制、对外提供和法律责任等做出规定。

3. 财务会计规章制度

财务会计规章制度是由国家主管会计工作的行政部门——财政部以及其他相关部委依据《会计法》和财务会计行政法规的规定制定的法律规范，包括企业财务通则、会计核算和监督制度、会计机构和会计人员管理制度、会计工作管理制度以及其他会计管理制度等。

（1）企业财务通则。2006 年修订的《企业财务通则》规定，企业财务管理应当按照制定的财务战略，合理筹集资金，有效营运资产，控制成本费用，规范收益分配及重组清算财务行为，加强财务监督和财务信息管理。

（2）会计核算和监督制度。会计核算和监督制度包括会计准则、会计制度等。

会计准则是反映经济活动、确认产权关系、规范收益分配的会计技术标准，是生成和提供会计信息的重要依据。企业会计准则分为《企业会计准则》和《小企业会计准则》。《企业会计准则》是规范企业会计确认、计量和报告行为，保证会计信息质量的会计准则。我国的企业会计准则体系由基本准则、具体准则和应用指南三部分内容构成。会计基本准则于1992年11月发布，2014年7月23日修改，主要规范会计目标、会计假设、会计信息质量要求及会计要素的确认、计量和报告原则，为具体准则的制定提供依据，也为尚没有具体准则规范的会计实务问题提供处理原则；截至2018年1月，共颁布42项具体准则；应用指南由财政部于2006年10月30日印发，后又不断修订补充，主要解决在运用准则处理经济业务时所涉及的会计科目、账务处理、会计报表及其格式等问题。《小企业会计准则》适用于在中华人民共和国境内依法设立的、符合《中小企业划型标准规定》所规定的小型企业标准的企业，规范了小企业会计确认、计量和报告行为。

会计制度包括《企业会计制度》《金融企业会计制度》《小企业会计制度》等，分别由财政部于2000年12月、2001年11月和2004年4月发布。《小企业会计制度》适用于在中华人民共和国境内设立的不对外筹集资金、经营规模较小的企业，《金融企业会计制度》适用于各类金融企业，其他企业的会计核算则遵循《企业会计制度》的规定。

现行的国家统一的会计监督制度散见于相关的会计制度中，如《会计基础工作规范》中对于会计监督的规定等。

（3）会计机构和会计人员管理制度。现行国家统一的会计机构和会计人员管理制度主要包括《会计人员管理办法》《会计人员继续教育规定》等。前者对会计人员行为规范和会计人员管理做出规定，后者则对会计人员的继续教育做出规范。

（4）会计工作管理制度以及其他会计管理制度。现行国家统一的会计工作管理制度主要包括《会计档案管理办法》《企业会计信息化工作规范》《代理记账管理办法》等。

除了以上三个层次之外，各省、自治区、直辖市也可根据会计法律、行政法规和国家统一会计制度的规定，结合本地区实际情况制定一些在本地区范围内实施的地方性会计法规。创业企业在进行财务会计核算时需要遵照执行。

（二）会计职业道德

职业道德作为会计文化的构成要素和会计规范的组成内容，在会计工作中起着重要作用。会计职业道德是会计职业活动中应当遵守的体现会计职业特征、调整会计职业关系的职业行为准则和规范。职业道德是规范会计行为的基础和实现会计目标的重要保证。

职业道德的主要内容有爱岗敬业、诚实守信、廉洁自律、客观公正、坚持准则、提高技能、参与管理和强化服务等。企业的财务会计工作人员应培养职业道德情感，树立职业道德观念，提高职业道德水平，使会计职业健康发展。

二、核算机构和人员

（一）会计机构

负责企业核算工作的机构是会计机构。会计机构是直接从事或领导会计工作的职能部门。建立健全会计机构是加强核算管理、保证财务会计工作顺利进行的重要条件。

按照财务会计法律法规的规定，各单位应当根据会计业务的需要，设置会计机构或者在有关机构中设置会计人员并指定会计主管人员；不具备设置条件或没有设置会计机构或者配备会计人员的单位，应当委托经批准设立从事会计代理记账业务的中介机构代理记账。因此，创业企业需要按照要求设置会计机构，同时可以参照在位企业的做法，将会计工作和财务工作合并在一个部门处理，设置一个财务会计机构，如单位的财务会计科（处）或财务科（处）等。

（二）会计人员

负责企业核算工作的人员是会计人员。会计人员是从事会计工作、处理会计业务、完成会计任务的人员。一个单位无论是否设置会计机构，均应有从事会计工作的人员。会计工作的专业性、技术性很强，为保证会计工作质量，要求从事会计工作的人员具备一定的专业素质。根据相关法律法规，会计人员应当基本掌握会计基础知识和业务技能，能够独立处理基本会计业务，具备良好的职业道德，按照国家有关规定参加继续教育，具备从事会计工作所需要的专业能力。

会计人员的主要工作职责包括进行会计核算，实行会计监督，拟定本单位办理会计事务的具体办法和办理其他会计事务。

三、核算方法和核算组织形式

做好核算管理工作，需要采用公认的核算方法，选择适合的核算组织形式。

（一）核算方法

创业企业的会计核算方法和其他企业相同，均包括设置会计科目和账户、复式记账、填制和审核凭证、登记账簿、成本计算、财产清查和编制财务报告等。

设置会计科目和账户是根据会计对象具体内容和经济管理的要求，事先规定分类核算的项目或标识的一种专门方法。如为核算流动资产需要设置库存现金、银行存款、原材料、库存产品、应收账款等会计科目和账户。

复式记账是指对发生的每一笔经济业务，都要以相等的金额同时在两个或两个以上相互联系的账户中进行登记的记账方法。如企业用银行存款购买原材料,在进行核算时就需要一方面记录银行存款的减少,另一方面记录原材料的增加。

填制和审核凭证是为会计记录提供完整、真实的原始资料,保证账簿记录正确、完整的方法。任何经济业务的发生都需要通过一定的介质对其进行记录,这就是凭证。会计凭证按其填制程序和用途不同,可分为原始凭证和记账凭证。采购业务中取得的销售方开具的发票就是原始凭证,会计人员根据发票填制的用于账簿记录的凭证就是记账凭证。

登记账簿是会计人员根据审核无误的记账凭证,在账簿上进行全面、连续、系统记录的方法。为了对凭证中分散的经济业务内容进行分类、汇总,使之系统化,更好地满足管理的需要,会计人员要登记账簿;账簿也是编制报表的重要依据。第五章第一节提到的日记账就是账簿的一种形式。

成本计算是对应计入一定对象的全部费用进行归集、计算,并确定各该对象的总成本和单位成本的会计方法。通过成本计算可以正确地对会计对象进行计价,考核经济活动中的耗费,为正确计算盈亏提供数据资料。第六章中已经讲过这种方法的应用,不再赘述。

财产清查是指通过对各项财产物资的实地盘点、款项查询和核对,查明其某一时点的实有数额,检查其实存数与账存数是否相符的专门方法。对于财产清查过程中发现的账实不符,应及时调整账簿记录,并查明原因,明确责任,加强管理。所以,财产清查可以保证账面价值与实存数相符,从而确保会计资料的真实正确。

编制财务报告是利用账簿记录的数据资料,采用一定的表格形式,概括、综合反映企业在一定时期内经济活动过程和结果的方法。编制财务报告是对日常核算的总结,是对会计核算资料的进一步加工整理。第三章第一节中提到的预计报表法讲述了预计报表的编制,第九章将更详细地讲述该方法的应用过程及技巧。

核算方法体系如图8-1所示。

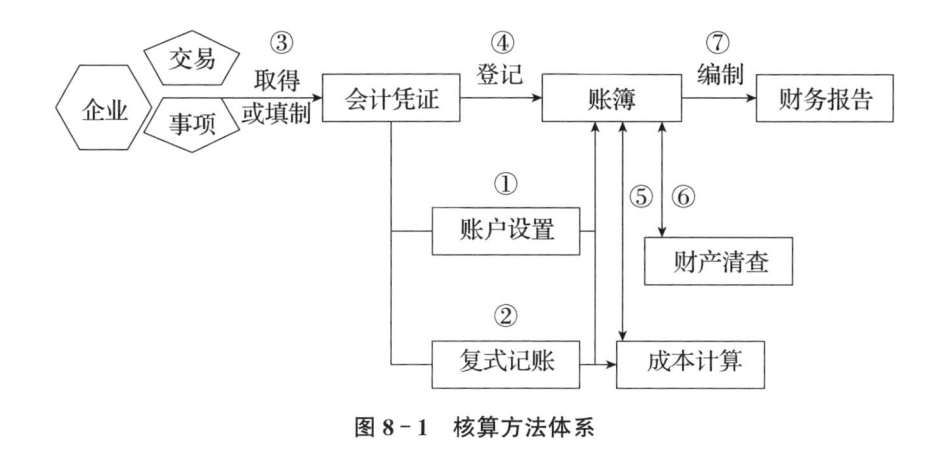

第八章 向核算要效益，加强核算管理 · 297 ·

图 8-1 核算方法体系

（二）核算组织形式

创业企业应当根据实际情况设置会计凭证、账簿、财务报表及其传递程序，形成适合企业的会计核算组织程序，包括会计凭证和账簿的种类、格式、登记内容及各种凭证与账簿之间的相互联系，以及从审核、整理原始凭证开始，通过编制记账凭证、登记各种账簿，到编制报表为止的整个工作步骤和方法。具体来说，可以采用记账凭证核算组织形式、科目汇总表核算组织形式或者汇总记账凭证核算组织形式。核算组织形式的选择应在尽量简化核算手续的同时满足经济管理的需要。

记账凭证核算组织形式是指直接根据各种记账凭证逐笔登记总分类账的一种会计核算组织程序。科目汇总表核算组织形式又称记账凭证汇总表核算组织程序，是定期将所有记账凭证汇总编制成科目汇总表，再根据科目汇总表登记总分类账的账务处理程序。汇总记账凭证核算组织形式是指定期将所有记账凭证汇总编制成汇总记账凭证，然后根据汇总记账凭证登记总分类账的核算组织程序。

各种核算组织形式的区别主要在于登记总分类账的依据不同。记账凭证核算组织形式的流程如图 8-2 所示。

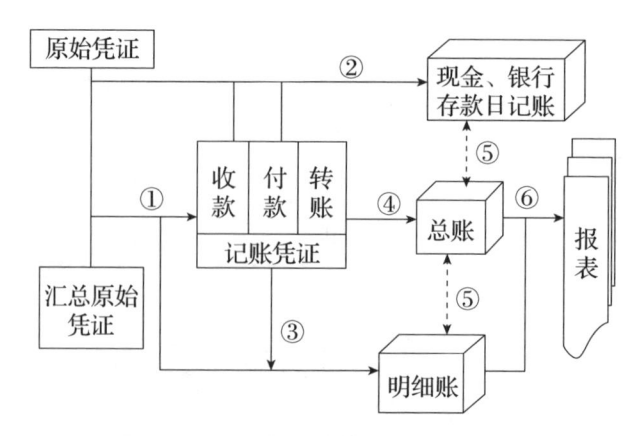

图 8-2　记账凭证核算组织形式的流程

如果企业借助财务软件进行核算，就可以直接根据记账凭证登记总分类账，采用记账凭证核算组织形式。

合理的会计核算组织形式可以保证会计处理程序有条不紊地进行，及时提供全面、连续、系统、清晰的会计信息资料，减少不必要的核算环节和手续。

第二节　核算内容

为全面反映企业的财务会计信息，为决策提供支撑，创业企业需要按照法律法规的规定对财务状况的增减变动及期末余额，以及收益项目的发生情况和经营成果进行核算。

一、资产核算

资产是企业过去的交易或者事项形成的、由企业拥有或者控制的、预期会给企业带来经济利益的资源。资产按照流动性可分为流动资产和非流动资产。资产是企业最重要的资源，流动资产决定着资产的流动性和短期偿债能力，固定资产决定了企业的经营规模和收益能力，资产的耗费表现为各种成本费用，并在日后资产的销售过程中形成收入，赚取利润。

(一) 流动资产核算

流动资产指满足下列条件之一的资产：预计在一个正常营业周期中变现、出售或耗用；主要为交易目的而持有；预计在资产负债表日起一年内（含一年，下同）变现；自资产负债表日起一年内，交换其他资产或清偿负债的能力不受限制的现金或现金等价物。流动资产主要包括库存现金、银行存款、应收及预付款项、存货等。

1. 货币资金核算

企业的货币资金主要有库存现金、银行存款等。第五章已经讲到，资金是企业流动性最强，也是风险最大的资产，需要加强日常的核算管理。

库存现金和银行存款等货币资金需要按照每日经济业务发生的先后顺序逐日逐笔序时登记到日记账中，并做到日清月结。企业现金的收入、支出和保管都应由出纳人员或指定的专门人员负责办理。企业的一切现金收支都必须取得或填制原始凭证，作为收付款项的书面证明。如支付职工差旅费的借款，应以有关领导批准的借款单作为付款的证明；发放职工困难补助费，要以领款单作为付款的证明等。每日终了，应计算当天现金收入、支出的合计数和结存数，并同实存现金进行核对，做到日清月结，保证账款相符。任何人都不能挪用公款，也不准用白条抵充现金库存。

银行存款的收支业务也由出纳员负责办理。每笔银行存款收入和支出业务都必须根据经过审核无误的原始凭证编制记账凭证。由出纳人员根据收付款凭证，按照业务的发生顺序逐笔登记日记账，并于每日终了结出余额。银行存款日记账应定期与银行对账单核对，至少每月核对一次。月末，企业银行存款账面余额与银行对账单余额之间如有差额，应按月编制银行存款余额调节表调节相符。

2. 应收和预付款项核算

应收款项反映企业因销售商品、提供劳务等经营活动应收取的销货款,以及企业代购货单位垫支的包装费、运杂费等款项。这部分款项若通过商业票据的方式结算,则计入应收票据,否则计入应收账款。应收款项需要按照债务人进行明细核算,还要根据应收款项的时间长短进行分类,以便进行催收和管理,防止坏账发生。

预付账款是企业按照采购合同规定预付的款项。该项债权对应的是物资的收回,一般不会发生坏账,但仍需要按照供应商进行分类核算和管理。

3. 存货核算

存货核算的内容包括存货增加、减少及期末库存的核算。

存货可以通过外购或自制的方式增加。外购和自制存货成本的核算见第六章第二节采购过程的成本费用和生产过程的成本费用等内容。

存货发出减少时其单位成本的确定方法可以采用先进先出法、加权平均法和移动加权平均法、个别计价法等。先进先出法是假定先购进的存货先耗用或销售,并根据这种存货流转次序对发出存货和期末存货进行计价的方法;加权平均法是对本月销售或耗用的存货,平时只登记数量,不登记单价和金额,月末按一次计算的加权平均单价,计算期末存货和本期耗用或销售的存货成本的方法;移动加权平均法是每次收货后立即根据存货库存数量和总成本,计算出新的平均单位成本并对发出存货进行计价的方法;个别计价法是按照各种财产物资的购进或生产批别,逐一辨认其发出和期末结存成本的方法。

例 8-1

A 公司 20×2 年 8 月甲材料的购销存情况如下:

期初库存 600 千克,单价为 100 元,金额为 60 000 元。

8 月 3 日,第一批购进 500 千克,单价为 105 元,金额为 52 500 元。

8 月 5 日,生产领用 400 千克。

8 月 10 日,第二批购进 800 千克,单价为 108 元,金额为 86 400 元。

8 月 20 日,生产领用 1 000 千克。

8月25日，第三批购进300千克，单价为115元，金额为34 500元。

8月28日，销售200千克。

要求：分别用先进先出法、加权平均法、移动加权平均法和个别计价法确定发出存货和期末存货的成本。

(1) 先进先出法。此法下，发出的存货1 600千克包括期初存货600千克、第一批购进的存货500千克和第二批购进的存货500千克，其成本为：

$$600 \times 100 + 500 \times 105 + 500 \times 108 = 166\ 500(元)$$

期末剩余存货数量600千克（600+500+800+300-1 600）应是第二批购进的数量300千克和第三批购进的数量300千克，其成本为：

$$300 \times 108 + 300 \times 115 = 66\ 900(元)$$

先进先出法下存货成本的计算如表8-1所示。

表8-1 先进先出法下的存货成本金额　　　　　　单位：元

20×2年		凭证编号	摘要	收入			发出			结存		
月	日			数量	单价	金额	数量	单价	金额	数量	单价	金额
8	1	略	月初结存							600	100	60 000
	3		购进	500	105	52 500				600 500	100 105	60 000 52 500
	5		生产领用				400	100	40 000	200 500	100 105	20 000 52 500
	10		购进	800	108	86 400				200 500 800	100 105 108	20 000 52 500 86 400
	20		生产领用				200 500 300	100 105 108	20 000 52 500 32 400	500	108	54 000

续表

20×2年		凭证编号	摘要	收入			发出			结存		
月	日			数量	单价	金额	数量	单价	金额	数量	单价	金额
	25		购进	300	115	34 500				500 300	108 115	54 000 34 500
	28		销售				200	108	21 600	300 300	108 115	32 400 34 500
	31		合计	1 600		173 400	1 600		166 500	600		66 900

（2）加权平均法。

$$\text{存货加权平均单价} = \frac{\text{期初存货成本} + \text{本期入库存货成本}}{\text{期初存货数量} + \text{本期入库存货数量}}$$

$$= \frac{60\,000 + 52\,500 + 86\,400 + 34\,500}{600 + 500 + 800 + 300} = 106.09(\text{元})$$

发出存货成本 = 本月发出存货数量 × 存货加权平均单价

$$= 1\,600 \times 106.09 = 169\,744(\text{元})$$

期末库存存货成本 = 期末库存存货数量 × 存货加权平均单价

$$= 600 \times 106.09 = 63\,654(\text{元})$$

（3）移动加权平均法和个别计价法略。

（二）非流动资产核算

流动资产以外的资产称为非流动资产，主要包括固定资产、无形资产等。

固定资产核算是对固定资产取得、折旧、清理等业务的核算。无形资产的核算主要包括无形资产取得、摊销、转让或出售等的核算。固定资产和无形资产取得的核算见第六章第二节采购过程的成本费用中的"非流动资产采购的成本费用"的内容。此处只讲解固定资产折旧和无形资产摊销的核算。

1. 固定资产折旧核算

固定资产折旧是对固定资产使用过程中逐渐损耗的价值，在其有效使用期间内按照确定的方法进行系统合理分摊的过程，损耗的价值以折旧形式计入当期成本费用。

固定资产计提折旧的方法有直线法（包括年限平均法和工作量法）和加速折旧法（包括年数总和法和双倍余额递减法）。企业应当根据固定资产所含经济利益预期实现方式选择适合的折旧方法，并且按月计提折旧。折旧计提时，当月增加的固定资产当月不计提折旧，从下月起计提折旧；当月减少的固定资产当月仍计提折旧，从下月起停止计提折旧。提足折旧后，不管能否继续使用，均不再提取折旧；提前报废的固定资产，也不再补提折旧。

例 8 - 2

甲企业某项固定资产原价为 500 000 元，预计使用年限为 10 年，预计残值收入为 20 000 元。

要求：用直线法计提折旧。

固定资产年折旧额＝[500 000－20 000)]÷10＝48 000(元)

固定资产月折旧额＝48 000÷12＝4 000(元)

如果该固定资产为专门用于研发的仪器、设备，也可以不计提折旧，将设备价值一次性计入当期成本费用，在计算应纳税所得额时扣除。

2. 无形资产摊销核算

无形资产在使用过程中价值一般会随使用而减少，因此，需要采用一定方法进行摊销。企业摊销无形资产，应当自无形资产可供使用时起，至不再作为无形资产确认时止；无形资产的摊销金额一般应当计入当期损益。

对于使用寿命有限的无形资产，其应摊销金额应当在使用寿命内系统合理摊销；使用寿命不确定的无形资产不应摊销。企业选择的无形资产摊销方法，应当反映与该项无形资产有关的经济利益的预期实现方式，无法可靠确定预期实现方式的应当采用直线法摊销。

> **例 8-3**
>
> 甲公司以银行存款 10 000 000 元购入一项土地使用权（不考虑相关税费）。该土地使用权年限为 20 年。
>
> 要求：对该无形资产进行摊销。
>
> 该土地使用权每年摊销额＝10 000 000÷20＝500 000（元）

二、负债和所有者权益核算

企业拥有或控制的资产都是从一定的来源渠道获得的，负债和所有者权益是企业取得资产的重要资金来源渠道。

（一）负债核算

负债是指企业过去的交易或者事项形成的、预期会导致经济利益流出企业的现时义务。负债可分为流动负债和非流动负债，包括银行借款、应付及预收款、应付税费等项目。

1. 银行借款核算

银行借款是企业从银行或其他金融机构借入的款项。借款按照还款期限的长短，可以分为短期借款和长期借款。借入的期限在一年以下（含一年）的款项称作短期借款，其余属于长期借款。

借款必须按规定办理手续，偿还本金并支付利息。所以，企业需要对款项借入、利息计算、还本付息等进行核算。为了及时还本付息，维护企业信用，需要按照借款种类和借款银行进行分类核算。

短期借款一般在归还本金时支付利息；长期借款一般分期付息、到期还本，所以需要按期计算并支付利息，到期时归还本金。银行借款需要支付的利息按照款项用途不同需要计入不同的成本费用，用于生产经营的借款相对应的利息计入财务费用，用于构建固定资产或研发无形资产的部分计入相应资产价值。

银行借款的正确核算既有利于合理估算资产价值，也是正确计算企业损益的依据。

例8-4

12月1日，乙公司为建造厂房向银行借入2年期借款3 000 000元，年利率为6%；同时借入期限为3个月的周转资金80 000元，年利率为3%。资金均已划入企业账户。

要求：计算银行借款的利息费用。

企业借入的2年期借款为长期借款，3个月的周转资金借款为短期借款，借款行为发生时均导致银行借款增加，需要进行负债增加的核算。期末需要根据借款利率计算利息。银行借款的利息为：

短期借款的利息＝80 000×3%/12＝200(元)

长期借款的利息＝3 000 000×6%/12＝15 000(元)

2. 应付及预收款核算

应付款项是企业因购买材料、商品和接受劳务等经营活动应支付的款项。这部分款项若通过商业票据的方式结算，则计入应付票据，否则计入应付账款。应付款项需要按照债权人进行明细核算，以及时支付款项，维护企业信誉。

预收账款是企业按照销售合同规定预收的款项。该项债务对应的是物资减少或劳务的提供，也需要按照客户进行分类核算和管理。

3. 应付税费核算

应付税费核算企业应付未付的职工薪酬，以及应缴未缴的税金。

职工薪酬往往不是在发生时支付，而是固定在每月的某一天支付，在支付之前形成企业的一项负债，导致应付职工薪酬增加。所以，应付职工薪酬的核算包括计提和支付两个环节。计提是根据职工提供的服务不同，将职工薪酬计入不同成本费用项目的过程；支付则是按照应付工资总额将薪酬支付给职工的过程。应付职工薪酬包含的项目较多，有一些在计提时需要根据经验估算，如职工福利费的计提比例等，计提和支付的金额可能不相等。

企业必须根据在一定时期内取得的营业收入、实现的利润等，按照现行税法规定，采用一定的计税方法计提并缴纳各种税费。这些税费在尚未缴纳之前暂时留在企业，形成应交税费，主要包括应缴未缴的增值税和所得税。应交税费核算包括计算和缴纳两个环节，需按照应缴纳的税费项目进行明细核算。在计算应该缴纳的税款时，应交税费增加；实际缴纳时，应交税费减少。应交税费需要在规定的时间内缴纳，否则可能被列入税收黑名单，严重影响企业声誉。

例 8-5

20×2 年 11 月企业收到投资者甲公司投入的 A 原材料一批，发票上标明的材料价值为 60 000 元，增值税税额为 7 800 元；收到投资者乙公司投入的设备一台，增值税专用发票上注明的设备金额为 600 000 元，相应的增值税税额为 78 000 元；从外部采购 B 原材料一批，买价为 100 000 元，增值税税额为 13 000 元。当月产品销售收入合计为 800 000 元，均适用 13% 的增值税税率。不存在出口退税、进项税额转出等事项。

要求：计算当月应交增值税的金额。

当月应交的增值税额为销项税额减去进项税额的差额。

当月的增值税销项税额 = 800 000 × 13% = 104 000(元)

进项税额合计 = 7 800 + 78 000 + 13 000 = 98 800(元)

应交增值税 = 104 000 − 98 800 = 5 200(元)

(二) 所有者权益核算

所有者权益又称股东权益，是所有者对企业资产的剩余要求权，是企业资产中扣除债权人权益后应由所有者享有的部分，既可反映所有者投入资本的保值增值情况，又体现了保护债权人权益的理念。

所有者权益的核算主要是对其构成部分实收资本（股本）、资本公积、盈余公积和未分配利润等增减变动的核算。各项目的内容见第九章第一节的内容。

三、收益核算

用企业经营过程中产生的销售收入减去相应的成本费用，形成企业利润。收益核算就是对收入、费用和利润的核算。

(一) 收入核算

收入是企业在日常活动中形成的、会导致所有者权益增加的、与所有者投入资本无关的经济利益总流入。企业取得收入意味着，或者增加了资产，或者减少了负债，或者二者兼而有之。收入是补偿费用、取得盈利的源泉，是企业经营活动取得的成果。

企业应按照产品或服务的种类、销售区域、主要客户等进行明细核算，对于不同销售方式下收入金额的确定请参见第五章第二节中"销售收入预测"的内容。

(二) 费用核算

费用是企业在日常活动中发生的、会导致所有者权益减少的、与向所有者分配利润无关的经济利益的总流出。费用的种类很多，对利润的贡献各异，在利润计算中的扣除顺序也不同，需要认真区分和正确计算。各种费用的作用和计算见本书第六章的内容。

(三) 利润核算

利润是企业在一定会计期间的经营成果。通常情况下，如果企业实现了利润，表明业绩得到提升，企业的所有者权益会增加；如果企业发生了亏损，表明业绩下滑，企业的所有者权益会减少。所以，利润是反映企业经营成果最直观、最综合和最有说服力的业绩指标，也是企业经营管理中最受关注的指标和评价企业管理层业绩的重要指标，是投资者等财务报告使用者进行决策的重要参考。

企业需要在正确计算收入和费用的基础上，分别计算营业利润、利润总额和净利润，以反映企业在不同环节和不同业务的盈利情况。

第三节 核算制度

没有规矩，不成方圆。创业企业的财会工作也是如此。本章开篇的故事思考中，如果小杨的教育研究院有相应的财务会计制度，就不会出现对于费用处理不当的情形。因此，为保证企业核算工作的顺利进行，创业企业需要建立一系列财务和会计制度。

一、财务制度

财务制度是企业组织财务活动、处理财务关系的各种制度的总称，一般包括资金管理制度、资产管理制度、成本费用管理制度、收入利润管理制度、预算管理制度、股权激励制度等内容。

(一) 资金管理制度

资金管理制度是针对企业筹集资金和使用资金所设计的一系列制度。资金管理制度是企业内部财务制度的核心内容，其目的是在保证资金安全完整的情况下，既能满足企业生产经营过程中对资金的需求，又要尽可能提高资金的使用效益。内容包括筹资管理制度、货币资金管理制度、资金预算制度等。

1. 筹资管理制度

筹资管理制度通常涉及筹资计划制度、筹资业务职责分工和授权审批制度、筹资偿付控制制度、筹资决策控制制度和筹资执行控制制度等内容。

筹资计划制度。一项完整的筹资计划应包括：企业资金需求量的预测、筹资方式的选择及筹资数量安排、筹资程序及时间安排、筹资前后企业资金结构及财务状况的变化、筹资对企业未来收益的影响等。

筹资业务职责分工和授权审批制度。企业应建立筹资业务的岗位责任制，明确相关部门和岗位的职责、权限，确保不相容岗位相互分离、制约和监督。

筹资偿付控制制度。财会部门应严格按照筹资合同规定的本金、利率、期限及币种计算利息、租金，经有关人员审核确认后，与债权人核对；应结合偿债能力、资金结构等，保持足够的流动性和支付能力；以抵押、质押方式筹资，应对抵押物资进行登记。

筹资决策控制制度和筹资执行控制制度略。

2. 货币资金管理制度

对货币资金的内部控制要保证其安全性、完整性、合法性和效益性，由此需要建立货币资金业务的职责分工和授权审批制度、票据管理制度、库存限额的管理制度、账户管理制度、资金预算管理制度和检查监督制度。

货币资金业务的职责分工和授权审批制度。企业应建立货币资金业务的岗位责任制，明确相关部门和岗位的职责权限，确保办理货币资金业务的不相容岗位相互分离、制约和监督，坚持"收支两条线"，任何人不得办理货币资金业务的全过程。同时，应建立货币资金的授权和审批制度，按规定权限和程序办理资金收支，审批人应在授权范围内审批，不得越权；授权审批的方式、权限、程序、责任和相关控制措施应以书面形式公开。涉及货币资金支付的业务应按照申请、审批、复核和支付的程序进行。

检查监督制度。企业应建立与货币资金有关的监督检查制度，明确监督检查机构或人员的职责权限，定期与不定期进行检查，检查内容包括相关岗位及人员的设置情况、授权审批制度的执行情况、支付款项印章的保管情况、票据保管情况等，对检查中发现的薄弱环节或缺陷问题，及时采取措施，加以纠正和完善。

票据管理制度、库存限额的管理制度、账户管理制度见第五章第一节中"资金管理的目标和内容"部分的内容；资金预算管理制度见第三章第一节的内容。

（二）资产管理制度

资产管理制度应主要包括货币资金管理制度、应收款项管理制度、存货管理制度、固定资产管理制度、无形资产管理制度等。货币资金管理制度如前所述。

1. 应收账款管理制度

加强应收账款管理，需要建立职权分工、账龄分析和逾期催收制度。

企业的应收账款应由专人负责管理，业务多的企业可以按照应收账款的客户或区域由不同的人进行日常管理；负责应收账款管理的人员不能同时负责现金或银行存款日记账的管理；企业还应及时办理货款结算和收款业务，建立应收账款账龄分析制度和逾期催收制度，按会计准则规定计提坏账准备，结合销售政策和信用政策明确应收票据的受理范围和管理措施，并定期抽查、核对销售业务记录、收款记录等，及时发现并处理收款业务中存在的问题。

2. 存货管理制度

存货管理制度设计的目的是保证存货业务的合法合规以及各项存货的安全性，使存货核算按照规定的计价方法进行，合理确定存货价值，加速存货周转，提高资金效益，保持完整的存货记录以对外提供信息。因此，需要从存货的职权分工和授权审批、验收入库、储存保管、领用发出控制、盘点与处置，以及核算制度设计等方面加强管理。

存货职权分工和授权审批制度。企业应建立健全存货业务的岗位责任制，明确相关部门和岗位的职责、权限，确保不相容岗位相互分离、制约和监督；建立存货业务授权审批制度，明确授权方式、权限、程序、责任和相关控制措施；有条件的企业可根据业务特点及成本效益原则，选用计算机系统和网络技术进行存货管控。

验收入库、储存保管、领用发出制度。企业应制定严格的存货验收入库、保管和存货发出流程和制度，保持完整记录。存货入库要有相应的原始单据，认真验收，填写入库单；保管应综合运用限制未经授权人员对财产的直接接触、财产记录、定期盘点、账实核对等措施；发出存货需经授权审批，填写领料单，有条件的企业可建立内部稽核制度。

盘点与处置制度。企业应建立适当的存货盘点制度，明确盘点范围、方法、人员、频率、时间等，及时编制盘点表，盘盈、盘亏情况要分析原因，提出处理意见，经相关部门审批后，在期末结账前处理完毕。

存货核算制度见第一节中"存货核算"的内容。

3. 固定资产和无形资产管理制度

固定资产和无形资产业务涉及取得、验收、使用和处置等环节，其管理制度设计的目标是通过合理的业务流程，健全风险控制措施，保证资产的安全、完整。

职责分工和授权审批制度。企业应建立固定/无形资产业务的岗位责任制，明确相关部门和岗位的职责、权限，确保不相容岗位相互分离、制约和监督。同一部门或个人不得办理业务的全过程；配备合格人员办理业务；建立严格的投资授权审批制度，规定经办人的职责范围和工作要求。

取得和验收制度。企业应建立并严格执行预算管理制度，严格执行投资预算，进行可行性研究；建立外购资产的请购与审批制度及资产交付验收制度；自建固定资产或自主研发的无形资产在交付使用时需要填写验收单，办理相应的交接手续。

资产的使用和维护制度。企业应加强资产的日常管理工作，授权具体部门或人员负责资产的日常维护和使用，建立资产目录；定期或至少在每年末，对资产进行检查分析。

资产处置或转移制度。企业应建立资产处置或转移制度，确定资产处置的范围、标准、程序和审批权限等，确保资产合理使用。涉及产权变更的，应及时办理产权变更手续；出租、出借的，应按规定程序进行；内部调拨应填制调拨单，调拨的价值应由财会部门审批。

（三）成本费用管理制度

成本费用的管理应实行费用归口、分级管理和预算控制，建立必要的费用开支范围、标准和报销审批制度。成本费用管理制度除第六章讲到的内容外，还应包括成本费用的核算制度、预测制度、预算控制制度、分析评价制度和监督检查制度等内容。

成本费用核算制度主要围绕如何确定以上内容展开，包括成本核算基础制度和成本计算制度。可参见第六章的内容。

成本费用预测制度应明确成本费用预测的依据、成本费用预测的负责部门，确定成本费用预测的方法、内容、程序等，建立成本费用预测的目标审批制度。成本费用预测的依据可以是本企业历史成本费用数据、同行业、同类型企业的有关成本费用资料和料工费等成本项目的价格变动趋势等；可采用定量预测和定性预测方法，结合预测期内的变化因素，进行产品或服务成本预测，以及费用预测；预测值在经过审批后形成企业的成本费用目标，作为企业编制成本费用预算的依据。

企业根据成本费用预算、定额和支出标准，分解成本费用预算指标，经批复下达后认真组织实施。预算执行过程中应严格执行生产消耗、费用定额定量标准，加强实时监控，对于预算执行中出现的异常情况，应及时查明原因，予以解决。

成本费用分析评价制度是保证成本费用预算执行，并据以对有关部门进行考核评价的制度。首先，企业应建立成本费用分析制度，采用定性或定量的成本分析方法，定期对成本预算的执行情况进行分析。其次，建立成本费用评价制度。通过和历史标准、行业标准与目标标准等的比较，对各责任主体的成本费用执行情况进行评价，奖优罚劣，保证业绩评价工作的公平合理。

企业还应建立成本费用的监督检查制度，加强对成本费用工作的监督检查，明确监督检查人员的职责权限，定期与不定期地开展监督检查。

(四) 收入利润管理制度

企业应根据《企业财务通则》和《企业会计准则第 14 号——收入》的规定，制定收入管理制度，明确收入的分类和确认原则，以及不同收入的核算标准，加强对销售过程中应收款项的管理，提高收入质量；加强对不同产品、区域、客户销售收入构成比例的分析，有针对性地制定收入管理策略，不断增加销售，实现更多利润。相应内容请见本书第五章和第九章。

利润管理制度要明确利润的构成与核算方法，按照法律规定确定利润的分配顺序，加强利润计划编制的管理，通过利润分析和评价，对各责任单位进行考核和奖惩。这部分内容详见本书第九章第一节。

(五) 预算管理制度

企业应建立预算管理制度，对各项业务的开展以及资金需求、利润实现情况进行预测，并通过对预测目标的层层分解形成全面预算。不同业务的预算制度详见前述各章节，此处只介绍全面预算体系。

全面预算是反映企业未来某一特定期间的全部生产经营活动的财务计划。它以销售预测为起点，进而对生产、成本及现金收支等各个方面进行预测，并在这些预测的基础上，编制出一套预计资产负债表、预计利润表等预计财务报表及其附表，以反映企业在未来期间的财务状况和经营成果。全面预算是由一系列预算构成的体系，各项预算之间相互联系，关系复杂。其各项预算之间的主要联系如图 8-3 所示。

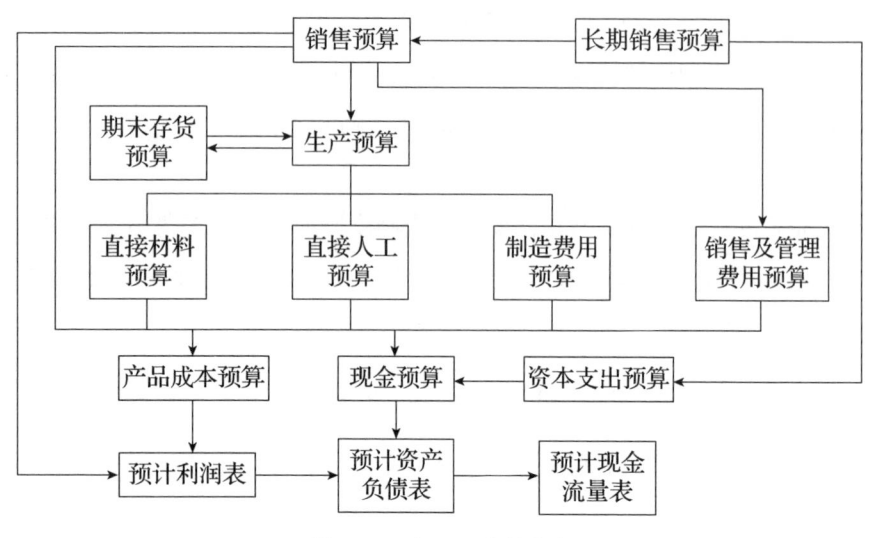

图 8-3　全面预算的内容

一般来说，全面预算的编制有以下几个步骤：最高领导机构根据长期规划，利用本量利分析等工具，提出企业一定时期的总目标，并下达规划指标；最基层成本控制人员自行草编预算，使预算较为可靠、较为符合实际；各部门汇总部门预算，并初步协调本部门预算，编制销售、生产、财务等业务预算；预算委员会审查、平衡业务预算，汇总出公司的总预算；经过行政领导批准，审议机构通过或者驳回修改预算；主要预算指标报告给董事长或上级主管单位，讨论通过或者驳回修改；批准后的预算下达给各部门执行。

全面预算的编制方法有固定预算、弹性预算、零基预算、概率预算和滚动预算等。编制方法的介绍超出了本书的范畴，感兴趣的读者可阅读本章后学习资源中《成本管理会计》（第 4 版）的第九章。

（六）股权激励制度

企业应建立相应的股权激励制度，明确股权激励的范围和工作程序、股权激励的管理机制，完善和股权激励配套的相应制度。

和股权激励配套的制度包括：股权激励法律意见书，股权激励计划方案，激励计划管理制度，绩效考核办法、考核结果报告书，财务及薪酬完善建议书、股东会和董事会决议、股权激励授予协议书、股权激励劳动合同、竞业限制协议等。

在制定股权激励方案时应事先确定股权的授予日、有效期、行权期、禁售期等事项，建立合伙人股权分期成熟机制，并提前约定退出机制，管理好合伙人预期；规划好股东中途退出时股权回购的方法；为防止合伙人退出公司但不同意公司回购股权，可以在股东协议中设定高额的违约金条款。详见本书第七章第一节中"创业企业股权激励"部分的内容。

二、会计制度

会计制度是指导会计工作、规范会计行为的法则，是会计工作应遵循的原则、方法、程序和规程等的总称。建立健全企业的会计核算制度，除本章第一节"核算规范"部分的内容之外，还需要设置合理的会计信息系统和会计组织系统。

（一）会计信息系统

会计信息系统是对企业各种交易或事项产生的会计数据，按特定的方法和程序，加工处理成会计信息，并向会计信息用户提供的系统。会计信息系统可以是人工的，也可以是电子化的。

会计信息系统的流程可以分为数据收集、数据加工和存储、信息生成三个阶段。交易或事项发生后，要取得或填制原始凭证，用以证明经济业务的发生或完成情况。会计数据进入会计信息系统后，需要编制记账凭证进行初步归类，再根据记账凭证将交易或事项数据在会计账簿中分门别类地记录。同时，企业为定期总括地反映其经济活动，及时向信息使用者提供信息，需要对账簿系统存储和计算的数据进一步加工整理，生成会计信息，以一套完整会计报告的形式披露出来，报告给信息使用者。

为保证会计信息系统的正常运行，需要事先设置会计科目，选择合适的会计凭证和账簿以及会计报表的种类，设计特定的会计核算组织程序。见本章第一节中"核算方法和核算组织形式"部分的内容。

(二) 会计组织系统

会计组织系统包括设置会计机构、划分会计岗位、建立岗位责任制、配备会计人员、制定内部会计管理制度等。

会计机构设置和人员配置见第一节中"核算机构和人员"部分的内容。

企业应在会计机构内部按照会计工作的内容和会计人员的配备情况，将会计机构的工作划分为若干个岗位，并为每个岗位规定职责和要求的责任制度。会计人员的工作岗位一般可分为：会计机构负责人、出纳、财产物资核算、工资核算、成本费用核算、财务成果核算、资金核算、往来结算、总账报表、稽核和档案管理等。这些岗位可以一人一岗、一人多岗或多人一岗，创业企业可根据自身的特点具体确定。为贯彻内部牵制原则，出纳人员不得兼管稽核、会计档案保管和收入、支出、费用、债权、债务账目的登记工作。实行会计人员岗位责任制，还要求会计人员之间有计划地进行轮换，以便全面了解和熟悉单位的各项会计工作，提高业务水平，也便于相互协作，提高工作效率。

内部会计管理制度的内容包括会计监督制度、内部稽核制度、成本费用控制制度、财产管理制度、计量验收制度、定额管理制度、岗位责任制度、绩效考评制度、预算管理制度、计划分析制度、会计档案管理制度、会计工作交接制度等内容。这些制度中，有的已经在财务制度部分讲解，此处只介绍与会计组织系统相关的管理制度。

会计监督制度。会计监督制度的内容至少应该包括对会计凭证、账簿进行审核和监督，对实物款项进行监督，对财务报告进行监督，对财务收支行为进行监督，对经济活动以及预算和计划进行监督。

内部稽核制度。稽核制度是一种在会计机构内部指定专人对有关会计凭证、会计账簿进行审核、复查的制度，主要内容包括稽核工作的组织形式和具体分工、稽核工作职责和权限、稽核工作程序和方法、稽核结果处理和使用等。

会计档案管理制度。企业应根据《会计法》和《会计档案管理方法》的规定，建立本单位会计档案的整理、保管、利用和销毁制度，保证会计档案的妥善保管、有序存放、方便查阅，严防毁损、散失和泄密。

会计工作交接制度。在会计人员调动工作或离职时，为保证会计工作的连续性，防范因会计工作交接可能出现的混乱，各单位应设计严格完善的会计工作交接制度，做好工作交接前的准备工作，规范交接工作的程序和内容，做好工作交接的监交——一般会计人员交接时应由会计主管人员监交，会计主管人员交接时应由单位负责人监交。

学习要点

财务会计法律规范是国家立法机构为管理财务会计工作按照立法程序制定和颁布的规范性文件。

财务会计行政法规是由国家最高行政机关——国务院依据《会计法》制定或发布的行政法规。

财务会计规章制度是由国家主管会计工作的行政部门——财政部以及其他相关部委依据《会计法》和财务会计行政法规的规定制定的法律规范。

会计核算和监督制度包括会计准则、会计制度等。

职业道德是规范会计行为的基础和实现会计目标的重要保证。

按照财务会计法律法规的规定，各单位应当根据会计业务的需要，设置会计机构或者在有关机构中设置会计人员并指定会计主管人员。

不具备设置条件或没有设置会计机构或者配备会计人员的单位，应当委托经批准设立从事会计代理记账业务的中介机构代理记账。

会计人员是从事会计工作、处理会计业务、完成会计任务的人员。一个单位无论是否设置会计机构，均应有从事会计工作的人员。

创业企业的会计核算方法包括设置会计科目和账户、复式记账、填制和审核凭证、登记账簿、成本计算和编制财务报告等。

合理的会计核算组织形式可以保证会计处理程序有条不紊地进行，及时提供全面、连续、系统、清晰的会计信息资料，减少不必要的核算环节和手续。

固定资产折旧是对固定资产使用过程中逐渐损耗的价值，在其有效使用期间内按照确定的方法进行系统合理分摊的过程。

企业财务制度一般包括资金管理制度、资产管理制度、成本费用管理制度、收入利润管理制度、预算管理制度、股权激励制度等内容。

全面预算是反映企业未来某一特定期间的全部生产、经营活动的财务计划。它以销售预测为编制起点。

会计组织系统包括设置会计机构、划分会计岗位、建立岗位责任制、配备会计人员、制定内部会计管理制度等。

为贯彻内部牵制原则，出纳人员不得兼管稽核、会计档案保管和收入、支出、费用、债权、债务账目的登记工作。

创业案例

从核算视角看瑞幸咖啡的经营管理

瑞幸咖啡公司总部位于厦门，截至2019年底，直营门店数达到4 507家。瑞幸咖啡以"从咖啡开始，让瑞幸成为人们日常生活的一部分"为愿景，充分利用基于移动互联网和大数据技术的新零售模式，与各领域优质供应商深度合作，致力于为客户提供高品质、高性价比、高便利性的产品。瑞幸咖啡的咖啡豆连续两年在IIAC国际咖啡品鉴大赛上斩获金奖。

2020年4月2日，因虚假交易额达22亿元，瑞幸咖啡盘前暴跌85%；5月19日，瑞幸咖啡被要求从纳斯达克退市，申请举行听证会；6月29日，瑞幸咖啡正式停牌，并进行退市备案；同时，瑞幸咖啡全国4 000多家门店将正常运营。

2020年7月31日，财政部表示，在检查中发现，自2019年4月起至2019年末，瑞幸咖啡通过虚构商品券业务增加交易额22.46亿元，虚增收入21.19亿元（占对外披露收入51.5亿元的41.1%），虚增成本费用12.11亿元，虚增利润9.08亿元。

瑞幸咖啡造假的原因部分可以从其日常经营数据中得到解释。

1. 基本资料

2019年第二季度瑞幸咖啡每家门店的每天销售量为345件，商品单价为商品全价扣除折扣额后的有效价格，2019年第二季度公告的有效价格是10.5元；鲜制饮料的原材料成本为每件5.6元；门店运营成本包括人工费3元/件；每个订单提供了人民币5元的送货补贴，销售总商品中，有19.8%通过快递购买。

门店的租金为1.5万元/月，水电费为0.5万元/月，设备和店面装修的折旧为0.75万元/月（装修费用为45万元，在5年内摊销）。

2. 成本核算

  每件产品需要负担的送货费=19.8%×5=0.99(元)

  每件产品的单位变动成本=5.6+3+0.99=9.59(元)

  门店每月的固定成本总额=1.5+0.5+0.75=2.75(万元)

3. 产品或服务盈利分析

  产品的单位边际贡献=单价-单位变动成本

    =10.5-9.59=0.91(元)

由此可见，产品本身是盈利的，每件的贡献为0.91元。

  每月保本点销售量=固定成本÷(单价-单位变动成本)

    =27 500÷(10.5-9.59)

    =27 500÷0.91=30 220(件)

  每天保本点销售量=30 220÷30=1 007(件)

4. 门店盈利分析

每天销售量为345件，小于保本点销售量1 007件。

$$每天损益=(345-1\,007)\times 0.91=-602.42(元)$$
$$每月损益=-602.42\times 30=-18\,072.6(元)$$

由上述计算可知，每家门店是亏损的，因为只有扣除门店的固定成本才是门店真正的盈利。

5. 加强管理的措施

方法一：减少固定成本。由于固定成本总额在相关范围内不会发生变动，因此该措施不可行；除非减少店面面积，但这又会影响到产品销量，可以看作另一项单独的决策。

方法二：提高价格，由10.5元提高到11.8元。价格提高取决于客户的接受度，如品牌忠诚度、市场竞争度等，是企业的不可控因素；虽然难，但瑞幸咖啡本身与其他咖啡相比价格要低很多，再加上营销及品牌建设的影响，提高1元左右基本可行。

方法三：降低单位成本。由9.59元降低到9.15元。可以从原料成本上下功夫，优化供应链，降低采购成本；或通过增加门店销售的方式降低外卖数量，减少送货补贴。若调整之后通过快递购买的产品数量占比可以下降到11%，则每件咖啡需负担的快递费下降为0.55元（5×11%）。

方法四：增加销售。由现在的每天345件提高到495件，增加安全边际，提高安全边际率。

6. 加强管理之后的经营状况

通过以上措施的实施，瑞幸咖啡的门店利润由负变正。

（1）产品或服务盈利改善。

$$单位产品边际贡献=11.8-5.6-3-0.55=2.65(元)$$

这样本来就赚钱的产品盈利扩大。

每月保本点销售量＝固定成本/单位边际贡献
$$=27\,500÷2.65=10\,377(件)$$
每天保本点销售量＝$10\,378÷30=346$(件)

产品盈利扩大导致保本点下降。

(2) 门店由亏转盈。

由于每天销售量大于保本点销售量,因此

每天损益＝$(495-346)×2.65=394.85$(元)

每月损益＝$394.85×30=11\,845.5$(元)

不仅产品赚钱,而且门店真正实现盈利。

(3) 公司层面利润。

门店利润只有大于公司发生的 4 项费用,才能获得最终的盈利。这时就需要公司从战略出发规划管理费用、销售费用和研发费用,控制财务费用,加强日常管理。

由此可见,财务核算只是对企业发生经济业务的记录和计算,创业企业要实现创业初衷达到盈利,需要对业务发生的各个环节进行认真分析,从制度上保证销售收入不断增长,并且在金额上超出成本费用。

资料来源:瑞幸咖啡官网;瑞幸咖啡百度百科;王艳茹,等.成本管理会计.4版.大连:东北财经大学出版社,2021.

扩展阅读

某企业财务制度（目录）

某企业财务制度（系列）

学习资源

（1）王艳茹，等.创业财务.北京：清华大学出版社，2017.

（2）王艳茹.初创企业财税.大连：东北财经大学出版社，2019.

（3）王艳茹，刘泉军.基础会计.4版.北京：中国人民大学出版社，2019.

（4）王艳茹，等.成本管理会计.4版.大连：东北财经大学出版社，2021.

（5）企业财务通则.http://www.gov.cn/ziliao/flfg/2007-01/29/content_511302.htm.

（6）财政部 税务总局关于扩大固定资产加速折旧优惠政策适用范围的公告.http://www.chinatax.gov.cn/n810341/n810755/c4300874/content.html.

第八章思维导图

Chapter Nine 第九章

做好信息沟通，重视报表作用

名人名言

管理者才是报表的真正制作人，财务部的职责只是业务信息的收集与汇总。

如果你是公司的管理人员，你更应该聚焦于财务数据背后的意义，以及如何根据财务数据做出正确的决策。

财务数字本身不能解决问题，财务报表给管理者提供解决问题的起点，而非终点。

——闫静

故事思考

赵总是一个经营地板销售生意的企业负责人，门店开业已经一年多。企业有一名专职的会计负责账务处理和报表编制的基本工作，每个月会计都会把企业的报表准时呈给赵总，也会及时申报纳税。不过，这些数字对于没学过财务基本知识的赵总来说无疑如天书一般。令他非常不理解的是，企业一直在做市场推广，每次不但和卖场一起搞促销活动，而且门店专门做过很多宣传；从销售收入上看，好像一直呈上升趋势，可是为什么企业就不盈利呢？经营这段时间以来，赵总非但没有从企业经营中分享到创业的利润，反而

> 基本处于一直贴钱（继续追加投资）的状态。
> 请思考：
> 1. 会计编制的利润表和资产负债表是否完全符合企业管理的要求？
> 2. 赵总应该如何阅读报表？

报表是企业和外界沟通的桥梁，也是加强企业管理的主要依据。创业企业需要通过报表了解企业整体经营状况，做出科学的生产经营决策；外部投资者需要通过报表了解企业的盈利能力，做出是否投资的决策；供应商需要通过报表了解企业的偿债能力，做出赊销与否的决策；国家有关部门需要通过报表分析企业的纳税状况。因此，企业应按照相关规定编制财务报表，全面反映财务状况，对外做好自我营销。

第一节　报表分类及编制

一、财务报表的概念和作用

（一）财务报表的概念

财务报表是指企业对外提供的反映企业某一特定日期的财务状况和某一会计期间的经营成果、现金流量等会计信息的文件。

小企业编制的财务报表应当包括利润表和资产负债表。

（二）财务报表的作用

财务报表对于改善企业外部有关方面的经济决策环境和加强企业内部经营管理具有重要作用。具体包括以下几个方面。

1. 向企业利益相关者提供相关的会计信息

企业提供的财务报告中含有丰富的会计信息，如资产、负债、所有者权益、收入、费用、利润等各种会计指标，这些指标对于企业利益相关者，特别是投资者、债权人从整体上了解企业的财务状况和经营成果发挥着其他书面文件所不可替代的作用，是利益相关者进行科学决策的主要依据。

2. 为实施内部控制和会计监督提供依据

财务报表提供的经济指标为企业所有者、经营者、债权人和国家职能部门对企业进行控制和监督提供依据。所有者可利用财务报告的有关信息对企业实施控制及监督；经营者可利用财务报告检查经营成果的实现情况；债权人可利用财务报告监督企业借入资金的使用情况，掌握企业偿债能力；国家可利用财务报告提供的信息进行宏观经济管理，制定合理的经济政策。

3. 有利于评价企业业绩

财务报告有利于企业所有者和管理者评价经营业绩，改善经营管理，寻找提高经济效益的途径和方法。财务报告所提供的指标不仅有利于各方进行科学、合理的决策，而且有利于评价企业经营的业绩，并在此基础上找问题，分析原因，促进企业生产经营管理改善，寻找提高企业经济效益的途径和方法。

二、财务报表的种类

财务报告可按不同的标准进行分类，常见的财务报告分类主要有以下几种。

（一）按财务报告反映的经济内容分类

企业财务报告按反映经济内容的不同，可分为资产负债表、利润表、所有者权益（股东权益）变动表、现金流量表和附注等。资产负债表是反映会计主体在一定日期财务状况的报表；利润表是揭示企业实现的收入、成本费用的耗费和利润形成情况的报表；所有者权益变动表是反映企业在一定期间内构成所有者权益的各组成部分增减变动情况的报表；现金流量表是揭示企业在一定期间内现金流入、现金流出及投资与筹资活动方面信息的会计报表。

（二）按财务报告报送对象分类

企业的财务报告按报送对象不同，可分为对外报表和对内报表。对外报表是会计主体按照有关法律法规编制的对外公开报送的会计报表，如资产负债表、利润表、所有者权益变动表、现金流量表等。对内报表是会计主体根据单位管理需要编制的会计报表，这些会计报表往往仅限于会计主体内部使用，如销售分析表、成本分析表、经营费用表等。

（三）按财务报告编制时间分类

企业的财务报告按编制时间不同，可分为月度报表、季度报表、半年报和年度报表。月度报表是会计主体在月份终了编制的会计报表，如资产负债表和利润表等；季度报表是会计主体在季度终了利用相关资料编制的会计报表，它介于月度报表与半年报和年度报表之间；半年报是每个会计年度的前 6 个月结束后编制的会计报表；年度报表是会计主体在年度终了后编制的报表，如资产负债表、利润表、现金流量表等。一般来说，月度报表简明扼要，反映及时；年度报表综合详细，反映全面；季度报表和半年报介于两者之间。

创业企业既要按照会计准则的要求编制需要对外报送的报表，如资产负债表、利润表等，也要按照管理需要编制销售分析表、成本分析表、经营费用表等内部报表。创业企业至少应当按年编制对外的财务报表，内部报表则没有明确的编制时间要求，由经营管理决策的需求而定。

鉴于现金流量表的编制复杂，已超出本书范围，本章不再赘述。感兴趣的读者可以从《基础会计》等教材中得到相关内容的讲解。

三、利润表及其编制原理

利润表是用来反映企业在某一会计期间经营成果的财务报表。该表是根据"收入－费用＝利润"的会计等式，按营业利润、利润总额、净利润的顺序编制而成的,是一个时期的动态的报表。

按照我国会计准则的规定,企业应当编制多步式利润表。简单的多步式利润表的格式如表 9-1 所示。

表 9-1 利润表

会企 02 表

编制单位：　　　　　　　　　　年　　月　　　　　　　　　　单位:元

项目	本期金额	上期金额
一、营业收入		
减：营业成本		
税金及附加		
销售费用		
管理费用		
研发费用		
财务费用		
二、营业利润（损失以"—"号填列）		
加：营业外收入		
减：营业外支出		
三、利润总额（损失以"—"号填列）		
减：所得税费用		
四、净利润（损失以"—"号填列）		

其中,"营业收入"项目反映企业经营主要业务和其他业务所确认的收入总额。

"营业成本"项目反映企业经营主要业务和其他业务所发生的成本总额。

"税金及附加"项目反映企业经营业务应负担的消费税、城市维护建设税、资源税、教育费附加及房产税、土地使用税、车船税、印花税等。

"管理费用""销售费用""财务费用"项目的内容见第六章讲解。

"研发费用"项目反映企业在研究与开发过程中发生的费用化支出,以及计入管理费用的自行开发无形资产的摊销。

"营业利润"项目反映企业实现的营业利润。如为亏损,则以"—"号列示。

"营业外收入"项目反映企业发生的与经营业务无直接关系的各项收入和利得。

"营业外支出"项目反映企业发生的与经营业务无直接关系的各项支出和损失。

"利润总额"项目反映企业实现的利润。如为亏损,则以"—"号列示。

"所得税费用"项目反映企业应从当期利润总额中扣除的所得税费用。

"净利润"项目反映企业实现的净利润。如为亏损,则以"—"号列示。

四、资产负债表及其编制原理

资产负债表是总括反映企业在某一特定日期全部资产、负债和所有者权益状况的财务报表。资产负债表是根据"资产=负债+所有者权益"这一会计基本等式,依照流动资产和非流动资产、流动负债和非流动负债大类列示,并按照一定要求编制的,是一张时点的静态的会计报表。

根据《企业会计准则第30号——财务报表列报》的规定,资产负债表采用账户式的格式。简单的资产负债表的格式如表9-2所示。

表9-2 资产负债表

编制单位:　　　　　　　　　年　月　日　　　　　　　会企01表 单位:元

资产	期末余额	年初余额	负债和所有者权益	期末余额	年初余额
流动资产			流动负债		
货币资金			短期借款		
应收账款			应付账款		
预付款项			预收款项		

续表

资产	期末余额	年初余额	负债和所有者权益	期末余额	年初余额
其他应收款			应付职工薪酬		
存货			应交税费		
一年内到期的非流动资产			其他应付款		
其他流动资产			一年内到期的非流动负债		
流动资产合计			其他流动负债		
非流动资产			流动负债合计		
长期应收款			非流动负债		
长期股权投资			长期借款		
固定资产			其他非流动负债		
在建工程			非流动负债合计		
无形资产			负债合计		
开发支出			所有者权益		
商誉			实收资本		
其他非流动资产			资本公积		
非流动资产合计			盈余公积		
			未分配利润		
			所有者权益合计		
资产合计			负债和所有者权益总计		

其中，资产类项目的内容如下：

"货币资金"项目反映企业库存现金、银行存款、其他货币资金的合计。

"应收账款"项目反映企业因销售商品、提供劳务等经营活动应收取的款项。

"预付款项"项目反映企业按照购货合同规定预付给供应单位的款项等。

"其他应收款"项目反映企业除应收账款、预付账款等经营活动以外的其他各种应收、暂付的款项。

"存货"项目反映企业期末在库、在途和在加工中的各种存货的可变现净值，包括原材料、库存商品等的价值。

"一年内到期的非流动资产"项目反映企业将于一年内到期的非流动资产项目金额。

"其他流动资产"项目反映企业除货币资金、应收账款、其他应收款、存货等流动资产以外的其他流动资产。

"长期应收款"项目反映企业融资租赁产生的应收款项、采用递延方式具有融资性质的销售商品和提供劳务等产生的长期应收款项等。

"长期股权投资"项目反映企业持有的对子公司、联营企业和合营企业的长期股权投资。

"固定资产"项目反映企业各种固定资产原价减去累计折旧和累计减值准备后的净额。

"在建工程"项目反映企业期末各项未完工程的实际支出，包括交付安装的设备价值、未完建筑安装工程已经耗用的材料、工资和费用支出、预付出包工程的价款等的可收回金额。

"无形资产"项目反映企业持有的无形资产，包括专利权、非专利技术、商标权、著作权、土地使用权等。

"开发支出"项目反映企业正在进行的无形资产研究开发项目满足资本化条件的支出。

"其他非流动资产"项目反映企业除长期股权投资、固定资产、在建工程、工程物资、无形资产等资产以外的其他非流动资产。

负债类项目的内容如下：

"短期借款"项目反映企业向银行或其他金融机构等借入的期限在一年以下（含一年）的各种借款。

"应付账款"项目反映企业因购买材料、商品和接受劳务供应等经营活动应支付的款项。

"预收款项"项目反映企业按照销货合同规定预收购货单位的款项。

"应付职工薪酬"项目反映企业根据有关规定应付给职工的工资、职工福利、社会保险费、住房公积金、工会经费、职工教育经费、非货币性福利、辞退福利等各种薪酬。

"应交税费"项目反映企业按照税法规定计算应缴纳的各种税费，包括增值税、消费税、所得税、资源税、土地增值税、城市维护建设税、房产税、车船税、教育费附加等。

"其他应付款"项目反映企业除应付票据、应付账款、预收款项、应付职工薪酬、应交税费等经营活动以外的其他各项应付、暂收款项。

"一年内到期的非流动负债"项目反映企业非流动负债中将于资产负债表日后一年内到期部分的金额，如将于一年内偿还的长期借款。

"其他流动负债"项目反映企业除短期借款、交易性金融负债、应付票据、应付账款、应付职工薪酬、应交税费等流动负债以外的其他流动负债。

"长期借款"项目反映企业向银行或其他金融机构借入的期限在一年以上（不含一年）的各项借款。

"其他非流动负债"项目反映企业除长期借款、应付债券等负债以外的其他非流动负债。

所有者权益类项目的内容如下：

"实收资本"项目反映企业各投资者实际投入的资本（或股本）总额。

"资本公积"项目反映企业资本公积的期末余额。

"盈余公积"项目反映企业盈余公积的期末余额。

"未分配利润"项目反映企业尚未分配的利润。

第二节　报表解读和分析

为更好地管理创业企业，需要全面了解企业的经营和财务状况，对报表进行分析。一般来说，报表解读可以从盈利能力、偿债能力、营运能力等方面入手，也可以从创业者最关注的指标入手进行综合分析。

一、财务报表分析概述

财务报表分析是根据企业生产经营和财务管理活动的内在关系，以企业财务报表和其他资料为依据和起点，采用专门的技术和方法，系统分析和评价企业过去和现在的财务状况、经营成果及其变动情况的过程。

（一）财务报表基本信息

1. 资产负债表基本信息

资产负债表是一张静态报表，反映了报表截止时点企业的资金来源及资产的分布状况。资产负债表中的资产项目按照各项资产的流动性或变现能力的强弱进行排列，流动性越大、变现能力越强的资产项目排列得越靠前，反之则排列得越靠后，而且不同类别资产内部的各个项目也按照流动性的大小进行排列；负债项目按照每个项目偿债的紧迫性依次排列，由近及远，偿还期越近的项目排列得越靠前；所有者权益内部各个项目按照稳定程度依次排列，稳定程度越高的项目越往前排列。利用资产负债表可以分析企业资产的分布状况、负债和股东权益的构成状况等信息。

（1）资产的规模和结构。资产规模一方面是指某一时点企业资产的存量总额，另一方面可以是部分或单项资产的存量，如流动资产与非流动资产的金额，或者应收账款、存货的金额。资产结构是指部分资产与单项资产占全部资产的比例，如流动资产占全部资产的比例。各行业及企业之间在资产规模与结构上存在明显差异，资产结构既与行业特征有关，也与企业自身对资产的配置决策有关。

（2）企业资产质量。资产质量是企业财务状况运转的质量，是对不同资产产生主营业务现金流量能力的反映。一般而言，一个主营业务持续增长且财务状况较为稳定的企业，其主营业务的现金流量也会表现出持续稳定增长的特征。能够产生较多主营业务现金流量的资产运营效率较高，质量也较高，反之，则质量较低。

（3）负债的规模和结构。负债规模说明企业全部资金来源中负债所占的比重，负债的结构则反映了企业全部借入资金中不同负债的构成情况。在企业资金来源总额相同的情况下，负债的规模越大，企业的债务负担越重，不能偿还债务的可能性也越大；在全部负债的构成中，流动负债的比重越大，企业的偿债压力越大，偿债的紧迫性越强，对企业可随时用于偿还债务的资金需求就越大。

（4）股东权益的规模和结构。股东权益是投资者对企业净资产所享有的剩余权益，净资产指企业资产扣除负债后由所有者享有的权益。股东权益由投资者投入的资金和留存收益两部分构成。投资者投入的资金包括企业的实收资本以及在资本投入过程中或其他环节形成的资本公积两项，而且资本公积可以用来转增资本；留存收益是企业在经营过程中形成的收益的留存，包括盈余公积和未分配利润两部分，其中盈余公积可以用来转增资本、弥补亏损或者扩大再生产，未分配利润是以前年度的盈利中没有被指定用途的部分，企业可随时对其进行处理，如用于利润分配等。实收资本和资本公积的稳定性最强，是企业可以长期使用的资金，是对企业最低资金需求的保障。在企业资金来源总额相同的情况下，股东权益的规模越大，对债权人权益的保障性越强。

（5）融资结构和资本结构。融资结构反映了企业主要的融资来源及全部的权益融资数量和债权融资数量之间的比例关系。资本结构指企业各种长期资金的来源构成和比例关系。企业融资结构和资本结构的变化既反映其不同资金筹集渠道的变化，同时也对其未来的融资能力和偿还债务的能力有直接影响。企业应建立合理的融资结构和资本结构，使企业在健康发展的同时创造更多经济效益。

2. 利润表基本信息

利润表披露了企业在某一特定时期内所实现的收入、利润及发生的成本费用。利润表向报表使用者提供了企业一定会计期间收入的来源及结构、费用的消耗情况以及企业生产经营活动的成果。

利润表将企业的成本拆分成四个类别：营业成本、营业费用、营业外支出和所得税费用。营业成本的负责人是车间主任或采购部经理，营业费用的负责人是运营总监，营业外支出的负责人主要是企业的管理部门，所得税费用的负责人是财务部门（企业的财务人员可以通过熟悉税收法规做到合理避税）。四大类成本影响着企业的四大利润水平——毛利（营业收入减去营业成本的余额）、营业利润、利润总额和净利润。所以，企业的利润管理实质上是成本的管理。

一般来说，营业利润代表了企业的盈利能力和核心业务能力，是利润总额最主要的构成部分。

（二）财务报表分析的作用

财务报表分析的目的是了解过去、评价现在、预测未来，为利益相关者提供决策支持信息。在进行报表分析时，除关注企业的财务报表外，在条件允许的情况下还需关注专业财务数据库中相关行业、相关竞争企业的财务数据，并参考开放性网络资源中相关企业的经营状况和财务状况研究报告、行业景气指数分析报告等，以将财务相关数据转换成有助于决策的有用信息。

（三）财务报表分析的方法

财务分析的方法包括比较分析法、比率分析法等。

1. 比较分析法

比较分析法是将同一企业不同时期的经营状况、财务状况进行比较，或将不同企业之间的经营状况、财务状况进行比较，揭示其中差异的方法。比较分析法按照比较对象的不同可分为横向比较和纵向比较。

横向比较是将企业数据与行业整体水平或者主要竞争对手进行比较，发现企业在市场占有率、品牌影响力、经营战略等方面与其他企业的差异，或者发现企业在盈利水平、资产质量、现金流量管理等方面与其他企业的差异，从而发现有助于企业增强其核心竞争力的优势和可能会降低其核心竞争力的劣势。纵向比较是企业自身不同时期数据的比较。可以运用趋势分析的方法，与本企业历史业绩指标进行比较，如不同时期（2～10年）的指标进行比较；也可以运用差异分析的方法，与本企业计划或预算比较。通过纵向比较法可以发现本企业在市场占有率、品牌影响力、经营成果等方面与历史时期或计划预算之间的差异，从而发现企业在战略制定、战略执行、战略控制以及战略调整等过程中存在的问题，或者发现企业在盈利水平、资产质量、现金流量管理等方面与历史时期和计划预算之间的差异，判断企业财务状况的发展趋势，发现财务管理过程中存在的问题。

2. 比率分析法

比率分析法是将企业同一时期财务报表中的相关项目进行对比，得出一系列财务比率，以揭示企业财务状况的分析方法。通常财务比率主要包括三大类：构成比率、效率比率和相关比率。构成比率是反映某项经济指标的各个组成部分与总体之间关系的财务比率，如流动资产占总资产的比率；效率比率是反映某项经济活动投入与产出之间关系的财务比率，如资产报酬率等；相关比率是反映经济活动中某两个或两个以上项目比值的财务比率，如流动比率、速动比率等，以考察各项经济活动之间的相互关系，揭示企业的财务状况。

进行报表分析时，无论采用何种方法，均需要结合企业战略展开，和企业发展战略吻合的财务状况和经营业绩才符合创业初衷。和战略结合的分析可以避免企业为了短期利益盲目多元化，这样不但不利于形成核心竞争力，还可能导致创业团队忘记初心，背离创业目标。

二、盈利能力分析

盈利能力是企业在一定时期内产生利润的能力。盈利能力较强的企业具有较强的主营业务竞争力和通

盈利和偿债
能力分析

过持续投入研发、投资新项目拓展新业务的能力，同时，盈利能力对投资者的收益回报和再投资产生重要影响。因此，盈利能力通常被认为是企业最重要的经营业绩衡量标准。

（一）净资产收益率

净资产收益率是净利润与平均净资产的百分比，也称股东权益净利率或股东权益报酬率，反映单位股东资本获取的净收益，可用于不同行业、不同业务类型的企业之间的比较。净资产收益率衡量的是股东投入资本的保值增值能力，可以概括反映企业的全部经营业绩和财务业绩。其计算公式如下：

$$净资产收益率 = \frac{净利润}{平均净资产} \times 100\%$$

式中

$$平均净资产 = (期初净资产 + 期末净资产) \div 2$$

影响净资产收益率变动的因素可以通过对指标的分解得出。

$$净资产收益率 = \frac{净利润}{平均资产总额} \times \frac{平均资产总额}{平均净资产} \times 100\%$$
$$= 总资产净利率 \times 权益乘数 \times 100\%$$

可见，总资产净利率和权益乘数是影响净资产收益率的主要因素，可用于对净资产收益率的变动做进一步分析。

（二）总资产净利率

总资产净利率是指净利润与平均资产总额的比值，反映企业单位总资产产生的净利润。总资产净利率是企业盈利能力的关键测度指标，受企业总资产和净利润的双重影响。其计算公式为：

$$总资产净利率 = \frac{净利润}{平均资产总额} \times 100\%$$

影响总资产收益率变动的因素也可以通过对指标的分解得出。

$$总资产净利率 = \frac{净利润}{营业收入} \times \frac{营业收入}{平均资产总额} \times 100\%$$
$$= 营业收入净利率 \times 总资产周转率 \times 100\%$$

可见,营业收入净利率和总资产周转率是影响总资产净利率的主要因素,可用于对总资产净利率的变动做进一步分析。

(三)营业收入净利率

营业收入净利率也称销售净利率,是指净利润与营业收入的比值,反映了企业单位营业收入创造利润的能力。其计算公式为:

$$营业收入净利率 = \frac{净利润}{营业收入} \times 100\%$$

利润表的各个项目都会对营业收入净利率产生影响,当企业的该指标下降时可以通过对利润表各项目金额变动的情况,或者不同成本费用项目占营业收入比重的变化情况进行分析,找出主要的影响因素,进行管理控制。

企业盈利能力的分析指标均是正指标,在其他条件相同的情况下,指标值越高说明企业单位总资产、净资产和营业收入赚取利润的能力越强。

三、偿债能力分析

偿债能力是企业用资产和经营过程中创造的收益清偿长短期债务的能力,可分为短期偿债能力和长期偿债能力。

(一)短期偿债能力分析

流动比率、速动比率、现金比率和现金流量比率是反映企业用流动资产偿还各种一年内到期的或超过一年的一个营业周期内到期的流动负债的能力。

1. 流动比率

流动比率是流动资产除以流动负债的比值,反映企业以流动资产偿还流动负债的能力。如果企业当前的流动资产规模大于流动负债，且保持持续经营状况的，则一般有理由认为企业具备产生足够现金流量用于偿还即将到期的负债的能力。流动比率的计算如下：

$$流动比率 = \frac{流动资产}{流动负债}$$

2. 速动比率

速动比率是速动资产与流动负债的比值，速动资产是指流动资产中扣除存货后剩余的部分。由于在流动资产中存货的变现速度最慢，部分存货可能已损失或报废还没有进行处理，部分存货可能已抵押给某债权人，存货成本与合理市价悬殊等原因，把存货从流动资产总额中减去而计算出的速动比率所反映的企业的短期偿债能力更加令人信服。速动比率的计算公式如下：

$$速动比率 = \frac{速动资产}{流动负债}$$

3. 现金比率

现金比率是现金资产与流动负债的比值，它假设现金资产是可偿债资产，表明单位流动负债有多少现金资产作为偿还保障。速动资产中，流动性最强、可直接用于偿债的资产称为现金资产，所以现金比率更直接地反映了企业的短期偿债能力。现金比率的计算如下：

$$现金比率 = \frac{货币资金 + 交易性金融资产}{流动负债}$$

4. 现金流量比率

现金流量比率是指经营活动现金流量净额与流动负债的比率。运用企业在经营活动中产生的现金流量考核企业的偿债能力。经营活动的现金流量代表了企业创造现金的能力，且已经扣除经营活动自身所需要的现金流出，是可以用来偿债的现金流量。该比率表明每1元流动负债的经营活动现金流量保障程度。该比率越高，企业的偿债能力越强。

其计算公式为：

$$现金流量比率 = \frac{经营活动现金流量净额}{流动负债}$$

一般来讲，该比率中的流动负债采用期末数而非平均数，因为实际需要偿还的是期末金额，而非平均金额。

(二) 长期偿债能力分析

长期偿债能力是指企业在长期借款使用期内的付息能力和长期借款到期后归还借款本金的能力。

1. 资产负债率

资产负债率是负债总额与资产总额的比值，反映债权人提供的资金占企业全部资产的比重。从债权人的角度看，比值越小，企业投资者对债权人债务的保障程度越高；从投资者角度看，借款利率低于资产报酬率时，该比率越大，投资者得到的利润会越高；从经营者的角度看，需要根据预期的利润和增加的风险，权衡利弊，找到一个合适的资产负债率。其计算公式如下：

$$资产负债率 = \frac{负债总额}{资产总额} \times 100\%$$

2. 产权比率

产权比率是负债总额与股东权益总额的比值，反映由债权人提供的资本与股东提供的资本的相对关系、企业财务结构的稳定性，以及企业清算时对债权人的保障程度。产权比率高，显示企业是一种高风险高报酬的财务结构。其计算公式为：

$$产权比率 = \frac{负债总额}{股东权益总额} \times 100\%$$

3. 已获利息倍数

已获利息倍数是企业息税前利润与利息费用的比率，反映企业息税前利润为所需支付的债务利息的倍数，用于衡量企业偿付借款利息的能力。其计算公式为：

$$已获利息倍数 = \frac{息税前利润}{利息费用}$$

4. 现金流量利息保障倍数

现金流量利息保障倍数是经营活动现金流量净额与利息费用的比率。该指标是现金基础的利息保障倍数，表明每 1 元利息费用有多少倍的经营活动现金流量净额作为保障。它比利润基础的利息保障倍数更可靠，因为实际用于支付利息的是现金，而不是利润。

其计算公式如下：

$$现金流量利息保障倍数 = \frac{经营活动现金流量净额}{利息费用}$$

除以上比率外，企业的或有负债、担保责任、经营租赁活动，以及可用的银行授信额度等不计入报表的项目也会影响企业的偿债能力，分析时要予以注意。

四、营运能力分析

营运能力是企业在一定时期管理资产运营效率的能力，通常用各种资产的周转率表示，反映企业资产使用的效率情况，代表企业投入和运用单位资产产生营业收入的能力。资产周转越快，企业创造营业收入的能力越强。

（一）总资产周转率

总资产周转率是营业收入与平均资产总额的比值，表明企业全部资产在一年中周转的次数，反映企业单位资产投资所产生的营业收入。在营业收入净利率不变的情况下，资产周转的次数越多，资产的运营效率越高，产生的利润就越多。其计算公式如下：

$$总资产周转率(周转次数) = \frac{营业收入}{平均资产总额}$$

如果一年按 365 天计算，则 365 与总资产周转率的比值便是资产周转天数，表示总资产周转一次所需要的时间。时间越短，总资产的运营效率越高，盈利性越好。

$$总资产周转天数 = \frac{365}{总资产周转率}$$

总资产周转次数的倒数是总资产与营业收入之比，表示单位收入需要的总资产投资。收入相同时需要的投资越少，说明总资产的盈利性越好，或者说总资产的运营效率越高。

影响总资产周转率的因素是各种资产周转速度的快慢，可以通过对非流动资产周转率和流动资产周转率的计算进行分析。

（二）非流动资产周转率

非流动资产周转率是营业收入与平均非流动资产的比值，表明非流动资产一年中周转的次数，反映单位非流动资产所产生的营业收入和非流动资产的管理效率。其计算公式如下：

$$非流动资产周转率(周转次数) = \frac{营业收入}{平均非流动资产}$$

非流动资产周转率的影响因素是在建工程等当期不能投入企业生产中的资产项目，以及固定资产、无形资产、其他长期资产等项目。

（三）流动资产周转率

流动资产周转率是营业收入与平均流动资产之比，表明流动资产在一年中周转的次数，反映单位流动资产所产生的营业收入。流动资产周转速度快，会相对节约流动资产，等于相对扩大资产投入，增强企业盈利能力。其计算公式如下：

$$流动资产周转率(周转次数) = \frac{营业收入}{平均流动资产}$$

同理，365 与流动资产周转率的比值便是流动资产周转天数，表明流动资产周转一次所需要的时间。流动资产周转次数的倒数表明单位收入所需要投入的流动资产投资。

(四) 存货周转率

存货周转率是指营业收入与平均存货的比值，表明存货在一年中周转的次数，是衡量和评价企业购入存货、投入生产、销售收回等各环节管理状况的综合性指标。存货周转速度越快，存货的占用水平越低，流动性越强，存货转换为现金、应收账款的周转速度越快。其计算公式为：

$$存货周转率(周转次数)=\frac{营业收入}{平均存货}$$

用365除以存货周转率同样可以计算存货的周转天数，反映存货周转一次所需要的时间。

因为存货发出后对应的项目是营业成本，所以存货周转率也经常用营业成本计算。其计算公式为：

$$存货周转率(周转次数)=\frac{营业成本}{平均存货}$$

(五) 应收账款周转率

应收账款周转率是营业收入与平均应收账款的比值，表明应收账款在一年中周转的次数，是反映企业应收账款变现速度和管理效率的指标。一般来说，应收账款周转率越高，周转次数越多，表明企业应收账款的回收速度越快，企业经营管理的效率越高，资产的流动性越强，短期偿债能力也越强。应收账款周转率的计算公式如下：

$$应收账款周转率(周转次数)=\frac{营业收入}{平均应收账款}$$

严格地说，应收账款周转率应根据赊销收入净额计算，但对于外部报表使用者来说，由于资料获取困难，经常使用营业收入作为分子进行计算。

企业通过赊销可以扩大产品的销量、增强竞争力、提升市场份额、巩固客户关系等，但应收账款作为企业扩大销售和盈利进行的投资，会带来管理成本、机会成本、收账成本、坏账损失成本等成本。企业应在赊销带来的收入和应收账款增加带来的成本之间进行比较分析，寻求总成本最小的应收账款管理政策。

五、发展能力分析

发展能力也称成长能力，是指企业在从事经营活动过程中所表现出的增长能力，如规模扩大、盈利的持续增长、市场竞争力增强等。

反映企业发展能力的主要财务比率有销售增长率、资产增长率、股权资本增长率、利润增长率等。

（一）销售增长率

销售增长率是企业本年营业收入增长额与上年营业收入总额的比率。其计算公式为：

$$销售增长率 = \frac{本年营业收入增长额}{上年营业收入总额} \times 100\%$$

（二）资产增长率

资产增长率是企业本年总资产增长额与年初资产总额的比率。其计算公式为：

$$资产增长率 = \frac{本年总资产增长额}{年初资产总额} \times 100\%$$

（三）股权资本增长率

股权资本增长率也称净资产增长率或资本积累率，是指企业本年股东权益增长额与年初股东权益总额的比率。其计算公式为：

$$股权资本增长率 = \frac{本年股东权益增长额}{年初股东权益总额} \times 100\%$$

(四) 利润增长率

利润增长率是指企业本年利润总额增长额与上年利润总额的比率。其计算公式为：

$$利润增长率 = \frac{本年利润总额增长额}{上年利润总额} \times 100\%$$

一般情况下，创业企业应该具有较强的发展能力，才能更快占领市场、扩大销售，取得更多收益，实现创业初衷。

六、综合分析

财务状况综合分析是以财务报表等核算资料为基础，将各项财务分析指标作为一个整体，系统、全面、综合地对企业财务状况、经营成果进行剖析、解释和评价，说明企业整体财务状况和效益优劣的一种分析方法。财务状况综合分析常用的方法有沃尔评分法和杜邦分析体系，后者的计算更加客观，在此予以介绍。

(一) 杜邦分析体系的构成

前面提到的资产负债表和利润表分析，以及偿债能力、盈利能力和营运能力的分析，分别从不同侧面对企业的财务状况和经营成果进行了具体分析，但无法揭示企业不同报表之间以及各种财务比率之间的相互关系。实际上，企业财务状况是一个完整的系统，内部各种因素都是相互依存、相互作用的，任何一个因素的变动都会引起企业整体财务状况的改变。因此，进行财务状况分析时，需要深入了解企业财务状况内部的各项因素及其相互之间的关系。杜邦分析体系正是这样一种综合分析方法，它利用几种主要财务比率之间的关系综合分析企业的财务状况。

杜邦分析体系如图9-1所示。

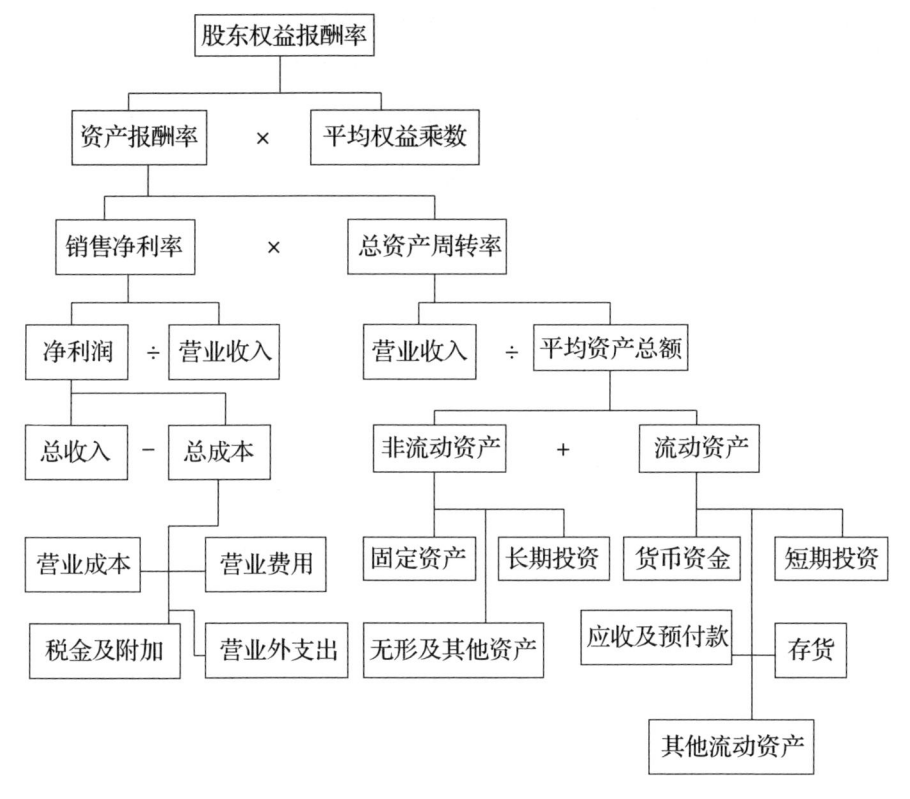

```
                    ┌─────────────┐
                    │ 股东权益报酬率 │
                    └──────┬──────┘
              ┌────────────┴────────────┐
         ┌────┴────┐                ┌───┴────┐
         │资产报酬率│ ×              │平均权益乘数│
         └────┬────┘                └────────┘
      ┌───────┴───────┐
  ┌───┴───┐       ┌───┴────┐
  │销售净利率│ ×    │总资产周转率│
  └───┬───┘       └───┬────┘
   ┌──┴──┐         ┌──┴──┐
┌──┴─┐ ┌─┴──┐   ┌──┴──┐ ┌┴────────┐
│净利润│÷│营业收入│  │营业收入│÷│平均资产总额│
└──┬─┘ └────┘   └─────┘ └────┬────┘
 ┌─┴─┐                    ┌──┴──┐
┌┴──┐-┌┴──┐          ┌───┴──┐+┌┴────┐
│总收入│ │总成本│          │非流动资产│ │流动资产│
└───┘ └─┬─┘          └───┬──┘ └──┬──┘
      ┌─┴──┐          ┌──┴──┐  ┌──┴──┐
   ┌──┴┐ ┌─┴──┐   ┌──┴─┐┌─┴──┐┌┴───┐┌┴───┐
   │营业成本││营业费用│  │固定资产││长期投资││货币资金││短期投资│
   └───┘ └───┘   └────┘└────┘└─┬──┘└────┘
   ┌───┐ ┌────┐   ┌──────────┐┌┴──────┐┌────┐
   │税金及附加││营业外支出│ │无形及其他资产││应收及预付款││存货│
   └───┘ └────┘   └──────────┘└───┬───┘└────┘
                                ┌──┴────┐
                                │其他流动资产│
                                └───────┘
```

图 9-1 杜邦分析体系

其中，平均权益乘数＝平均资产总额/平均净资产，是股东权益比率的倒数，反映资产总额是股东权益的倍数。该乘数越大，说明股东投入资本在资产中所占的比重越小，企业利用的负债越多。

杜邦分析体系运用几种主要财务指标之间的关系，直观、明了地反映出企业的财务状况。

(二) 杜邦分析体系揭示的信息

1. 股东权益报酬率是杜邦分析体系的核心

从杜邦分析体系图可以看出，股东权益报酬率（股东权益净利率/净资产收益率）是一个综合性极强、最有代表性的财务比率，是杜邦分析体系的核心。企业财务管理的重要目标之一是实现股东财富最大化，股东权益报酬率正是反映了股东投入资金的获利能力,可以反映企业筹资、投资和生产运营等各方面活动的效率。股东权益报酬率取决于企业的资产报酬率和平均权益乘数。资产报酬率主要反映企业运用资产进行生产经营活动的效率,平均权益乘数则主要反映企业的筹资情况,即企业资金来源的结构。

2. 资产报酬率是综合性极强的反映企业获利能力的指标

资产报酬率是一个反映企业获利能力的重要财务比率,它揭示了企业生产经营活动的效率,综合性极强。企业的销售收入、成本费用、资产结构、资产周转速度以及资金占用量等各种因素,都直接影响资产报酬率的高低。资产报酬率是销售净利率与总资产周转率的乘积。因此,具体可以从企业的销售活动与资产管理两个方面进行分析。

3. 销售净利率是反映企业净利润与营业收入之间关系的指标

从企业的销售方面看,销售净利率反映了企业净利润与营业收入之间的关系。一般来说,营业收入增加,企业的净利润也随之增加,但是,要提高销售净利率,必须一方面提高营业收入,另一方面降低各种成本费用,这样才能使净利润的增长高于营业收入的增长,使销售净利率提高。由此可见,提高销售净利率必须在以下两个方面下功夫。

开拓市场,增加营业收入。在市场经济中,企业必须深入调查研究市场情况,了解市场的供求关系,在战略上,从长远利益出发,努力开发新产品;在策略上,保证产品的质量,加强营销手段,努力提高市场占有率。这些都是企业面向市场的外在能力。

加强成本费用控制,降低耗费,增加利润。采用杜邦分析体系,可以分析企业的成本费用结构是否合理,以发现企业在成本费用管理方面存在的问题,为加强成本费用管理提供依据。企业要在激烈竞争的市场上立于不败之地,不仅要在营销与产品质量上下功夫,还要尽可能降低产品成本,这样才能增强产品在市场上的竞争力。同时,要严格控制企业的管理费用、财务费用等各种费用,降低耗费,增加利润。

4. 可以从资产结构和资产周转效率两方面分析企业资产状况

在企业资产方面，主要应该从企业的资产结构和资产周转效率两个方面进行分析。

首先，分析企业的资产结构是否合理，流动资产和非流动资产的比例是否恰当。资产结构实际上反映了企业资产的流动性，它不仅关系到企业的偿债能力，也会影响企业的获利能力。一般来说，如果企业流动资产中货币资金占比过大，就应当分析企业现金持有量是否合理，有无资金闲置现象，因为过量现金会影响企业的获利能力；如果流动资产中的存货与应收账款过多，就会占用大量的资金，影响企业的资金周转。

其次，结合销售收入，分析企业的资产周转情况。资产周转速度直接影响企业的获利能力，如果企业资产周转缓慢，就会占用大量资金，增加资金成本，减少利润。对资产周转情况，不仅仅要分析企业总资产周转率，更要分析企业的存货周转率和应收账款周转率，并将其周转情况与资金占用情况结合分析。

(三) 杜邦分析体系的适用范围

杜邦分析体系适用于企业不同期间财务状况的比较，通过不同期间股东权益报酬率及其影响因素的变化，可以分析企业在生产经营过程中存在的问题或先进的经验，更好地发扬长处，改进短处。

从杜邦分析体系可以看出，企业的获利能力涉及生产经营活动的方方面面。股东权益报酬率与企业的筹资结构、销售规模、成本水平、资产管理等因素密切相关，这些因素构成一个完整的系统，系统内部各因素之间相互作用。只有很好地协调系统内部各因素之间的关系，才能使股东权益报酬率得到提高，实现股东财富最大化的目标。

第三节　重视内部报表

根据管理需要编制的内部报表主要有销售分析表、成本分析表、经营费用分析表等。

一、销售分析表

对于产品或服务的销售,可以基于不同产品或服务的品种进行分析,也可以基于不同客户进行分析,还可以同时进行同比或环比分析。

(一)基于不同产品或服务品种的分析

按照二八原则,企业 80% 的利润基本上是由 20% 的产品或服务产生的。因此,当企业生产不同种类的产品或提供一种以上的服务时,不但要关注全部收入的情况,还应该关注不同产品或服务的销售收入完成情况及其毛利的不同状况,找到毛利高的产品或服务,将管理的重点放在这些产品或服务上,不断扩大这些种类产品或服务的销售,获取更多利润;同样,找出毛利低的产品或服务,分析其原因,以便寻求改进措施。这种分析可以借助表 9-3 或通过柱状图的方式进行。

表 9-3 不同产品或服务销售情况

产品	计划销售		实际销售		回款百分比	毛利率	
	收入	占比	收入	占比		计划	实际
A							
B							
C							
合计							

柱状图的方式略。

利用回款百分比可以分析销售收入的质量,以及与企业信用政策的匹配情况。

在进行不同产品或服务的销售收入完成情况分析时,还可以结合上年同期数据进行同比分析,或根据上月数据进行环比分析。

(二)基于不同客户的分析

同样按照二八原则,企业 80% 的销售基本上是由 20% 的客户带来的。因此，还应该关注不同客户的销售收入状况，尤其是销售给不同客户形成的毛利状况，找到销售毛利率高的20%的客户，将80%的管理精力放在这些客户身上，以增加对这些客户的销售额，获取更多利润；对于那些毛利率低的客户，分析其原因，以便提高对其的销售收入或销售毛利率。这种分析也可以借助表9-4或通过柱状图的方式进行。

表9-4 不同客户的销售和毛利情况

客户	计划销售		实际销售		回款百分比	毛利率	
	收入	占比	收入	占比		计划	实际
甲							
乙							
丙							
合计							

（三）基于不同市场的分析

不同产品或服务在不同市场的毛利也会有所不同，企业应对此有所了解，以了解不同客户的"画像"，制定有针对性的销售策略。基于不同市场的分析方法同上，此处不再赘述。

二、成本分析表

通过不同期间产品成本的变动分析，以及成本变动原因的分析，可以将成本管理与技术管理相结合，分析成本升降的具体原因，寻求降低成本的途径和方法。

（一）同种产品不同期间的成本变动分析

将同一种产品不同期间的成本构成情况进行对比分析，可以发现产品成本的变化趋势，对其成本构成项目的合理性进行判断，发现不利的变动因素及早改进；不同产品成本构成项目的对比分析，则有利于产品结构的优化。进行产品成本变动分析时，可以借助柱状图或饼状图的方式，将不同产品成本项目的构成情况标注在图中，这样看起来更加醒目，如图 9-2 和图 9-3 所示。

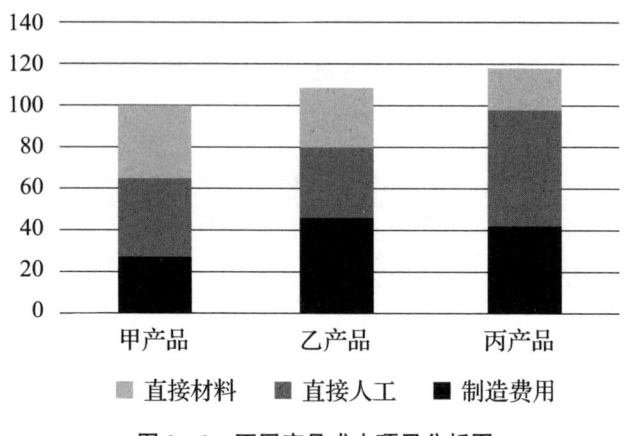

图 9-2　不同产品成本项目分析图

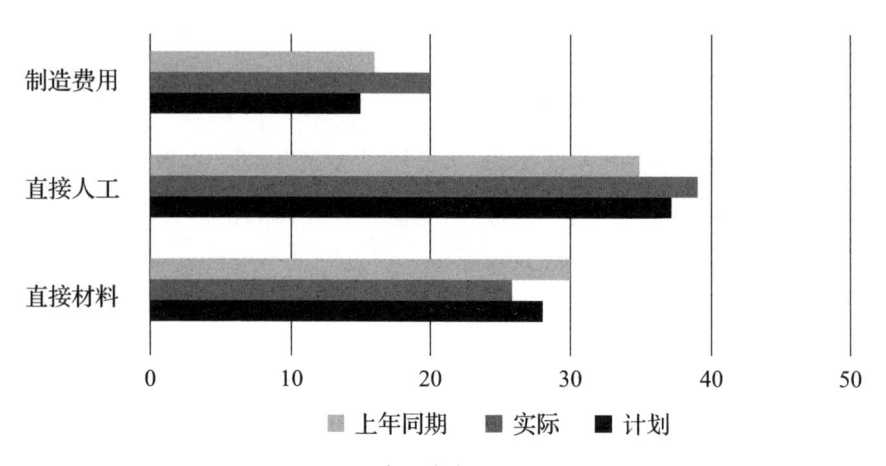

图 9-3　甲产品成本项目对比分析图

运用图形的方式进行分析时，可以将不同产品成本项目进行对比分析，也可以将同一种产品的成本构成和计划、上年同期，以及历史最好水平或者同行业最好水平进行对比分析，找对标杆，赶超先进，不断提高企业的成本管理水平。

(二) 成本变动影响因素分析

进行成本分析时，除了解成本项目的变动外，还可以进一步分析各个成本项目变动的原因，进行因素分析。

因素分析法是依据分析指标与其影响因素之间的关系，按照一定的程序和方法，确定各因素对分析指标差异影响程度的一种技术分析方法。

材料成本的变动可以从材料的单位成本和消耗量两个因素展开，工资费用则结合生产技术、工艺和劳动组织等方面的情况，从单位产品生产工时和小时工资率变动的角度进行，制造费用从单位产品工时消耗量和每小时制造费用两个因素展开。下面以直接材料为例进行说明。

例 9-1

某企业 20×2 年有关材料费用、产品产量、材料单耗和材料单价的计划和实际资料如表 9-5 所示。

要求：分析各因素变动对材料费用的影响程度。

表 9-5 材料费用资料

指标	计划	实际
材料费用（元）	320 000	369 600
产品产量（件）	2 000	2 200
材料单耗（千克）	16	14
材料单价（元）	10	12

第一步，确定分析对象，计算实际指标与基期指标的差异。

实际指标体系：2 200×14×12＝369 600(元)

基期指标体系：2 000×16×10＝320 000(元)

分析对象：369 600－320 000＝49 600(元)

第二步，分析影响因素。

产品产量的影响:(2 200－2 000)×16×10＝32 000(元)
材料单耗的影响:2 200×(14－16)×10＝－44 000(元)
材料单价的影响:2 200×14×(12－10)＝61 600(元)

第三步,检验分析结果。

32 000－44 000＋61 600＝49 600(元)

由此可以看出,材料的实际成本比计划高出 49 600 元,主要是由材料的单价提高和产品产量上升引起的。单价提高使得材料多消耗 61 600 元,产量增加导致材料成本增加了 32 000 元,但是材料的单耗下降使得材料成本降低了 44 000 元,这是个利好因素,企业应该在单耗降低的同时合理寻求降低单价的方法;当然也可能是由购买了质量较高的材料(所以单价较高)使得单耗降低所致。应分析具体原因,以便更好地制定降低成本的措施。

工资费用和制造费用成本变动影响因素的分析原理与直接材料相同,此处不再举例。感兴趣的读者可从《成本管理会计》教材中得到答案。

三、经营费用分析表

经营费用分析表的主要内容是将企业在一定时期内各种费用的发生额及其构成情况与计划(或预算)数及上年实际数进行对比,反映各项支出的变动情况及变动趋势。可以对管理费用明细表、销售费用明细表和财务费用明细表等进行详细分析,判断企业经营费用的开支情况。

进行经营费用增减变动情况分析时,首先,需要计算各项费用具体项目的构成情况,以判断各项费用中应重点关注的费用项目。其次,可以根据各种费用明细表中的资料,将本月实际数与上年同期实际数进行对比,揭示本月实际与上年同期实际之间的增减变化,以便从动态上观察、比较各项费用,特别是一些主要的、重点的费用项目的变动情况和变动趋势。在分析时应注意前后期费用指标的口径是否一致，如果不一致，应按照基期或报告期的口径进行调整，调整后再进行比较分析。最后还应注意，对于变动费用项目，应联系业务量的变动，计算相对的节约或超支；对于固定费用项目，可以用实际数与基数相比较，直接确定其绝对差异，即节约或超支；对于某些支出和损失项目，应结合其抵消数进行分析。这样，通过上述分析，可以促使企业不断总结经验，改进企业的生产经营管理，有效控制各种费用支出，最终提高企业的经济效益。

例 9-2

某公司销售费用本年计划数和本年实际数见表 9-6 的第二列和第三列。

要求：分析该公司销售费用的计划完成情况并进行费用增减变动情况的分析。

销售费用计划完成及各项目增减变动的情况见表 9-6 的第四列和第五列。

表 9-6 销售费用计划完成及各项目增减变动情况分析表 单位：元

项目	本年计划数	本年实际数	实际比计划 增减金额	实际比计划 变动率（%）	各项目占总体比重（%） 计划数	各项目占总体比重（%） 实际数
运输费	36 000	35 000	-1 000	-2.78	8.23	7.78
装卸费	2 500	2 600	100	4	0.57	0.58
包装费	20 000	19 000	-1 000	-5	4.57	4.22
折旧费	50 000	50 000	0	0	11.43	11.11
修理费	6 000	5 800	-200	-3.33	1.37	1.29
办公费	10 000	9 800	-200	-2	2.29	2.18
保险费	12 000	12 000	0	0	2.74	2.67

续表

项目	本年计划数	本年实际数	实际比计划 增减金额	实际比计划 变动率(%)	各项目占总体比重(%) 计划数	各项目占总体比重(%) 实际数
广告费	100 000	95 000	−5 000	−5	22.86	21.11
展览费	30 000	32 000	2 000	6.67	6.86	7.11
租赁费	28 000	28 000	0	0	6.4	6.22
物料消耗	3 000	2 800	−200	−6.67	0.69	0.62
专设销售机构经费	60 000	58 000	−2 000	−3.33	13.71	12.89
其他	80 000	100 000	20 000	25	18.28*	22.22
销售费用合计	437 500	450 000	12 500	2.86	100	100

*进行了尾数调整。

由表9-6可以看出，企业的销售费用从整体上并未完成计划，而是超支了12 500元，超支率为2.86%。从各项目的计划执行情况看，运输费、包装费、修理费、办公费、广告费、物料消耗、专设销售机构经费均比计划有所减少，超额完成了计划；展览费和其他经费等则发生了超支。首先，企业需结合销售收入计划和实际的数额进行分析，正常情况下运输费、包装费等应随销售收入的变化而成比例变化，如果企业的销售收入完成了计划，则该两项费用的减少值得肯定，而如果由于广告费和专设销售机构经费的减少导致销售收入未完成计划，从而形成的运输费和包装费的节约则需要企业深入思考；其次，企业需分析展览费超支的原因，并结合广告费的发生一起分析，因为二者对企业产品的销售作用相同；最后，占计划和实际金额都很多的其他销售费用发生了20 000元的超支，超支率达25%，应详细分析其他销售费用的构成，分析其明细项目的变动情况，找出其超支的主要原因，采取措施予以纠正。

学习要点

财务报表是指企业对外提供的反映企业某一特定日期的财务状况和某一会计期间的经营成果、现金流量等会计信息的文件。

企业财务报告按反映经济内容的不同，可分为资产负债表、利润表、所有者权益（股东权益）变动表、现金流量表和附注等。

利润表是用来反映企业在某一会计期间经营成果的财务报表。

资产负债表是总括反映企业在某一特定日期全部资产、负债和所有者权益状况的财务报表。

财务报表分析的方法包括比较分析法、比率分析法等。

比较分析法是将同一企业不同时期的经营状况、财务状况进行比较，或将不同企业之间的经营状况、财务状况进行比较，揭示其中差异的方法。

比率分析法是将企业同一时期财务报表中的相关项目进行对比，得出一系列财务比率，以揭示企业财务状况的分析方法。

常用的衡量盈利能力的指标有净资产收益率、总资产收益率、营业收入净利率等，分别从净资产、总资产和营业收入的角度测度企业产生净利润的能力。

偿债能力是企业用资产和经营过程中创造的收益清偿长短期债务的能力，可分为短期偿债能力和长期偿债能力。

测度资产运营效率的指标主要有总资产周转率、非流动资产周转率、流动资产周转率、存货周转率、应收账款周转率等。

反映企业发展能力的主要财务比率有销售增长率、资产增长率、股权资本增长率、利润增长率等。

财务状况的综合分析是以财务报表等核算资料为基础，将各项财务分析指标作为一个整体，系统、全面、综合地对企业财务状况、经营成果进行剖析、解释和评价，说明企业整体财务状况和效益优劣的一种分析方法。

根据管理需要编制的内部报表主要有销售分析表、成本分析表、经营费用分析表等。

因素分析法是依据分析指标与其影响因素之间的关系，按照一定的程序和方法，确定各因素对分析指标差异影响程度的一种技术分析方法。

创业案例

A 企业近 3 年的主要财务数据和财务比率如表 9-7 所示。

表 9-7　A 企业的主要财务数据和财务比率

项目	20×0 年	20×1 年	20×2 年
营业收入（万元）	3 000	3 300	2 800
总资产（万元）	1 200	1 375	1 400
留存收益（万元）	400	450	450
所有者权益合计（万元）	580	600	600
流动比率	1.15	1.25	1.2
应收账款周转天数（天）	18	22	28
存货周转率（次数）	8.0	7.5	5.5
负债/所有者权益	1.07	1.29	1.33
长期负债/所有者权益	0.4	0.35	0.35
营业毛利率（%）	20.0	16.8	13.4
营业净利率（%）	7.5	4.5	2.4
总资产周转率	2.5	2.4	2
总资产净利率（%）	18.75	10.8	4.8

假设该企业没有营业外收支和投资收益，所得税税率不变，均为 25%。

请思考：

（1）分析说明该企业运用资产获利能力的变化及其原因，以及 20×2 年期间费用发生的变化。

(2) 分析说明该企业资产、负债及所有者权益的变化及其原因。

(3) 在 20×3 年，企业应从哪些方面改善其财务状况和经营业绩？

扩展阅读

资产负债表项目分析

学习资源

(1) 王艳茹，等．创业财务．北京：清华大学出版社，2017.

(2) 王艳茹，等．基础会计．4 版．北京：中国人民大学出版社，2019.

(3) 王艳茹，等．成本管理会计．4 版．大连：东北财经大学出版社，2021.

(4) 王艳茹．初创企业财税．大连：东北财经大学出版社，2019.

(5) 闫静．管理者 14 天看懂财务报表．北京：机械工业出版社，2013.

(6) 肖星．一本书读懂财报．杭州：浙江大学出版社，2014.

第九章 思维导图

主要参考文献

1. 王艳茹. 创业财务. 北京：清华大学出版社，2017.
2. 王艳茹. 初创企业财税. 大连：东北财经大学出版社，2019.
3. 王艳茹. 创新创业教程. 北京：中国铁道出版社，2020.
4. 王艳茹. 创业资源. 北京：清华大学出版社，2014.
5. 王艳茹. 创业基础如何教：原理、方法与技巧. 北京：清华大学出版社，2017.
6. 王艳茹，等. 基础会计. 4版. 北京：中国人民大学出版社，2019.
7. 王艳茹，等. 成本管理会计. 4版. 大连：东北财经大学出版社，2021.
8. 李家华，王艳茹. 创业基础（微课版）. 上海：上海交通大学出版社，2018.
9. 张磊. 价值：我对投资的思考. 杭州：浙江教育出版社，2020.
10. 宗毅，等. 裂变式创业. 北京：机械工业出版社，2016.
11. 全联军. 股权一本通. 北京：清华大学出版社，2018.
12. 饶勇军. 股权思维：打造价值百亿的准上市公司. 北京：机械工业出版社，2018.
13. 闫静. 管理者14天看懂财务报表. 北京：机械工业出版社，2013.
14. 肖星. 一本书读懂财报. 杭州：浙江大学出版社，2014.
15. 荆新，等. 财务管理学. 8版. 北京：中国人民大学出版社，2019.
16. 优米网图书项目组. 创业，名人说. 北京：中国民主法制出版社，2011.

17. 王苏生，邓运盛. 创业金融学. 北京：清华大学出版社，2006.

18. 熊永生，刘健. 创业资本运营实务. 成都：西南财经大学出版社，2006.

19. 谢士杰. 财务高手进阶指南：关键技能＋疑难解析. 北京：人民邮电出版社，2020.

20. 布鲁斯·R. 巴林格，R. 杜安·爱尔兰. 创业管理：成功创建新企业. 北京：机械工业出版社，2010.

21. 克莱顿·克里斯坦森，迈克尔·雷纳. 创新者的解答. 北京：中信出版社，2013.

22. 谢德荪. 源创新. 北京：五洲传播出版社，2012.

23. 塔尔莱特·赫里姆. 塔木德——犹太人的经商智慧与处世圣经. 北京：中国画报出版社，2009.

24. 孙雪娇，翟淑萍，于苏. 大数据税收征管如何影响企业盈余管理？——基于"金税三期"准自然实验的证据. 会计研究，2021（1）：67－81.

25. 陆玲，张舒香，吴仪. "互联网＋"背景下税收风险管控分析：以 H 财产保险股份有限公司为例. 会计师，2020（4）：13－14.

26. 金玮. 我国中小企业融资路径探讨：由温州金融改革试点引发的思考. 当代经济，2012（21）：122－125.

27. 陈乐忱. 中小企业融资它山之石. 财会通讯（上），2008（10）：20.

28. 赵旭. 新视点：VC 更看重创业团队. 科技创业，2009（4）：78，80.

29. 侯静如. 我国风险投资退出方式选择. 发展研究，2012（4）：68－71.

30. 王捷文，李俊林. 京东东家股权众筹融资模式的有效性分析. 现代商业，2020（19）：115－116.

31．张玉荣．浅析小米手机的渗透定价策略．商场现代化，2018（15）：42－43．

32．谭长春．"向华为学管理"系列（七） 华为法则：分好钱、分好权．企业管理，2020（4）：36－37．

33．杨佳薇．公司股权激励效应案例研究：以美的集团为例．中国管理信息化，2020（5）：20－21．

34．杨金元，程琳．股权激励的误区与风险防范．现代企业，2016（4）：62－63．

35．孙继伟，白敏敏．中小企业股权激励五连环．企业管理，2017（9）：90－93．

36．赵先祥．股权激励中存在的法律风险及对策．法制博览，2020（1）：140－141．

37．邹宇．股权激励计划的法律风险及其防范．中国工会财会，2017（7）：46－47．

38．娄朝晖，江利君，俞春晓．互联网企业估值方法：一个综述．中共杭州市委党校学报，2020（2）：88－96．

39．宗毅．制度创新——裂变式创业．中国建筑金属结构，2020（4）：60－63．

40．嵇晨．大学生初创企业融资研究．南京：南京信息工程大学，2018．

附录一　国内知名天使投资人

2020 年度天使基金雏鹰奖获奖企业和中国天使投资人 TOP 30 榜单

2020 年度天使基金雏鹰奖获奖企业

1. 上海飒智智能科技有限公司
2. 上海易校信息科技有限公司
3. 上海源犀信息科技有限公司
4. 上海态特网络科技有限公司
5. 上海航永光电新材料有限公司
6. 上海海顾新材料科技有限公司
7. 庚米科技（上海）有限公司
8. 上海肤焕科技有限公司
9. 元林（上海）新材料科技有限公司
10. 上海欢戏文化传播有限公司

2020 年度中国天使投资人 TOP 30 榜单

1. 陈维广　蓝驰创投　管理合伙人
2. 赵贵宾　凯风创投　创始管理合伙人
3. 王明耀　联想之星　总经理、主管合伙人
4. 徐小平　真格基金　创始人
5. 吴世春　梅花创投　创始合伙人
6. 黄明明　明势资本　创始合伙人
7. 费建江　元禾原点　总经理、执行合伙人

8. 李竹 英诺天使基金 创始合伙人

9. 陈科屹 险峰 K2VC 创始合伙人

10. 王啸 九合创投 创始人

11. 汪华 创新工场 联合首席执行官、管理合伙人

12. 黄海军 众海投资 创始合伙人

13. 王东晖 阿米巴资本 创始管理合伙人

14. 高燃 风云资本 创始合伙人

15. 方爱之 真格基金 创始合伙人兼首席执行官

16. 张野 青山资本 创始人

17. 王淮 线性资本 创始人兼首席执行官

18. 陈向明 银杏谷资本 总裁

19. 曾李青 德迅投资 创始人、董事长

20. 陈军 紫金港资本 董事长兼公司执行合伙人

21. 周玉建 幂方资本 管理合伙人

22. 米磊 中科创星 创始合伙人

23. 祁玉伟 接力基金 主管合伙人

24. 董占斌 青松基金 创始合伙人

25. 罗挺霞 璀璨资本 创始合伙人

26. 张云鹏 青橙资本 创始合伙人

27. 田江川 初心资本 管理合伙人

28. 艾民 大米创投 董事长

29. 徐诗 山行资本 创始合伙人

30. 吴运龙 零一创投 管理合伙人

附录二　国内知名风险投资机构

国内主要的风险投资机构

机构名称	机构简介	网址
IDG资本	IDG资本专注与中国市场有关的VC/PE投资项目，在中国香港、北京、上海、广州、深圳等地设有办事处。管理资本超过50亿美元，重点关注消费品、连锁服务、互联网及无线应用、新媒体、教育、医疗健康、新能源、先进制造等领域拥有一流品牌的领先企业，覆盖初创期、成长期、成熟期、PRO-IPO各个阶段，投资规模从上百万美元到上千万美元不等。IDG资本获得了国际数据集团（IDG）和Accel Partner的支持，拥有广泛的海外市场资源和强大的网络支持。 IDG资本深感自豪的是与企业家、银行家、行业领袖、各级政府部门建立的良好关系，致力于长期参与中国卓越企业的发展。	www.idgvc.com
深创投	深创投（深圳市创新投资集团）是以母公司为主体的大型投资企业集团，2002年10月正式成立。集团核心企业——深圳市创新投资集团有限公司前身为1999年8月26日成立的深圳市创新科技投资有限公司。	www.szvc.com.cn

续表

机构名称	机构简介	网址
济源资本	济源资本（GGV Capital，原 Granite Global Ventures）是一家专注美国和亚洲地区扩展阶段企业的领先风险投资公司。自创立以来，济源资本一直将中国和美国作为两个重点投资区域。济源资本是扩展阶段风险投资领域的佼佼者，着力于投资这样的企业：拥有强大的管理团队、成熟的产品或技术、完善的客户体系、可升级的商业模式以及清晰的资金流动路径。	www.ggvc.com
君联资本	君联资本原名为联想投资，2001 年 4 月成立，是联想控股旗下独立的专业风险投资公司，2012 年 2 月 16 日正式更名为君联资本。总部在北京，2003 年设立上海办事处。核心业务定位于创业初期风险投资和扩展期成长投资。截至 2015 年 5 月，注资企业 200 余家，其中 32 家在纽约交易所、纳斯达克、香港联合交易所、台湾柜买中心、上海证券交易所、深圳证券交易所中小板和创业板上市，另外 20 家公司通过并购方式实现退出。	www.legendcapital.com
贝塔斯曼亚洲投资基金	贝塔斯曼亚洲投资基金成立于 2008 年 1 月，由贝塔斯曼集团全资控股，特别关注媒体、教育、新技术、外包和服务等领域。聚焦行业变革者和生态圈缔造者、高成长和高质量的创业团队，并以长期战略眼光投资于创业期到成长期的企业，重视积极的投后辅导和管理。作为贝塔斯曼集团在亚洲的战略投资机构，贝塔斯曼亚洲投资基金在中国积极寻求投资对象及战略合作伙伴。	www.baifund.com

续表

机构名称	机构简介	网址
经纬中国	经纬中国成立于 2008 年初，是结合经纬创投在美国 30 年积累的理念、战略以及中国本土经验而创立，旨在帮助中国企业家更好地服务中国市场，并带给中国企业充沛的战略资源和先进的战略理念，扶持中国企业家在中国快速发展的经济环境中成就伟大的事业。经纬中国关注对高科技、媒体、通信、无线、医疗健康以及消费者服务和清洁能源领域的早期或扩张期企业的投资机会。	www.matrixpartners.com.cn
金沙江创投	金沙江创投专注于投资立足中国、面向全球市场的高新技术初创企业。投资涵盖半导体器件和新材料、互联网和无线通信技术及其应用、新媒体、绿色能源以及其他高增长的新兴领域。金沙江创投旗下管理 10 亿美元的基金，并且和美国硅谷最老牌的创业投资基金 Mayfield Fund（成立于 1969 年）建立长期的战略合作伙伴关系。金沙江创投在中国北京、香港和美国硅谷设有办事处。	www.gsrventures.cn
五岳资本	五岳资本是一家早期风险投资机构，专注移动互联网行业早期项目投资，关注的领域包括大数据、智能生活、移动视频、互联网金融、移动旅游、教育等移动互联网领域的创新型企业。	www.n5capital.com
DCM	DCM 资本管理公司（简称 DCM）是美国最大的创业投资机构之一，管理超过 25 亿美元的资金。自 1996 年以来，在美国和亚洲地区已投资超过 200 家高科技企业。DCM 在硅谷、北京和东京设立了办事处，为创业者带来行业实战经验、全球视野及人脉资源，团队有不少成功的高科技公司创业与管理经验，其中包括苹果电脑、英睿达电子、F5 网络公司、惠普公司、IBM、英特尔公司、KLA-Tencor 半导体设备公司、三菱公司、Netframe 和新浪网。主要投资处于种子期、早期和中期的创业公司。	www.dcm.com/cn

续表

机构名称	机构简介	网址
达晨创投	达晨创投是一家多元化国际性机构，拥有不断创新的金融投资渠道以及雄厚的核心投资决策团队、投资与研究团队、全面风险管理团队，以其雄厚的实力、优良业绩和专业精神发展成为创业投资界的主流机构。达晨创投凭借理性、知识和经验，为客户提供专业、多元、个性化的投资组合方案及实施支持，使其享受到专业化的投资咨询服务及其附加价值，以实现客户财富最大化。	www.fortunevc.com
德同资本	德同资本是一家专注投资中国企业的风险投资基金，主要针对消费、科技、传统行业和能源/清洁能源领域的不同阶段进行投资，着重搜寻有巨大市场机遇的优秀管理团队和清晰运营模式的高成长公司。德同资本通过与那些既符合国际发展趋势又适应中国独特市场环境的企业家合作，共同打造一流的中国公司，并且极为关注团队的诚信、执行能力以及公司的营运模式和增长潜力。	www.dtcap.com
天图资本	天图资本创始于2002年，是国内较早从事股权投资的专业机构之一，专注投资品牌消费品企业（家庭及个人消费的产品与服务），迄今为止，已经投资凤凰医院、周黑鸭、甘其食包子、95081家政、慈铭体检、贝乐英语、德州扒鸡、八马茶业、饭扫光下饭菜、小西牛老酸奶、花印等50余家知名消费品企业，多数是所在细分行业的领导品牌。	www.tiantu.com.cn
澳银资本	澳银资本是由活跃在亚太地区风险投资领域的知名专业机构和一批资深风险投资人士共同组建的综合型创投机构，专注投资中国生物医学与健康、通信与创意、新型制造科技与清洁技术等领域的风险投资业务，并向所投资企业提供高水准的管理服务和并购服务。	www.asbvchina.com

续表

机构名称	机构简介	网址
德诺资本	德诺资本成立于2011年6月，由医疗产业资深专业人士及资本市场精英创立，专注于医疗健康产业，特别是高端医疗器械及移动医疗领域的国际风险投资机构。	www.dinovacapital.com
宏晖基金	宏晖基金是一家专注于医疗健康产业的投资基金，以推动医疗健康产业长远发展为己任，将源自产业的专业理念和贴近市场的价值判断相结合，寻求和培育中国最优秀、最具成长性的医疗健康创业团队和企业，致力于打造全体医疗健康产业创业者和投资人共享的产业投资平台。	www.highlightcapital.com
红杉资本中国	红杉资本中国成立于2005年9月，团队管理约24亿美元和约40亿元人民币的9只基金，在中国香港、北京、上海、广州和苏州五地设有办公室。红杉资本中国的投资包括新浪网、阿里巴巴、京东商城、奇虎360、聚美优品、唯品会、美团网、大众点评、匹克运动等。	www.sequoiacap.cn
基石资本	基石资本长期致力于投资中国本土的成长期企业以及上市前企业的股权投资。聚焦于稳健增长的重点行业：通信、生物医药、消费与服务等。	www.stonevc.com
济峰资本	济峰资本的愿景是和企业家共同致力于创造更美好的世界，希望能为健康产业的合作伙伴带来深刻而积极的影响：增进他们对国内外商业经验的了解和拓展，助力其发展壮大，以更强竞争力面对中国市场的挑战。	www.jifengventures.com
礼来全球	礼来全球创建于1876年，创始人是致力于生产符合实际需求的高品质药品的礼来上校。在全球范围内，礼来全球员工不断努力，为急需帮助的人们带来能够改变生活的药品，提高对疾病的认识与管理，并通过慈善和志愿者活动，回馈相关社区。	www.lilly.com.cn

续表

机构名称	机构简介	网址
创东方	创东方成立于2007年8月，主要投资大IT（AI、大数据）、大消费（科技消费品）、大健康（生物技术）、新制造（硬科技新材料）等四大板块，专注和擅长高科技、高成长、创新型、中小型优秀企业的股权投资。	www.cdfcn.com
嘉御资本	嘉御资本由卫哲和朱大铭于2011年共同发起成立，专注互联网、电子商务等行业。	www.vkc-partners.com
中国文化产业投资基金	中国文化产业投资基金由财政部、中银国际控股有限公司、中国国际电视总公司及深圳国际文化产业博览交易会有限公司等联合发起，总规模达200亿元，首期募资41亿元。中国文化产业投资基金管理有限公司是中国文化产业投资基金的管理人，负责基金运营管理和投资决策。该公司由中银国际控股有限公司、中国国际电视总公司和深圳国际文化产业博览交易会有限公司共同组建，公司将本着规范管理、稳健经营的原则，为中国文化产业投资基金提供市场化和专业化的投资管理服务。	www.chinacf.com
华软资本	华软资本成立于2011年，是一家聚焦国家战略新兴产业，以科技创投、并购投资和资产管理为主业的投资机构。华软资本全力支持创业者，推动创新，同时积极践行企业社会责任，追求在自然环境和人文领域的共同进步。	www.chinasoftcapital.com
丰年资本	丰年资本成立于2014年，根植于中国的本土化行业。过去几年，创始团队深入中国一、二、三线城市考察，研究超过2 000多个项目，涵盖所有主流行业。丰年资本选择宏观上具有变化动力的行业，重点投资军工、先进制造业和大消费行业的中早期企业。	www.harvestcap.cn

续表

机构名称	机构简介	网址
天星资本	天星资本成立于 2012 年,已完成投资和在募集中的资金规模达 600 亿元,已投企业超过 500 家,投资领域横跨通信、医药医疗、新能源、节能环保、高端制造(航天、军工)、文化传媒、现代农业(配套高端制造)、消费升级等。	www.txcap.com

附录三 复利现值系数表

n	1	2	3	4	5	6	7	8	9	10	11	12	13	14	15	16	17	18	19	20	25	30	35	40	50
1	0.990	0.980	0.971	0.962	0.952	0.943	0.935	0.926	0.917	0.909	0.901	0.893	0.885	0.877	0.870	0.862	0.855	0.847	0.840	0.833	0.800	0.769	0.741	0.714	0.667
2	0.980	0.961	0.943	0.925	0.907	0.890	0.873	0.857	0.842	0.826	0.812	0.797	0.783	0.769	0.756	0.743	0.731	0.718	0.706	0.694	0.640	0.592	0.549	0.510	0.444
3	0.971	0.942	0.915	0.889	0.864	0.840	0.816	0.794	0.772	0.751	0.731	0.712	0.693	0.675	0.658	0.641	0.624	0.609	0.593	0.579	0.512	0.455	0.406	0.364	0.296
4	0.961	0.924	0.888	0.855	0.823	0.792	0.763	0.735	0.708	0.683	0.659	0.636	0.613	0.592	0.572	0.552	0.534	0.516	0.499	0.482	0.410	0.350	0.301	0.260	0.198
5	0.951	0.906	0.863	0.822	0.784	0.747	0.713	0.681	0.650	0.621	0.593	0.567	0.543	0.519	0.497	0.476	0.456	0.437	0.419	0.402	0.320	0.269	0.223	0.186	0.132
6	0.942	0.888	0.837	0.790	0.746	0.705	0.666	0.630	0.596	0.564	0.535	0.507	0.480	0.456	0.432	0.410	0.390	0.370	0.352	0.335	0.262	0.207	0.165	0.133	0.088
7	0.933	0.871	0.813	0.760	0.711	0.665	0.623	0.583	0.547	0.513	0.482	0.452	0.425	0.400	0.376	0.354	0.333	0.314	0.296	0.279	0.210	0.159	0.122	0.095	0.059
8	0.923	0.853	0.789	0.731	0.677	0.627	0.582	0.540	0.502	0.467	0.434	0.404	0.376	0.351	0.327	0.305	0.285	0.266	0.249	0.233	0.168	0.123	0.091	0.068	0.039
9	0.914	0.837	0.766	0.703	0.645	0.592	0.544	0.500	0.460	0.424	0.391	0.361	0.333	0.300	0.284	0.263	0.243	0.225	0.209	0.194	0.134	0.094	0.067	0.048	0.026
10	0.905	0.820	0.744	0.676	0.614	0.558	0.508	0.463	0.422	0.386	0.352	0.322	0.295	0.270	0.247	0.227	0.208	0.191	0.176	0.162	0.107	0.073	0.050	0.035	0.017

续表

n	1	2	3	4	5	6	7	8	9	10	11	12	13	14	15	16	17	18	19	20	25	30	35	40	50
11	0.896	0.804	0.722	0.650	0.585	0.527	0.475	0.429	0.388	0.350	0.317	0.287	0.261	0.237	0.215	0.195	0.178	0.162	0.148	0.135	0.086	0.056	0.037	0.025	0.012
12	0.887	0.788	0.701	0.625	0.557	0.497	0.444	0.397	0.356	0.319	0.286	0.257	0.231	0.208	0.187	0.168	0.152	0.137	0.124	0.112	0.069	0.043	0.027	0.018	0.008
13	0.879	0.773	0.681	0.601	0.530	0.469	0.415	0.368	0.326	0.290	0.258	0.229	0.204	0.182	0.163	0.145	0.130	0.116	0.104	0.093	0.055	0.033	0.020	0.013	0.005
14	0.870	0.758	0.661	0.577	0.505	0.442	0.388	0.340	0.299	0.263	0.232	0.205	0.181	0.160	0.141	0.125	0.111	0.099	0.088	0.078	0.044	0.025	0.015	0.009	0.003
15	0.861	0.743	0.642	0.555	0.481	0.417	0.362	0.315	0.275	0.239	0.209	0.183	0.160	0.140	0.123	0.108	0.095	0.084	0.074	0.065	0.035	0.020	0.011	0.006	0.002
16	0.853	0.728	0.623	0.534	0.458	0.394	0.339	0.292	0.252	0.218	0.188	0.163	0.141	0.123	0.107	0.093	0.081	0.071	0.062	0.054	0.028	0.015	0.008	0.005	0.002
17	0.844	0.714	0.605	0.513	0.436	0.371	0.317	0.270	0.231	0.198	0.170	0.146	0.125	0.108	0.093	0.080	0.069	0.060	0.052	0.045	0.023	0.012	0.006	0.003	0.001
18	0.836	0.700	0.587	0.494	0.416	0.350	0.296	0.250	0.212	0.180	0.153	0.130	0.111	0.095	0.081	0.069	0.059	0.051	0.044	0.038	0.018	0.009	0.005	0.002	0.001
19	0.828	0.686	0.570	0.475	0.396	0.331	0.277	0.232	0.194	0.164	0.138	0.116	0.098	0.083	0.070	0.060	0.051	0.043	0.037	0.031	0.014	0.007	0.003	0.002	0
20	0.820	0.673	0.554	0.456	0.377	0.312	0.258	0.215	0.178	0.149	0.124	0.104	0.087	0.073	0.061	0.051	0.043	0.037	0.031	0.026	0.012	0.005	0.002	0.001	0
25	0.780	0.610	0.478	0.375	0.295	0.233	0.184	0.146	0.116	0.092	0.074	0.059	0.047	0.038	0.030	0.024	0.020	0.016	0.013	0.010	0.004	0.001	0.001	0	0
30	0.742	0.552	0.412	0.308	0.231	0.174	0.131	0.099	0.075	0.057	0.044	0.033	0.026	0.020	0.015	0.012	0.009	0.007	0.005	0.004	0.001	0	0	0	0
40	0.672	0.453	0.307	0.208	0.142	0.097	0.067	0.046	0.032	0.022	0.015	0.011	0.008	0.005	0.004	0.003	0.002	0.001	0.001	0.001	0	0	0	0	0
50	0.608	0.372	0.228	0.141	0.087	0.054	0.034	0.021	0.013	0.009	0.005	0.003	0.002	0.001	0.001	0.001	0	0	0	0	0	0	0	0	0

附录四 复利终值系数表

n	1	2	3	4	5	6	7	8	9	10	11	12	13	14	15	16	17	18	19	20	25	30
												$i(\%)$										
1	1.010	1.020	1.030	1.040	1.050	1.060	1.070	1.080	1.090	1.100	1.110	1.120	1.130	1.140	1.150	1.160	1.170	1.180	1.190	1.200	1.250	1.300
2	1.020	1.040	1.061	1.082	1.103	1.124	1.145	1.166	1.188	1.210	1.232	1.254	1.277	1.300	1.323	1.346	1.369	1.392	1.416	1.440	1.563	1.690
3	1.030	1.061	1.093	1.125	1.158	1.191	1.225	1.260	1.295	1.331	1.368	1.405	1.443	1.482	1.521	1.561	1.602	1.643	1.685	1.728	1.953	2.197
4	1.041	1.082	1.126	1.170	1.216	1.262	1.311	1.360	1.412	1.464	1.518	1.574	1.630	1.689	1.749	1.811	1.874	1.939	2.005	2.074	2.441	2.856
5	1.051	1.104	1.159	1.217	1.276	1.338	1.403	1.469	1.539	1.611	1.685	1.762	1.842	1.925	2.011	2.100	2.192	2.288	2.386	2.488	3.052	3.713
6	1.062	1.126	1.194	1.265	1.340	1.419	1.501	1.587	1.677	1.772	1.870	1.974	2.082	2.195	2.313	2.436	2.565	2.700	2.840	2.986	3.815	4.827
7	1.072	1.149	1.230	1.316	1.407	1.504	1.606	1.714	1.828	1.949	2.076	2.211	2.353	2.502	2.660	2.826	3.001	3.185	3.379	3.583	4.768	6.276
8	1.083	1.172	1.267	1.369	1.477	1.594	1.718	1.851	1.993	2.144	2.305	2.476	2.658	2.853	3.059	3.278	3.511	3.759	4.021	4.300	5.960	8.157
9	1.094	1.195	1.305	1.423	1.551	1.689	1.838	1.999	2.172	2.358	2.558	2.773	3.004	3.252	3.518	3.803	4.108	4.435	4.785	5.160	7.451	10.604
10	1.105	1.219	1.344	1.480	1.629	1.791	1.967	2.159	2.367	2.594	2.839	3.106	3.395	3.707	4.046	4.411	4.807	5.234	5.696	6.192	9.313	13.786

附录四 复利终值系数表

续表

n	\multicolumn{20}{c}{i(%)}
	1	2	3	4	5	6	7	8	9	10	11	12	13	14	15	16	17	18	19	20	25	30
11	1.116	1.243	1.384	1.539	1.710	1.898	2.105	2.332	2.580	2.853	3.152	3.479	3.836	4.226	4.652	5.117	5.624	6.176	6.777	7.430	11.642	17.922
12	1.127	1.268	1.426	1.601	1.796	2.012	2.252	2.518	2.813	3.138	3.498	3.896	4.335	4.818	5.350	5.936	6.580	7.288	8.064	8.916	14.552	23.298
13	1.138	1.294	1.469	1.665	1.886	2.133	2.410	2.720	3.066	3.452	3.883	4.363	4.898	5.492	6.153	6.886	7.699	8.599	9.596	10.699	18.190	30.288
14	1.149	1.319	1.513	1.732	1.980	2.261	2.579	2.937	3.342	3.797	4.310	4.887	5.535	6.261	7.076	7.988	9.007	10.147	11.420	12.839	22.737	39.374
15	1.161	1.346	1.558	1.801	2.079	2.397	2.759	3.172	3.642	4.177	4.785	5.474	6.254	7.138	8.137	9.266	10.539	11.974	13.590	15.407	28.422	51.186
16	1.173	1.373	1.605	1.873	2.183	2.540	2.952	3.426	3.970	4.595	5.311	6.130	7.067	8.137	9.358	10.748	12.330	14.129	16.172	18.488	35.527	66.542
17	1.184	1.400	1.653	1.948	2.292	2.693	3.159	3.700	4.328	5.054	5.895	6.866	7.986	9.276	10.761	12.468	14.426	16.672	19.244	22.186	44.409	86.504
18	1.196	1.428	1.702	2.206	2.407	2.854	3.380	3.996	4.717	5.560	6.544	7.690	9.024	10.575	12.375	14.463	16.879	19.673	22.091	26.623	55.511	112.46
19	1.208	1.457	1.754	2.107	2.527	3.026	3.617	4.316	5.142	6.116	7.263	8.613	10.197	12.056	14.232	16.777	19.748	23.214	27.252	31.948	69.389	146.19
20	1.220	1.486	1.806	2.191	2.653	3.207	3.870	4.661	5.604	6.727	8.062	9.646	11.523	13.743	16.367	19.461	23.106	27.393	32.429	38.338	86.736	190.05
25	1.282	1.641	2.094	2.666	3.386	4.292	5.427	6.848	8.623	10.835	13.585	17.000	21.231	26.462	32.919	40.874	50.658	62.669	77.388	95.396	264.70	705.64
30	1.348	1.811	2.427	3.243	4.322	5.743	7.612	10.063	13.268	17.449	22.892	29.960	39.116	50.950	66.212	85.850	111.07	143.37	184.68	237.38	807.79	2 620.0

附录五　年金现值系数表

n	1	2	3	4	5	6	7	8	9	10	11	12	13	14	15	16	17	18	19	20	25	30	35	40	50
1	0.990	0.980	0.971	0.962	0.952	0.943	0.935	0.926	0.917	0.909	0.901	0.893	0.885	0.877	0.870	0.862	0.855	0.847	0.840	0.833	0.800	0.769	0.741	0.714	0.667
2	1.970	1.942	1.913	1.886	1.859	1.833	1.808	1.783	1.759	1.736	1.713	1.690	1.668	1.647	1.626	1.605	1.585	1.566	1.547	1.528	1.440	1.361	1.289	1.224	1.111
3	2.941	2.884	2.829	2.775	2.723	2.673	2.624	2.577	2.531	2.487	2.444	2.402	2.361	2.322	2.283	2.246	2.210	2.174	2.140	2.106	1.952	1.816	1.696	1.589	1.407
4	3.902	3.808	3.717	3.630	3.546	3.465	3.387	3.312	3.240	3.170	3.102	3.037	2.974	2.914	2.855	2.798	2.743	2.690	2.639	2.589	2.362	2.166	1.997	1.849	1.605
5	4.853	4.713	4.580	4.452	4.329	4.212	4.100	3.993	3.890	3.791	3.696	3.605	3.517	3.433	3.352	3.274	3.199	3.127	3.058	2.991	2.689	2.436	2.220	2.035	1.737
6	5.795	5.601	5.417	5.242	5.076	4.917	4.767	4.623	4.486	4.355	4.231	4.111	3.998	3.889	3.784	3.685	3.589	3.498	3.410	3.326	2.951	2.643	2.385	2.168	1.824
7	6.728	6.472	6.230	6.002	5.786	5.582	5.389	5.206	5.033	4.868	4.712	4.564	4.423	4.288	4.160	4.039	3.922	3.812	3.706	3.605	3.161	2.802	2.508	2.263	1.883
8	7.652	7.325	7.020	6.733	6.463	6.210	5.971	5.747	5.535	5.335	5.146	4.968	4.799	4.639	4.487	4.344	4.207	4.078	3.954	3.837	3.329	2.925	2.598	2.331	1.922
9	8.566	8.162	7.786	7.435	7.108	6.802	6.515	6.247	5.995	5.759	5.537	5.328	5.132	4.946	4.772	4.607	4.451	4.303	4.163	4.031	3.463	3.019	2.665	2.379	1.948
10	9.471	8.983	8.530	8.111	7.722	7.360	7.024	6.710	6.418	6.145	5.889	5.650	5.426	5.216	5.019	4.833	4.659	4.494	4.339	4.192	3.571	3.092	2.715	2.414	1.965

$i(\%)$

续表

n	\multicolumn{14}{c	}{$i(\%)$}
	1	2	3	4	5	6	7	8	9	10	11	12	13	14	15	16	17	18	19	20	25	30	35	40	50
11	10.368	9.787	9.253	8.760	8.306	7.887	7.499	7.139	6.805	6.495	6.207	5.938	5.687	5.453	5.234	5.029	4.836	4.656	4.486	4.327	3.656	3.147	2.752	2.438	1.977
12	11.255	10.575	9.954	9.385	8.863	8.384	7.943	7.536	7.161	6.814	6.492	6.194	5.918	5.660	5.421	5.197	4.988	4.793	4.611	4.439	3.725	3.190	2.779	2.456	1.985
13	12.134	11.348	10.635	9.986	9.394	8.853	8.358	7.904	7.487	7.103	6.750	6.424	6.122	5.842	5.583	5.342	5.118	4.910	4.715	4.533	3.780	3.223	2.799	2.469	1.990
14	13.004	12.106	11.296	10.563	9.899	9.295	8.745	8.244	7.786	7.367	6.982	6.628	6.302	6.002	5.724	5.468	5.229	5.008	4.802	4.611	3.824	3.249	2.814	2.478	1.993
15	13.865	12.849	11.938	11.118	10.380	9.712	9.108	8.559	8.061	7.606	7.191	6.811	6.462	6.142	5.847	5.575	5.324	5.092	4.876	4.675	3.859	3.268	2.825	2.484	1.995
16	14.718	13.578	12.561	11.652	10.838	10.106	9.447	8.851	8.313	7.824	7.379	6.974	6.604	6.265	5.954	5.668	5.405	5.162	4.938	4.730	3.887	3.283	2.834	2.489	1.997
17	15.562	14.292	13.166	12.166	11.274	10.477	9.763	9.122	8.544	8.022	7.549	7.102	6.729	6.373	6.047	5.749	5.475	5.222	4.988	4.775	3.910	3.295	2.840	2.492	1.998
18	16.398	14.992	13.754	12.659	11.690	10.828	10.059	9.372	8.756	8.201	7.702	7.250	6.840	6.467	6.128	5.818	5.534	5.273	5.033	4.812	3.928	3.304	2.844	2.494	1.999
19	17.226	15.678	14.324	13.134	12.085	11.158	10.336	9.604	8.950	8.365	7.839	7.366	6.938	6.550	6.198	5.877	5.584	5.316	5.070	4.843	3.942	3.311	2.848	2.496	1.999
20	18.046	16.351	14.877	13.590	12.462	11.470	10.594	9.818	9.129	8.514	7.963	7.469	7.025	6.623	6.259	5.929	5.628	5.353	5.101	4.870	3.954	3.316	2.850	2.497	1.999
25	22.023	19.523	17.413	15.622	14.094	12.783	11.654	10.675	9.823	9.077	8.422	7.843	7.330	6.873	6.464	6.097	5.766	5.467	5.195	4.948	3.985	3.329	2.856	2.499	2.000
30	25.808	22.396	19.600	17.292	15.372	13.765	12.409	11.258	10.274	9.427	8.694	8.055	7.496	7.003	6.566	6.177	5.829	5.517	5.235	4.979	3.995	3.332	2.857	2.500	2.000
40	32.835	27.355	23.115	19.793	17.159	15.046	13.332	11.925	10.757	9.779	8.951	8.244	7.634	7.105	6.642	6.233	5.871	5.548	5.258	4.997	3.999	3.333	2.857	2.500	2.000
50	39.196	31.424	25.730	21.482	18.256	15.762	13.801	12.233	10.962	9.915	9.042	8.304	7.675	7.133	6.661	6.246	5.880	5.554	5.262	4.999	4.000	3.333	2.857	2.500	2.000

附录六　年金终值系数表

n	1	2	3	4	5	6	7	8	9	10	11	12	13	14	15	16	17	18	19	20	25	30
1	1.000	1.000	1.000	1.000	1.000	1.000	1.000	1.000	1.000	1.000	1.000	1.000	1.000	1.000	1.000	1.000	1.000	1.000	1.000	1.000	1.000	1.000
2	2.010	2.020	2.030	2.040	2.050	2.060	2.070	2.080	2.090	2.100	2.110	2.120	2.130	2.140	2.150	2.160	2.170	2.180	2.190	2.200	2.250	2.300
3	3.030	3.060	3.091	3.122	3.153	3.184	3.215	3.246	3.278	3.310	3.342	3.374	3.407	3.440	3.473	3.506	3.539	3.572	3.606	3.640	3.813	3.990
4	4.060	4.122	4.184	4.246	4.310	4.375	4.440	4.506	4.573	4.641	4.710	4.779	4.850	4.921	4.993	5.066	5.141	5.215	5.291	5.368	5.766	6.187
5	5.101	5.204	5.309	5.416	5.526	5.637	5.751	5.867	5.985	6.105	6.228	6.353	6.480	6.610	6.742	6.877	7.014	7.154	7.297	7.442	8.207	9.043
6	6.152	6.308	6.468	6.633	6.802	6.975	7.153	7.336	7.523	7.716	7.913	8.115	8.323	8.536	8.754	8.977	9.207	9.442	9.683	9.930	11.259	12.756
7	7.214	7.434	7.662	7.898	8.142	8.394	8.654	8.923	9.200	9.487	9.783	10.089	10.405	10.730	11.067	11.414	11.772	12.142	12.523	12.916	15.073	17.583
8	8.286	8.583	8.892	9.214	9.549	9.897	10.260	10.637	11.028	11.436	11.859	12.300	12.757	13.233	13.727	14.240	14.773	15.327	15.902	16.499	19.842	23.858
9	9.369	9.755	10.159	10.583	11.027	11.491	11.978	12.488	13.021	13.579	14.164	14.776	15.416	16.085	16.786	17.519	18.285	19.086	19.923	20.799	25.802	32.015
10	10.462	10.950	11.464	12.006	12.578	13.181	13.816	14.487	15.193	15.937	16.722	17.549	18.420	19.337	20.304	21.321	22.393	23.521	24.701	25.959	33.253	42.619

$i(\%)$

续表

n	\multicolumn{18}{c}{i(%)}
	1	2	3	4	5	6	7	8	9	10	11	12	13	14	15	16	17	18	19	20	25	30
11	11.567	12.169	12.808	13.486	14.207	14.972	15.784	16.645	17.560	18.531	19.561	20.655	21.814	23.045	24.349	25.733	27.200	28.755	30.404	32.150	42.566	56.405
12	12.683	13.412	14.192	15.026	15.917	16.870	17.888	18.977	20.141	21.384	22.713	24.133	25.650	27.271	29.002	30.850	32.824	34.931	37.180	39.581	54.208	74.327
13	13.809	14.680	15.618	16.627	17.713	18.882	20.141	21.495	22.953	24.523	26.212	28.029	29.985	32.089	34.352	36.786	39.404	42.219	45.244	48.497	68.760	97.625
14	14.947	15.974	17.086	18.292	19.599	21.015	22.550	24.215	26.019	27.975	30.095	32.393	34.883	37.581	40.505	43.672	47.103	50.818	54.841	59.196	86.949	127.91
15	16.097	17.293	18.599	20.024	21.579	23.276	25.129	27.152	29.361	31.772	34.405	37.280	40.417	43.842	47.580	51.660	56.110	60.965	66.261	72.035	109.69	167.29
16	17.258	18.639	20.157	21.825	23.657	25.673	27.888	30.324	33.003	35.950	39.190	42.753	46.672	50.980	55.717	60.925	66.649	72.939	79.850	87.442	138.11	218.47
17	18.430	20.012	21.762	23.698	25.840	28.213	30.840	33.750	36.974	40.545	44.501	48.884	53.739	59.118	65.075	71.673	78.979	87.068	96.022	105.93	173.64	285.01
18	19.615	21.412	23.414	25.645	28.132	30.906	33.999	37.450	41.301	45.599	50.396	55.750	61.725	68.394	75.836	84.141	93.406	103.74	115.27	128.12	218.05	371.52
19	20.811	22.841	25.117	27.671	30.539	33.760	37.379	41.446	46.018	51.159	56.939	63.440	70.749	78.969	88.212	98.603	110.29	123.41	138.17	154.74	273.56	483.97
20	22.019	24.297	26.870	29.778	33.066	36.786	40.995	45.762	51.160	57.275	64.203	72.052	80.947	91.025	102.44	115.38	130.03	146.63	165.42	186.69	342.95	630.17
25	28.243	32.030	36.459	41.646	47.727	54.865	63.249	73.106	84.701	98.347	114.41	133.33	155.62	181.87	212.79	249.21	292.11	342.60	402.04	471.98	1054.8	2348.8
30	34.785	40.588	47.575	56.085	66.439	79.058	94.461	113.28	136.31	164.49	199.02	241.33	293.20	356.79	434.75	530.31	647.44	790.95	966.7	1181.9	3227.2	8730.0

图书在版编目（CIP）数据

创业企业财务管理/王艳茹，应小陆，杨树军编著．--北京：中国人民大学出版社，2022.4
ISBN 978-7-300-30416-8

Ⅰ.①创… Ⅱ.①王… ②应… ③杨… Ⅲ.①企业管理－财务管理 Ⅳ.①F275

中国版本图书馆 CIP 数据核字（2022）第 037859 号

创业企业财务管理
王艳茹　应小陆　杨树军　编著
Chuangye Qiye Caiwu Guanli

出版发行	中国人民大学出版社		
社　　址	北京中关村大街 31 号	邮政编码	100080
电　　话	010－62511242（总编室）	010－62511770（质管部）	
	010－82501766（邮购部）	010－62514148（门市部）	
	010－62515195（发行公司）	010－62515275（盗版举报）	
网　　址	http://www.crup.com.cn		
经　　销	新华书店		
印　　刷	北京联兴盛业印刷股份有限公司		
规　　格	155 mm×230 mm　16 开本	版　次	2022 年 4 月第 1 版
印　　张	24 插页 2	印　次	2022 年 4 月第 1 次印刷
字　　数	330 000	定　价	88.00 元

版权所有　侵权必究　印装差错　负责调换